Alexandre F. A. Vivien

ÉTUDES ADMINISTRATIVES

TOME I

Elibron Classics
www.elibron.com

Elibron Classics series.

ISBN 0-543-97584-3 (paperback)
ISBN 0-543-97583-5 (hardcover)

This Elibron Classics Replica Edition is an unabridged facsimile of the edition published in 1852 by Guillaumin et Cie, Paris.

ETUDES

ADMINISTRATIVES.

IMPRIMERIE DE BEAU,
A SAINT-GERMAIN-EN-LAYE.

ÉTUDES

ADMINISTRATIVES

PAR M. VIVIEN,

MEMBRE DE L'INSTITUT.

DEUXIÈME ÉDITION,

Entièrement refondue, et considérablement augmentée.

TOME PREMIER.

PARIS,

GUILLAUMIN ET CIE, LIBRAIRES-ÉDITEURS,

RUE RICHELIEU, 14.

1852

PRÉFACE.

La première édition de ce livre, publiée à la fin de 1845, ayant été promptement épuisée, j'avais rassemblé, en 1847, les matériaux d'une seconde édition. Après 1848, je me suis remis à l'œuvre, m'appliquant à étudier le rôle que l'administration devait remplir sous le régime républicain. Ce travail, interrompu par des devoirs plus immédiats et des occupations qui laissaient peu de place aux méditations solitaires, était pourtant fort avancé lorsque les événements de décembre 1851 l'ont rendu à peu près inutile; mais ces événements m'ont fait retrouver des loisirs dont je m'honore et que j'ai employés à terminer un ouvrage tant de fois remanié. Je le publie aujourd'hui sans même attendre que les institutions de la France aient encore subi les nouveaux changements qu'on annonce. Ces changements ne me paraissent point de nature à altérer le système administratif que la Constitution de 1852 a fondé, ni à modifier les opinions que j'ai exprimées. Ils remplaceront quelques dénominations par d'autres et les mettront peut-être plus exactement en rapport avec la réalité des faits ; mais ils ne porteront pas sur les principes mêmes de la Constitution, et ne rétabliront aucune des garanties dont j'ai eu occasion de signaler la disparition.

Les *Etudes administratives* ne se renferment point dans le pur droit, comme la plupart des ouvrages déjà composés sur les mêmes matières. Elles ont pour objet les principes mêmes, la marche générale et, si le mot n'est pas trop ambitieux, la science de l'administration.

La science et le droit, dans leurs rapports avec l'administration, ont des caractères distincts et ne doivent pas être confondus. La première a pour point de départ la société tout entière ; elle recherche, discute et proclame les règles qui peuvent en assurer le bien-être et la prospérité. Le second s'attache d'abord aux droits privés ; il les constate et les défend ; il apprend aux citoyens à les invoquer et aux gouvernements à les respecter.

Un vaste théâtre est ouvert à la science administrative ; elle éclaire les discussions des assemblées politiques et les délibérations des conseils du gouvernement ; elle est le sujet des méditations des hommes publics. Le droit administratif dirige les actes des administrateurs, résout les différends que les affaires soulèvent, et guide les juridictions qui connaissent de ces différends. Les jurisconsultes lui consacrent leurs veilles laborieuses.

La science ne reste pas étrangère au droit, ni le droit à la science, mais chacun des deux occupe une région à part. Le droit prend sa source dans les lois positives ; il proclame les principes qui en déterminent l'application ; il a son code, sa jurisprudence, ses formules. La science interroge les phénomènes sociaux plus que les lois écrites, elle est plus générale dans ses vues, plus libre dans ses décisions ; l'horizon qu'elle embrasse du regard est plus étendu : elle signale les vices de l'administration et conseille les réformes que l'intérêt public réclame et que la prudence autorise ; elle s'appuie sur toutes les autres sciences qui ont pour objet les destinées de l'homme ; elle demande à la philosophie ses principes, à la morale ses règles de conduite, à l'histoire ses origines et à l'économie politique la solution de ses plus grands problèmes, la théorie des impôts, la loi de la population, celle de la richesse et toutes les conditions du progrès matériel.

Jusqu'ici le droit administratif a tenu la première place. C'est à l'enseigner qu'ont été destinées les chaires ouvertes dans les Facultés ; c'est pour en exposer les principes et les applications qu'ont été composés des ouvrages justement renommés.

Grâce aux lumières répandues par l'école et par le barreau, l'administration a connu ses devoirs, la jurisprudence s'est fixée, et la règle a remplacé l'arbitraire.

La science a été reléguée sur le second plan et n'a pas obtenu la même attention. A la vérité, elle a trouvé dans les assemblées politiques des organes éloquents : elle n'a pas fait défaut au Conseil d'État, où se conservaient les hautes traditions administratives. Mais, à l'époque même où les discussions des chambres arrivaient librement au public, celles qui ne touchaient point à la politique étaient à peine reproduites par les organes éphémères de la tribune. Les délibérations du Conseil d'État, dépourvues de publicité, ne laissaient point de trace ; et si quelques professeurs, animés d'un zèle studieux, ont appelé la science à ouvrir la carrière au droit, la science n'a été le plus souvent que le sujet accidentel et fugitif de leur enseignement.

Il est nécessaire de lui ouvrir un champ plus vaste ; on a fait savoir au propriétaire privé de son domaine par des raisons d'utilité publique, quelle dette l'État contracte envers lui, au contribuable quelle limite les demandes du fisc ne peuvent dépasser, à chaque citoyen quels sacrifices lui sont imposés au nom de la nécessité; on a traité enfin toutes les questions qui concernent la propriété et les droits privés. N'est-il pas d'un intérêt au moins égal de faire connaître, dans sa constitution générale, dans son esprit, dans ses procédés, l'administration même, ce pouvoir qui ne nous touche pas seulement quand nous sommes personnellement en contact avec lui, mais qui influe à toute heure sur notre destinée, comme membres de la grande famille confiée à ses soins et à sa vigilance !

Aucun sujet n'est plus digne d'occuper l'esprit. Observer les moyens par lesquels le pouvoir social répand son action et se fait sentir sur tous les points du territoire; rechercher s'il applique avec discernement les forces dont il dispose, s'il ne les laisse point se perdre ou s'user dans d'inutiles emplois; suivre les mouvements de cette grande machine qui ne s'arrête jamais, en étudier les rouages pour supprimer ceux qui créent des entraves, pour ajouter ceux qui assureraient la régularité de la marche, quelle étude mérite davantage que tous les hommes sérieux et dévoués au bien public lui consacrent leur attention?

Le besoin de telles recherches est manifeste. Les faits sur lesquels repose la science administrative, bien que consignés dans une foule de publications officielles, sont généralement ignorés. A part l'organisation des conseils électifs qui concourent à la gestion des affaires locales, à part quelques règles de droit qui tiennent à l'esprit semi-judiciaire de la plupart de nos institutions, le système général de l'administration, son mécanisme intérieur, ses formes, ses branches diverses, sont peu ou mal connus; on la juge sans savoir sur quelles bases elle repose ni à quelles règles elle obéit. Il en est de ce qui la concerne comme de nos monuments et de nos sites naturels, que l'on dédaigne pour aller chercher à l'étranger de moins dignes sujets d'admiration. Des écrivains ont retracé les institutions administratives des États-Unis, de l'Irlande, de l'Angleterre; il n'en est point qui, en dehors de la sphère du droit, se soient appliqués à décrire les nôtres. Des savants ont retrouvé et arraché à l'oubli, à l'aide des plus laborieuses recherches, les institutions des peuples qui ont disparu du monde, et l'on n'interroge pas, pour en tirer la simple analyse de nos propres institutions, les innombrables documents accumulés autour de nous. Pour qui ne sait point approfondir des textes de loi abstraits, d'arides discussions de jurisprudence ou des statistiques souvent confuses, il est plus facile d'apprendre l'administration municipale de New-York que celle de nos communes, et la police de l'ancienne Rome que celle de Paris.

C'est cette lacune que la science administrative doit combler, en s'appuyant sur les faits, sur l'étude des législations étrangères, sur l'histoire. L'histoire en particulier lui permet de profiter des leçons du passé, de remonter à la source des institutions, d'en observer la destination première, de les rapprocher des formes politiques, des usages et des temps qui les ont vues naître.

Le service le plus réel qui puisse être rendu à la science est d'exposer aux regards de tous l'administration même, les éléments qui la constituent, les œuvres qu'elle accomplit. Quelques personnes qui ne comprennent le pouvoir public qu'entouré de mystère et qui pensent qu'il impose d'autant plus à l'opinion que son organisation est plus reléguée dans l'ombre, redoutent cette publicité. Elles ont tort : le secret ne sert que les mauvais gouvernements, et encore ne les soustrait-il pas au châtiment qui leur est réservé tôt ou tard. La publicité et la sincérité, car la publicité qui ment n'est qu'un odieux charlatanisme, sont les attributs des pouvoirs qui remplissent loyalement leur tâche, qui respectent les lois et n'ont pour but que l'intérêt public.

L'administration française, en particulier, n'a point à redouter la publicité. A toutes les époques, les lois et les institutions ont tendu à y introduire l'ordre. Sous l'ancien regime, les parlements qui avaient autorité sur elle commençaient déjà à lui imprimer le sentiment du droit qui est de l'essence des corps judiciaires. Le gouvernement politique était absolu, l'administration ne l'était point, et si sa subordination à la justice la laissait moins indépendante, elle la rendait plus équitable. La plupart des services publics remontent au-delà de la Révolution, et de grands ministres, des hommes d'Etat éminents, y ont laissé les traces de leur passage. Depuis, de nouveaux établissements administratifs et l'amélioration de tous ceux qui existaient déjà, ont été dus au génie organisateur de nos premières assemblées, à la vigoureuse discipline du régime impérial, aux infatigables discussions des chambres, qui, tous les ans, à l'occasion du budget ou de lois spéciales, promenaient partout leurs investigations. Chaque législature a vu disparaître quelque irrégularité, s'introduire quelque amélioration, et notre système administratif est le fruit de cette longue et patiente élaboration. C'est à la publicité qu'il est réservé non-seulement de préparer les nouvelles réformes que sollicitent l'état de la société, l'expérience du passé et les besoins du temps, mais encore et surtout de prévenir des innovations dangereuses.

Telle est la pensée des écrits que je livre au public. Je sens qu'ils répondent bien imparfaitement aux conditions que j'ai moi-même indiquées; j'ai voulu seulement ouvrir la voie, d'autres la suivront avec plus de succès. Je ne prétends qu'à un mérite, celui de la bonne foi et de l'impartialité.

Cette seconde édition forme un ouvrage presque

entièrement nouveau, où je me suis attaché à relier ensemble, dans un ordre logique, des compositions qui manquaient de cohésion et d'unité. J'y ai développé ce qui n'était qu'incomplétement indiqué, supprimé des détails inutiles et traité des sujets nouveaux. La première partie contient une exposition générale dans laquelle j'ai fait voir la place que l'administration occupe dans le système de nos institutions, son organisation, son personnel et la forme de ses actes. Je me suis proposé dans ce tableau de mettre en lumière l'esprit, les principes, les traits distinctifs de l'administration en France. La seconde partie est consacrée à décrire quelques-unes de ses branches spéciales : je l'ai montrée dans ses rapports avec les pouvoirs locaux, avec les citoyens, comme préposée à la police, avec les cultes dont j'ai retracé l'organisation, avec les théâtres même sur lesquels elle est investie d'une autorité si étendue. Je l'ai ainsi considérée seulement dans celles de ses fonctions qui atteignent, si l'on peut ainsi dire, la société même et qui peuvent exercer une influence sur la condition de chacun de nous. Il resterait à l'étudier dans l'accomplissement des services particuliers qui lui sont confiés, tels que l'impôt, l'organisation de la force publique, les travaux publics, etc. Ces objets ne méritent pas moins d'être traités à leur tour, et touchent aux plus grands intérêts. Si le public continue aux *Etudes administratives* la faveur dont il les a déjà honorées, je me ferai un devoir de les compléter, et, malgré des lacunes dont je ne me dissimule pas l'importance, j'ai l'espoir que, telles qu'elles sont, elles pourront déjà fournir aux hommes du monde qui désirent se rendre compte de nos institutions, aux jeunes gens et aux étrangers qui éprouvent le besoin ou la curiosité de les connaître, aux jurisconsultes même, des notions utiles et de sérieux moyens d'instruction. J'y ai déposé le résultat de travaux, de recherches et d'informations suivies pendant plus de vingt années de fonctions publiques ou de travaux parlementaires.

Ce n'est point un livre politique que je publie ; le temps se prêterait peu à une publication de ce genre. Il y faudrait plus de liberté dans les lois, plus d'impartialité dans les esprits, un besoin mieux senti des garanties si longtemps cherchées avec une inquiète et irritable susceptibilité et si brusquement détruites. Ce besoin reparaîtra, mais il doit surtout naître de l'épreuve même qui se fait en ce moment.

Cependant l'administration est trop étroitement unie au gouvernement, à ses formes, à son action, pour que je n'aie pas été obligé de toucher sur quelques points à la politique ; je l'ai fait avec l'indépendance qui fut toujours la règle de ma conduite et que je n'abdiquerai sous aucun régime. Je n'ai pas écrit du reste un seul mot qui s'adresse aux personnes. C'est une espèce de polémique dont je me suis abstenu à l'époque même où les lois lui laissaient le champ le plus libre, et, si j'en avais le goût, le moment serait mal choisi pour y céder. Après tant de révolutions, on se prend à tenir les hommes pour bien peu, et à ne faire état que des principes et des institutions.

On chercherait donc en vain dans ces volumes une œuvre de parti. Dans la confusion générale des opinions et des esprits, le seul parti que j'admette, s'il m'est permis de terminer par cette profession de foi, le seul auquel je me fasse gloire d'appartenir est celui de la liberté, alliée à l'ordre et contenue par la règle. Cette liberté est une chose si sainte et si douce, que je la prendrais de quelque mains qu'elle sortît. Je serais heureux de la devoir à un Washington, elle me réconcilierait avec un Stuart, et j'en saurais gré même à un Cromwell, s'il pouvait me la donner.

5 octobre 1852.

PREMIÈRE PARTIE.

ORGANISATION ET PRINCIPES GÉNÉRAUX DE L'ADMINISTRATION.

TITRE PREMIER.

DE LA PLACE QUE L'ADMINISTRATION OCCUPE DANS LE SYSTÈME DE NOS INSTITUTIONS.

CHAPITRE PREMIER.

LES POUVOIRS PUBLICS.

Dans l'enfance des sociétés, les pouvoirs publics sont confondus; les divers intérêts à la garde desquels ils sont préposés, s'unissent par des liens si étroits qu'ils commencent naturellement par se mêler ensemble. Le souverain, roi ou peuple, les tient resserrés dans sa main toute-puissante, et les fait tous fléchir sous l'empire d'une même volonté.

Avec le temps, à cette confusion succède la division des pouvoirs. Dans l'ordre politique, elle procure aux citoyens des garanties tutélaires ; dans l'ordre économique, si l'on peut ainsi parler, elle contribue à l'accomplissement plus régulier, plus rapide, mieux ordonné des services publics : mais cette division qui paraît toute simple, lorsque les lois la consacrent et que l'usage l'a sanctionnée, est l'œuvre lente du temps, de l'expérience et de la réflexion ; elle commence par des essais, des tâtonnements et s'achève à l'aide de procédés en quelque sorte scientifiques.

Les fractionnements du pouvoir sont d'abord imposés par la nécessité. Le souverain plie sous le poids de devoirs qui dépassent ses forces et qu'il ne peut négliger sans s'exposer à des plaintes, importunes même au despotisme ; faute d'appuis, d'instruments et de conseils, égaré par l'ignorance ou par des passions que n'arrête aucun frein, il marche au hasard, ne suit que son caprice et ne recule pas même devant la violence. Les sujets sont inquiets ; l'arbitraire règne ; un malaise universel trouble les esprits.

Pour alléger un fardeau trop pesant, pour dissiper les alarmes, rétablir le mouvement, prévenir les résistances, la protection d'une autorité spéciale est accordée en premier lieu à ce que les citoyens ont de plus cher, à leurs propriétés, à leur liberté personnelle, à leur vie. Soustraire ces biens précieux aux incertitudes d'une volonté mobile est le besoin qui se fait le plus tôt et le plus vivement sentir. L'ordre judiciaire est fondé. Par l'établissement des tribunaux, les peuples entrent dans la voie des institutions régulières et s'initient aux bienfaits de la séparation des pouvoirs.

Appliquer la loi, tel est l'office des tribunaux ; mais si la loi reste arbitraire, si le juge obéit à une règle incessamment variable, la sécurité que procurent les tribunaux est illusoire et incomplète. Il faut donc, comme conséquence de l'établissement judiciaire, attacher à la loi la durée et la maturité, et la rendre stable pour que l'application en soit ferme et assurée. Dans ce but, on l'entoure de formalités particulières, on la prépare avec plus de soin, on la soumet à un examen plus réfléchi, à des contrôles plus sérieux, on la publie avec solennité; elle est ainsi préservée de trop faciles changements. Bien qu'elle demeure encore l'attribut exclusif du chef de l'État, elle prend une forme propre, qui prépare une séparation plus entière.

Plus tard, quand les institutions politiques se fondent, le droit de faire les lois cesse d'appartenir à la royauté seule, et se partage entre elle et les assemblées qui représentent la nation. A certaines époques, par un démembrement absolu, il passe tout entier à ces assemblées, et le chef de l'État n'y prend part qu'au moyen de l'initiative, si elle lui est accordée, et d'un *veto* plus ou moins absolu.

Deux pouvoirs, le pouvoir législatif et le pouvoir judiciaire sont ainsi détachés et acquièrent une existence séparée. Au monarque est réservé seulement le pouvoir exécutif, c'est-à-dire le soin d'exécuter les lois, celles du moins dont l'application n'appartient pas à la justice, et de gouverner la nation sous leur autorité.

Le pouvoir exécutif lui-même se divise en deux branches: la politique, c'est-à-dire la direction morale des intérêts généraux de la nation, et l'administration qui consiste principalement dans l'accomplissement des services publics. Sous le gouvernement constitutionnel, la politique elle-même passe en partie aux assemblées législatives. Représentant la nation, édictant les lois auxquelles elle doit obéir, ces assemblées ne peuvent demeurer étrangères à la politique qui, par les rapports qu'elle entretient au dehors dans l'intérêt de l'indépendance et de la dignité du pays, et par le mouvement qu'elle imprime au dedans à tout ce qui concerne le repos, la sécurité, la vie morale et la prospérité du peuple, exerce une si grande influence sur les destinées publiques. Plus le pouvoir parlementaire grandit, plus il fait invasion dans la politique. Il la conduit par les lois, par les votes financiers, par des résolutions. Arrivé à son extrême développement, il l'attire à lui presque tout entière et n'en laisse au pouvoir exécutif que ce qui est matière de négociation, d'étude et de mise en œuvre, plutôt que de délibération et de décret.

Cette division des pouvoirs et l'ordre successif dans lequel elle s'opère sont confirmés par les monuments de notre histoire. Sous le régime féodal les prévôtés et les bailliages, sous la monarchie, aussitôt qu'elle commence son long travail d'absorption et d'agrandissement, les parlements donnent aux peuples les garanties premières de la justice. L'enregistrement des édits par les cours de justice attribue aux lois leur caractère distinctif. Après la Révolution, à cette formalité presque toujours vaine et souvent obtenue par la force, succède le vote des assemblées représentatives. Le pouvoir politique, de son côté, se partage plus ou moins entre le chef du gouvernement et les assemblées.

Dans cet ensemble d'institutions, et quels que soient les détails des attributions respectives, l'administration a sa place à part, et, dans l'exercice de ses fonctions, elle se trouve en contact habituel avec tous les autres pouvoirs, avec la loi qu'elle applique et complète au besoin, avec la justice qu'elle organise et dont elle exécute les arrêts, avec la politique de qui elle reçoit l'impulsion. Quelles sont ses prérogatives ? Dans quelles limites doit-elle se renfermer ? Comment se défend-elle contre les usurpations des autres pouvoirs, et comment ceux-ci à leur tour se préservent-ils des siennes ? c'est ce qu'il est nécessaire d'étudier pour déterminer avec précision le rôle qui lui est imparti dans le système constitutionnel.

Cette étude réclame la plus sérieuse attention et se rattache aux considérations les plus élevées. D'une part, la liberté politique y est en cause. La séparation des pouvoirs est la première condition des gouvernements libres ; proposition incontestable et qui n'a rien perdu de son autorité pour avoir été inscrite dans la Constitution de 1848. D'autre part, plus l'administration a vu s'étendre son domaine, plus il est nécessaire de l'y enfermer étroitement et de mettre les barrières qui l'y retiennent et l'empêchent d'en sortir, en face des lois et des mœurs qui ont élargi sa sphère.

CHAPITRE II.

L'ADMINISTRATION DANS SES RAPPORTS AVEC LE POUVOIR LÉGISLATIF.

Le législateur dispose et, dans les choses qui la concernent, l'administration applique : à l'un la déclaration des droits, à l'autre l'exécution. La loi n'est, selon l'expression de Cicéron, qu'un *prince muet*, et le prince ou l'administration est *la loi parlante*.

L'administration est donc le serviteur de la loi ; elle est la force vive qui la rend active et sensible, l'instrument organisé qui lui donne une puissance extérieure et qui, en son nom, imprime le mouvement aux affaires publiques.

Au législateur appartient une fonction plus élevée : il exerce une autorité plus absolue ; l'administration n'a qu'un rôle subordonné, mais elle embrasse des objets plus nombreux, elle se traduit en faits, elle touche aux réalités pratiques, et il suffit de se représenter le nombre des affaires qu'elle traite, la valeur des choses dont elle dispose, la grandeur des intérêts auxquels elle est chargée de pourvoir, pour reconnaître que, si secondaire qu'elle soit, elle forme un ressort considérable et nécessaire de l'organisation politique.

Pour se rendre un compte exact de ses rapports avec le pouvoir législatif, il faut considérer les diverses attributions qu'elle exerce. Par la principale, elle est en quelque sorte associée au législateur et se trouve par conséquent en étroit contact avec lui.

La loi qui statue en termes généraux et dont l'empire embrasse la France entière, ses provinces nombreuses et ses populations diverses, ne peut ni tout prévoir, ni tout régler. Il est souvent besoin que ses omissions soient réparées, ses principes développés ; sans ce complément, l'exécution en serait variable, arbitraire, pleine de défaillances. Il faut donc qu'entre la loi qui ordonne et l'agent qui lui prête son bras, il s'interpose une autorité qui parle pour elle quand elle n'a pas tout dit, qui décrète les mesures secondaires qu'elle n'a pas prescrites elle-même, qui précise sa volonté quand elle ne l'a pas clairement exprimée. C'est l'office de l'administration, et elle l'accomplit au moyen des réglements d'administration publique.

Cet office intermédiaire qui lui confère un caractère presque législatif, qui l'érige en suppléant et, comme on l'a dit avec justesse, en substitut du législateur, résulte naturellement de son institution même; en effet pour exécuter la loi, pour la mettre en mouvement, il faut pouvoir lui donner les organes sans lesquels elle demeurerait impuissante et inanimée. L'administration pourtant n'est pas douée partout de cette faculté essentielle, mais, en France, elle en jouit pleinement. Plusieurs constitutions, entr'autres celle qui nous régit en ce moment, la lui ont expressément reconnue. Le droit de faire les réglements d'administration publique est donc un attribut constitutionnel de l'administration. Souvent les lois contiennent à cet égard une disposition explicite. Quelquefois même il leur arrive de déléguer à ces réglements des objets qui appartiendraient au pouvoir législatif, mais qui réclament une expérimentation temporaire ou exigent des connaissances techniques. Dans ce cas, elles fixent le délai dans lequel le réglement devra être converti en loi.

Il n'y a aucune règle précise à l'aide de laquelle on puisse déterminer avec certitude le domaine respectif de la loi et du réglement d'administration publique. Il est seulement certaines matières dont la Constitution a fait le partage en termes exprès et qui par conséquent ne peuvent être disputées. Ainsi, le vote de l'impôt est réservé à la loi, et un réglement d'administration publique ne pourrait établir une contribution. Par contre, le pouvoir exécutif est chargé du soin d'assurer l'exécution des lois; il est donc interdit au pouvoir législatif de s'immiscer dans les mesures de pure exécution. C'est dans les constitutions mêmes que se trouve ce partage entre les deux pouvoirs, et, selon leur esprit, elles accordent plus à l'un ou à l'autre. Mais elles ne peuvent comprendre qu'un petit nombre de dispositions générales, et, quelque soin qu'elles prennent pour assigner à chacun son lot, une foule d'objets échappent à leurs définitions; il est d'ailleurs certaines matières mixtes qui, en raison des affinités ou par des considérations spéciales, se refusent même à l'application du principe général de la classification. Ainsi, les travaux publics sont du domaine de l'administration, et pourtant, en raison des tarifs et des expropriations, c'est la loi qui autorise ou concède les plus importants; ainsi encore, les impôts sont du domaine de la loi, et pourtant certaines taxes, eu égard à leur peu d'importance ou à leur caractère purement local, sont autorisées par l'administration, en vertu d'une simple approbation générale, portée au budget.

On ne saurait donc établir une règle absolue et il n'est possible de présenter que quelques indications, puisées surtout dans l'intérêt du public, intérêt toujours décisif en de telles questions.

Le législateur doit ouvrir un vaste champ aux réglements d'administration publique. Que la loi ne néglige pas un seul intérêt social, mais qu'elle ne descende, à l'égard d'aucun, aux détails secondaires : telle est sa vraie mission. Toute question se résoud à l'aide de principes généraux dont les règles d'application découlent. Proclamer ces principes est l'office de la loi ; en organiser les conséquences est l'office des réglements.

Dans un État dont le territoire est étroit, le législateur qui voit, pour ainsi dire, tout homme et toute chose, peut mesurer la portée de ses prescriptions. Les parties intéressées sont devant lui, les faits frappent ses regards, et le nombre n'en est pas assez grand pour comporter beaucoup de solutions différentes. Il peut donc administrer, car c'est administrer que d'appliquer la loi, et c'est appliquer la loi que de déduire toutes les conséquences des principes qu'elle pose.

Mais, dans un État comme la France, où les faits se multiplient à l'infini, où le mode d'application du même principe peut varier d'après les différences de climats, de richesses, de mœurs, la loi qui pourvoit elle-même à son application, agit en aveugle. Elle est dépourvue de sagesse et de prévoyance.

Plus le territoire d'une nation est étendu et sa population nombreuse, plus, pour la plus juste et la plus prompte expédition des affaires, la loi doit agrandir la sphère des réglements.

On peut distinguer par des traits généraux les choses qui sont du domaine obligé de la première, de celles qui peuvent être déléguées aux seconds.

La loi est générale, unique, exécutoire sur tous les points du territoire : elle n'est pas faite pour une partie de la nation, comme en Angleterre, et ne change point avec les provinces. Elle doit donc se restreindre aux objets qui intéressent la généralité des citoyens et laisser aux réglements les mesures qui sont susceptibles de modifications d'après les lieux.

La loi est destinée à une longue existence; elle est *chose ferme et stable à toujours*, selon les termes de la formule royale qui autrefois ordonnait que le sceau de l'État y fût apposé; elle doit donc ne s'appliquer qu'à ce qui est permanent et durable, et laisser aux réglements ce qui est accidentel et passager.

La loi est préparée avec des lenteurs et des précautions qui, pour être nécessaires, n'en embarrassent pas moins sa marche. Il convient donc qu'elle ne résolve pas les questions qui, ne réclamant pas l'appareil de ces formes, exigent une décision immédiate. Le réglement, entouré de garanties moins solennelles, mais non moins protectrices, peut seul concilier la maturité de l'examen avec la promptitude de la solution.

Il convient enfin de renvoyer aux réglements les questions qui exigent des connaissances techniques. Secondée par des conseils habiles, par les organes les plus accrédités de la science, livrée aux soins pratiques des affaires, l'administration peut sonder toutes les difficultés, pénétrer tous les secrets et donner satisfaction à tous les intérêts.

Ce partage entre la loi et le réglement a pour conséquence de relever l'un sans abaisser l'autre. Loin de là, se bornant à proclamer les vérités primordiales de la morale sociale, les règles fondamentales de l'ordre, les besoins essentiels de l'État, la loi se tient dans une région plus élevée et ne s'expose point, en la quittant, aux clameurs des partis, aux plaintes de l'intérêt privé.

Cependant ces règles ne sont pas également applicables à toutes les lois, quel qu'en soit l'objet. Au contraire, selon la matière qu'elles règlent, les lois peuvent accorder plus ou moins, soit au réglement d'administration publique, soit même à l'action administrative.

On peut diviser les lois, d'après la nature de leurs dispositions, en deux classes distinctes. Les unes concernent directement les citoyens, règlent leurs droits personnels, leur capacité civile, leurs obligations envers l'État; elles les soumettent à certains devoirs, dans un intérêt de police et de sûreté, prononcent des interdictions, posent des limites à la liberté et édictent des peines. Les autres s'appliquent à l'État lui-même, considéré comme la personnification de l'intérêt collectif des citoyens, et déterminent les droits et les obligations du gouvernement, qui représente l'État et agit en son nom.

Les lois qui appartiennent à la première de ces catégories doivent être plus développées. Il convient que les dispositions en soient formelles, explicites, complètes. On peut leur appliquer la pensée de Bacon : Les meilleures sont celles qui laissent le moins de place à une appréciation arbitraire de la part de ceux qui ont à les appliquer, administrateurs aussi bien que juges, car tout ce qui peut atteindre les citoyens dans leur fortune, dans leur personne, dans leur honneur, exige impérieusement l'intervention du pouvoir suprême de la société, c'est-à-dire de la loi. Il n'en est pas de même des secondes. Quand il s'agit, par exemple, des biens qui appartiennent à l'État, des marchés à passer, des fournitures à faire, l'intérêt public serait compromis par une législation soupçonneuse qui, garrottant l'administration, lui refuserait la liberté de se mouvoir. Les garanties dues à la chose publique se rencontrent dans les règles générales que l'administration est tenue de suivre, dans les contrôles qui l'entourent, dans la responsabilité de ses agents et non dans d'étroites et minutieuses prescriptions.

La part respective de la loi et du réglement qui dépend, comme on vient de le voir, de la nature des intérêts à régler, est subordonnée aussi aux garanties que présente l'administration chargée de faire ces réglements. Si l'administration est arbitraire, sans règle, sans responsabilité, un législateur bien avisé lui laissera peu de latitude. Il ne déléguera qu'avec réserve et crainte un pouvoir qui pourrait engendrer des abus. Si, au contraire, l'administration obéit à des règles constantes de justice et d'équité, si elle doit inspirer confiance, ses pouvoirs peuvent être étendus sans danger.

On peut, à l'aide de ces signes, se rendre compte des rapports respectifs de la loi et de l'administration, mais on y reconnaît aussi combien la ligne qui les sépare est difficile à marquer. Elle dépend de la nature des gouvernements, des termes de la Constitution et surtout de la sagesse des pouvoirs publics, élément nécessaire de la marche régulière des institutions, sans lequel les meilleures peuvent échouer, avec lequel les plus imparfaites peuvent se maintenir. Depuis 1789, les empiétements réciproques de la loi et de l'administration ont été fréquents. Entre deux pouvoirs qui se touchent et qui, pour ainsi dire, se complètent mutuellement, il se trouve toujours un terrain commun, accessible à chacun d'eux et qui échoit naturellement au plus entreprenant. On a vu tour à tour l'administration envahie par la loi et la loi par l'administration. La Convention et l'Empire ont donné l'exemple de cette confusion. La première alla jusqu'à déterminer la forme des voitures de la poste par des lois, le second jusqu'à créer des peines par des décrets. Les gouvernements qui se succédèrent depuis firent au pouvoir législatif une part qui ne cessait pas de s'accroître. Sous la Restauration, les assemblées législatives ne participaient aux lois que par la délibération et le vote. Elles n'étaient qu'une branche énervée du pouvoir législatif et ne pouvaient s'emparer de l'administration, que défendaient l'initiative et le *veto* réservés au pouvoir exécutif. En leur donnant l'initiative, la charte de 1830 ouvrait la carrière à leurs empiétements, mais le pouvoir exécutif conservait le *veto* pour leur résister. Sous la Constitution de 1848, une assemblée unique réunissait en ses mains l'initiative, la délibération et le droit de promulgation, en cas de refus du pouvoir exécutif. Le pouvoir législatif n'avait donc plus aucun frein, son indépendance était absolue. Cependant il est juste de reconnaître qu'il ne sortit point des limites que lui assignait l'esprit de la Constitution ; le président de la République n'eut jamais occasion ni de demander une nouvelle discussion, comme il y était autorisé, ni de témoigner son dissentiment par le refus de faire lui-même la promulgation. La dernière Constitution a complétement changé ce régime. Au Corps Législatif on a retiré le droit d'initiative, même l'initiative indirecte que lui donnait l'art. 19 de la charte de 1814; le droit d'amendement qu'avaient admis et cette charte et l'acte additionnel de 1815, il ne peut l'exercer qu'avec l'adhésion du Conseil d'État, corps amovible et nommé par le chef de l'État; il n'a pas même l'occasion d'exprimer son opinion, ni de formuler un vœu sur l'état de la législation, en délibérant sur des pétitions qu'il lui est interdit de recevoir. De plus que le Corps Législatif de l'Empire, il ne possède que le droit de se livrer à une discussion dont la connaissance arrive au public seulement à l'aide d'un procès-verbal, rédigé par un président qu'a choisi le chef du pouvoir exécutif.

Sans juger ce système, il est permis de dire que si le pouvoir exécutif était menacé sous la Constitution de 1848, le pouvoir législatif l'est à son tour sous la nouvelle Constitution. A la vérité, le Sénat est investi de facultés au moyen desquelles il pourrait suppléer à l'impuissance du Corps Législatif. Il a le droit d'annuler les actes qui lui sont déférés comme inconstitutionnels, et de s'opposer à la promulgation des lois qui seraient contraires à la Constitution. Mais on peut sans témérité admettre qu'un corps composé par le pouvoir exécutif n'est pas institué particulièrement pour s'opposer aux actes par lesquels ce pouvoir sortirait de ses limites. Combien de mesures qui, sans contenir une violation expresse de la Constitution, surtout dans une matière aussi délicate, aussi sujette à contestation que les prérogatives respectives des pouvoirs politiques, sont de nature à les blesser et n'offrent pourtant pas une gravité telle que le Sénat doive se croire autorisé soit à empêcher la promulgation d'une loi préparée par le Conseil d'Etat, proposée par le gouvernement et adoptée par le Corps Législatif, soit à annuler solennellement un acte du pouvoir exécutif. L'histoire, si on l'interroge, ne fournit pas des exemples rassurants. Le sénat de l'Empire était composé d'hommes illustres et considérables, ses membres étaient inamovibles et nommés à vie; de riches dotations assuraient leur indépendance. Constitué gardien de la liberté de la presse et de la liberté individuelle, le sénat de l'Empire ne s'est souvenu de ces importantes prérogatives et des droits de la nation que le jour où il a prononcé la déchéance de l'Empereur, écrasé par l'Europe entière.

L'invasion d'un pouvoir par l'autre a toujours eu les plus funestes conséquences. Chacun d'eux, en effet, est placé dans des conditions appropriées à sa destination. L'un est électif, indépendant et irresponsable; l'autre issu du pouvoir exécutif, amovible et responsable. Autant il serait dangereux que la loi jugeât des questions personnelles, s'immisçât dans le maniement des deniers publics, pourvût à la nomination aux emplois, autant il le serait que l'administration réglât les droits privés, établît des impôts, statuât sur la propriété, etc. Les plus chères garanties des citoyens seraient à la merci du pouvoir exécutif.

CHAPITRE III.

L'ADMINISTRATION DANS SES RAPPORTS AVEC LE POUVOIR JUDICIAIRE.

La justice et l'administration, soumises l'une et l'autre à l'autorité du pouvoir législatif, sont également préposées à l'exécution des lois. Aussi, dans les écrits des publicistes et dans la teneur même des constitutions, le pouvoir judiciaire est-il souvent désigné comme une des branches du pouvoir exécutif. Mais, à part ce caractère commun, la justice et l'administration sont deux pouvoirs distincts.

La justice est chargée de la défense des droits privés et individuels ; l'administration veille sur les intérêts collectifs et généraux : qu'un citoyen soit inquiété dans sa liberté, dans sa propriété, dans son honneur, il implore l'appui de la justice et trouve auprès d'elle protection et secours; que la société, qu'une réunion même de citoyens, groupée dans une circonscription territoriale, ou formée seulement par une communauté d'intérêts, éprouve un besoin qui réclame le concours d'un pouvoir supérieur, investi du droit de prescrire les mesures nécessaires, délégué des lois dont l'exécution est requise, l'administration intervient et lève les obstacles.

De cette destination propre à chacun des deux pouvoirs résultent les différences de leur organisation et du mode de leur action.

Aucune autorité discrétionnaire n'est donnée à la justice ; elle n'a pour règle que les conventions ou la loi qu'elle applique. Elle les prend dans leurs termes stricts et rigoureux, et les fait passer même devant l'équité, si l'équité en est blessée. Elle fait abstraction des personnes, aucun obstacle ne l'arrête, aucune crainte ne la trouble. Ses dépositaires sont irresponsables, inamovibles et indépendants, ses arrêts sont souverains. Elle règne sans partage dans la sphère où la Constitution l'a placée.

Au contraire, l'administration se subordonne aux temps et aux lieux. L'intérêt public est sa loi suprême. Aussi, doit-elle compte sans cesse de ses actes. Ses agents sont révocables, ses prescriptions peuvent être modifiées ou rapportées. Elle est mobile et sujette à variation comme les objets qui composent son domaine.

On comprend, d'après ces différences, combien il importe que la justice et l'administration se renferment toujours dans les limites qui leur sont respectivement assignées.

Le réglement des affaires publiques ne saurait être remis à un pouvoir qui résiste à toute influence, s'exerçât-elle au nom de l'intérêt public, et qui met son honneur à appliquer en toute occasion la loi dans la même pensée et le même esprit. Ce caractère de la justice, qui fait sa gloire et notre sécurité, est incompatible avec la nature des besoins auxquels l'administration doit pourvoir.

Si, d'autre part, l'administration se substituait à la justice, elle serait exposée à subordonner les droits privés à l'intérêt public, à méconnaître, en vue du salut de l'État, la propriété, la liberté, et à mettre l'arbitraire à la place du droit. Le jour où la justice tomberait entre les mains de l'administration, il n'y aurait plus pour les citoyens ni garanties, ni sécurité.

C'est pourquoi, depuis 1789, toutes les Constitutions ont proclamé le principe de la séparation des pouvoirs et se sont attachées à le faire prévaloir.

Il est vrai que des pays libres n'ont pas admis ce principe, mais leur exemple est sans valeur. Dans les choses qui touchent à l'administration, on ne saurait comparer la France à l'Angleterre et aux États-Unis. Là, les pouvoirs administratifs sont aussi circonscrits dans leurs attributions que le gouvernement lui-même. Ils se bornent à ce qui est indispensable à la vie du corps social et ils ne vont pas au-delà. Les citoyens accomplissent eux-mêmes la plupart des devoirs qui, chez nous, sont confiés à l'administration. La centralisation, dont nous parlerons bientôt, y est inconnue. En France, au contraire, l'administration occupe le plus vaste espace et exerce les fonctions les plus nombreuses. Elle dicte des ordres à un peuple d'employés, de fonctionnaires, d'agents de toutes les catégories et de tous les degrés. On ne peut donc conclure d'une nation à l'autre, et ce qui est simple, logique, sans inconvénient, sous ces régimes étrangers, peut être périlleux et inapplicable sous le nôtre.

Les différences des systèmes ont produit celles des législations. La loi anglaise, la loi américaine s'attachent à prévoir et à régler tous les cas. Comme elles sont appliquées en général par des agents qui ne dépendent pas du gouvernement, il faut qu'elles soient précises, impératives et expresses. Elles n'appellent aucun pouvoir secondaire à suppléer à leurs omissions et ne laissent point de marge à l'appréciation raisonnée de ceux qui doivent les faire exécuter. Cette exécution est un acte en quelque sorte mécanique, et, sous leur empire, l'administration un agent aveugle, appelé seulement à lire un texte et à le suivre littéralement. Il n'a besoin, selon une expression de Montesquieu, d'avoir que des yeux. Il suffit au législateur, pour atteindre son but, d'attacher une peine à la violation de chacune de ses prescriptions et d'en frapper celui qui, par incurie ou mauvaise volonté, les a méconnues.

Que l'autorité judiciaire prononce cette peine, comme toutes les autres, ce n'est pas de sa part s'immiscer dans les affaires administratives. Elle, aussi, n'est appelée qu'à lire un texte légal et à constater s'il a été observé ou violé, ce qui est office de juge. Elle ne saurait en aucun cas entraver une administration qui a déjà les bras liés, qui ne possède point son libre arbitre et dont tous les devoirs sont écrits et marqués à l'avance.

Il n'en est pas de même lorsque la loi, comme en France, se contente de promulguer quelques principes fondamentaux, de conférer des pouvoirs généraux à l'administration et de l'armer de certains droits. L'administrateur n'est plus un exécuteur servile strictement enfermé dans les rigueurs d'un texte. Arbitre véritable, il jouit de liberté morale; il doit faire appel à son intelligence, interroger la pensée du législateur avec lequel il poursuit un but commun et dont il est l'interprète autant que le ministre. Dans ce système, l'autorité judiciaire, si elle était autorisée à annuler les actes des administrateurs ou à les traduire indistinctement à sa barre, pourrait soumettre l'administration à un contrôle général et illimité, l'attirer à soi tout entière, la frapper d'inertie et l'arrêter dans son cours.

C'est le spectacle que l'ancien régime avait donné. A défaut de limite entre les pouvoirs, la justice était parvenue, avec l'appui de l'opinion à qui elle inspirait confiance, et à l'aide de la persévérance familière aux corps permanents, à s'emparer de tous les attributs de la puissance publique. Les parlements intervenaient dans la législation par l'enregistrement des édits et dans l'administration par les réglements de police et par les poursuites dirigées contre les administrateurs. Ils pouvaient, malgré les évocations et les *committimus*, remèdes violents et par cela même d'un emploi rare et difficile, mettre la souveraineté en interdit.

Aussi, le premier soin de l'Assemblée Constituante, au moment où elle fondait le régime nouveau, fut-il de déclarer que « les fonctions judiciaires étaient distinctes et devaient toujours demeurer séparées des fonctions administratives ; » elle décida que « les juges ne pourraient, à peine de forfaiture, troubler, de quelque manière que ce soit, les opérations des corps administratifs, ni citer devant eux les administrateurs pour raison de leurs fonctions. »

Tel est le principe qui, sauf quelques exceptions nécessaires, n'a pas cessé de dominer les rapports de la justice et de l'administration.

Ce principe repose sur les considérations les plus graves et les plus intimement unies à l'intérêt public, mais l'application en doit être entourée de toutes les garanties propres à l'empêcher de dégénérer en un instrument d'usurpation et de despotisme ; en effet, si ces garanties ne se rencontraient pas, il pourrait arriver par exemple que l'administration s'emparât de ce qui est du ressort des tribunaux et que, par cet envahissement, les citoyens fussent privés de la protection que la justice leur promet.

Déterminer les règles selon lesquelles la justice et l'administration seront maintenues dans leurs limites est donc un problème dont la bonne solution importe essentiellement, soit à la marche régulière des institutions, soit à la liberté des citoyens, mais c'est en même temps un problème qui a toujours soulevé les plus sérieuses difficultés.

L'Assemblée Constituante s'était bornée d'abord à inscrire dans les lois constitutionnelles le principe de la séparation des deux pouvoirs. Lorsqu'elle fut appelée à l'organiser, elle donna au Roi, « comme chef de l'administration générale, » le droit de revendiquer sur les tribunaux les questions qui auraient un caractère administratif. Le pouvoir exécutif conserva cette attribution jusqu'en l'an VIII. Elle fut notamment reconnue au Directoire par la Constitution de l'an III, et l'exercice n'en fut subordonné à aucune règle fixe, ni circonscrit par des limites déterminées. Ainsi le pouvoir exécutif exerçait un droit presque absolu, en vertu duquel il lui était possible d'empiéter sur l'autorité judiciaire et il ne s'en défendit pas toujours. Mais on touchait encore à l'époque où cette autorité avait tout envahi, et le souvenir de ses entreprises préoccupait à bon droit le législateur. D'un autre côté, dans l'esprit de ces premières Constitutions, le pouvoir exécutif étant subordonné aux assemblées, celles-ci qui pouvaient toujours lui demander compte de ses actes et réformer ceux qu'elles n'approuvaient point, s'attribuaient indirectement à elles-mêmes les droits qu'elles lui conféraient, et il était logique qu'elles se réservassent ainsi la faculté de régler les attributions respectives des autorités administrative et judiciaire. La Constitution de l'an III prévoyait même des cas où les conflits seraient déférés à la législature.

Quand la Constitution de l'an VIII restreignit le rôle des assemblées politiques et agrandit celui du pouvoir exécutif, ses rédacteurs ne pouvaient être disposés à retirer à celui-ci un droit dont il était investi. Cependant les pouvoirs mêmes dont le chef de l'État devenait possesseur, l'absence de la responsabilité qui avait disparu avec la prépondérance des assemblées, augmentaient les dangers que courait l'autorité judiciaire, et si l'on ne pouvait lui remettre la faculté de régler elle-même ses attributions, on comprit instinctivement que cette faculté ne pouvait être donnée non plus à l'administration, ni même au gouvernement qui ne faisait plus qu'un avec elle, si l'on peut ainsi parler, et la Constitution de l'an VIII décida que le Conseil d'État qu'elle créait serait chargé de prononcer d'une part sur la mise en jugement des fonctionnaires publics, et, d'autre part, sur le contentieux administratif qui comprenait le jugement des conflits; à la vérité, il fut admis que les décisions du Conseil d'Etat ne valaient que par l'approbation du chef du gouvernement, mais cette subordination ne résultait d'aucune disposition constitutionnelle ou légale, et ce n'est pas le seul exemple des usurpations commises par le maître nouveau, à une époque de lassitude, où l'ascendant de son génie exerçait une influence presque irrésistible. D'ailleurs, l'approbation du chef de l'État était de pure forme, et s'il faut en croire les traditions de ce temps, elle ne fut jamais refusée aux décisions du Conseil d'Etat en ces matières. Quoi qu'il en soit, la garantie que la Constitution de l'an VIII paraît avoir eu en vue fut illusoire, et les exemples de l'invasion de l'administration sur la justice devinrent fréquents et furent quelquefois scandaleux.

Avec la Restauration, la France recouvra le régime parlementaire et le principe de la responsabilité politique. Il ne porta pas immédiatement ses fruits, mais il ne demeura pas stérile. Pour faire connaître ses conséquences à l'égard des règles destinées à assurer la séparation des pouvoirs, examinons successivement les deux ordres de mesures qui s'y rapportent, les conflits et l'autorisation de poursuivre devant les tribunaux les agents du gouvernement.

Quant aux conflits, on vit d'abord les traditions du gouvernement impérial adoptées par la Restauration. Droit conféré aux préfets, en élevant le conflit, d'arrêter immédiatement l'action des tribunaux ; point de délais pour les décisions du gouvernement, et, par suite, suspension indéfinie de la justice ; point de limites à l'exercice du droit des préfets qui élevaient le conflit même contre des décisions passées en force de chose jugée : de là de nombreuses et vives réclamations. Enfin, en 1828, une ordonnance du 1er juin, encore appliquée, fixa des délais, précisa les cas où le conflit était autorisé, l'interdit en certaines matières et consacra de notables et réelles garanties. Cependant, on laissait toujours au gouvernement la décision définitive, mais, comme le disait M. Cuvier : « Que le gouvernement abuse des conflits, qu'il enlève des citoyens à leurs juges naturels, qu'il intervertisse les juridictions, ses ministres peuvent à chaque instant être appelés à en répondre devant les chambres. Il y a à l'abus un remède toujours prêt. »

Sous le Gouvernement de Juillet, le système fut maintenu ; on n'y introduisit que deux changements de pure forme, mais qui n'étaient pas sans importance. D'abord, les débats devant le Conseil d'État furent rendus publics en 1831; en second lieu, la loi du 19 juillet 1845, en autorisant implicitement le gouvernement à s'écarter de l'avis du Conseil d'État, décida que, dans ce cas, l'ordonnance qui interviendrait, serait insérée au *Moniteur* et au *Bulletin des Lois ;* elle voulait ainsi, lorsque la décision émanerait du gouvernement tout seul, en avertir l'opinion, et ouvrir accès aux plaintes de la presse qui était libre, et aux réclamations de la tribune qui était debout et retentissante.

Cependant, ces combinaisons légales, bien qu'elles eussent donné satisfaction aux réclamations les plus légitimes, n'opposaient point encore une barrière infranchissable aux envahissements du pouvoir exécutif. Les avis du Conseil d'État étaient toujours adoptés par le gouvernement, mais on accusait le Conseil d'État de tendre à accroître outre mesure les attributions administratives. La Constitution de 1848 voulut ôter même un prétexte à ces accusations ; elle institua le Tribunal des Conflits, composé pour moitié de conseillers d'État et pour moitié de conseillers à la Cour de Cassation, présidé par le ministre de la justice et investi d'une juridiction propre. Par le rapprochement des magistrats les plus élevés de l'ordre administratif et de l'ordre judiciaire, les deux pouvoirs étaient représentés et défendus. Par la présidence donnée à un ministre, l'intérêt de l'État trouvait dans le tribunal un organe autorisé et puissant. Par la reconnaissance d'une juridiction propre, le gouvernement échappait à l'accusation de porter la main sur l'autorité judiciaire. La jurisprudence du Tribunal des Conflits justifia les espérances que sa création avait fait naître ; elle fut presque entièrement conforme à celle que le Conseil d'État avait précédemment suivie ; sanctionnée par un corps dont la composition prévenait toutes les objections, elle recueillit une approbation unanime, elle prévalut même dans le Conseil d'État et dans la Cour de Cassation qui s'appropriaient plus tard, avec empressement, les décisions de collègues élus dans leur sein, et le résultat certain de l'établissement du Tribunal des Conflits devait être d'introduire une parfaite concordance entre ces deux grands corps, dont l'harmonie est un avantage si précieux.

Avec la Constitution de 1848 a été détruit le Tribunal des Conflits. Les dispositions de la loi de 1845 ont été reproduites par un décret du 25 janvier 1852, mais les institutions avec lesquelles cette loi se combinait étaient profondément changées, la responsabilité politique supprimée, le régime parlementaire aboli. Le gouvernement a recouvré le droit de rendre sur les conflits des décisions contraires à l'avis du Conseil d'État, et s'il est toujours tenu de les insérer au *Moniteur* et au *Bulletin des Lois*, que sont devenus les recours politiques, les interpellations, les réclamations de la presse, les appels à l'opinion que cette insertion avait pour objet de provoquer, s'il en était besoin ? D'ailleurs, le Conseil d'État, établi par la nouvelle Constitution, a, comme nous le montrerons plus tard, un caractère tout différent de celui du Conseil d'État de la monarchie constitutionnelle.

Quant à la mise en jugement des agents du gouvernement, un des premiers actes de la Restauration fut de permettre de traduire devant les tribunaux, sans autorisation préalable, les préposés ou employés des contributions indirectes (loi du 28 août 1816); plus tard, la même exception fut admise à l'égard des agents qui ordonneraient ou opéreraient des perceptions illégales (lois annuelles de finances). En 1849, la loi électorale permit aussi de poursuivre sans autorisation les fonctionnaires publics coupables de délits en matière d'élections. Sauf ces exceptions, le principe de l'autorisation, écrit dans l'article 75 de la Constitution de l'an VIII, continua de subsister. Le Gouvernement de Juillet avait proposé une loi sur la responsabilité qui remettait aux tribunaux, sauf des précautions spéciales, le droit de juger sans autorisation les agents du pouvoir; mais les deux chambres en revinrent à l'article 75, légèrement modifié dans les mesures d'application. Ainsi, le gouvernement conservait le droit d'arrêter les poursuites, mais il s'astreignait à suivre l'avis du Conseil d'État, ses décisions étaient d'ailleurs soumises à la garantie de la responsabilité, et, d'autre part, les citoyens qui reprochaient à un agent du pouvoir un acte illégal étaient, en cas de plainte de celui-ci, autorisés à faire la preuve du fait dénoncé. Après le 24 Février 1848, ce système ne fut modifié dans la nouvelle Constitution que par la création d'un Conseil d'État élu par l'assemblée et par suite indépendant du gouvernement, Conseil d'État dont les avis, homologués pour la forme par le pouvoir exécutif, étaient de véritables décisions. Il remplissait donc, pour l'autorisation des poursuites à diriger contre les agents du pouvoir, des attributions analogues à celles du tribunal dont nous venons de parler à l'égard des conflits, et de cette façon les autorisations de poursuites avaient cessé, aussi bien que les conflits, de dépendre de la volonté du gouvernement.

Le Constitution de 1852 est aussi sur ce point revenue à ce qui existait avant 1848, avec les différences qui résultent du nouveau système politique, différences sur lesquelles il est inutile d'insister encore. On a été plus loin. Le droit de faire la preuve par témoins des faits imputés aux fonctionnaires publics, droit ouvert par la loi du 26 mai 1819, supprimé par la loi du 25 mars 1822, et rétabli par celle du 8 octobre 1830, a été retiré par le décret du 17 février 1852; les tribunaux correctionnels ont été substitués au jury pour le jugement des délits de la presse, et les débats des procès relatifs à ces délits ne peuvent être publiés. En outre, la faculté de poursuivre sans autorisation les fonctionnaires coupables de délits dans les élections, n'a pas été maintenue par le décret du 2 février 1852.

Ainsi, qu'un citoyen prétende faire annuler un acte du pouvoir qui porte atteinte à ses droits, le gouvernement, par la voie du conflit, peut empêcher les tribunaux de connaître de l'action qui leur est soumise; qu'un citoyen se plaigne d'un fait arbitraire commis à son préjudice par un agent du pouvoir, le gouvernement, par le refus d'autoriser les poursuites, peut empêcher les tribunaux de connaître de la plainte. Sa décision est souveraine et ne peut être l'objet d'aucun recours.

N'est-on pas autorisé à affirmer que l'autorité judiciaire n'est pas protégée contre l'autorité administrative, et n'existe-t-il pas une singulière contradiction dans des lois qui d'une part déclarent les juges inamovibles, en vue sans contredit d'assurer leur indépendance à l'égard du pouvoir qui seul pourrait se faire une arme de l'amovibilité, et qui d'autre part permettent au gouvernement de soustraire à leur juridiction toutes les questions à l'égard desquelles cette garantie assure une protection aux citoyens?

Quelles peuvent être les raisons de ces précautions jalouses? L'autorité judiciaire a-t-elle tenté de sortir de ses limites et marché sur les traces des anciens parlements? Nullement. La Cour de Cassation notamment s'est toujours montrée fidèle observatrice des compétences. On pourrait dire, sans exagération, qu'elle a été au moins aussi attachée aux prérogatives administratives que l'administration elle-même. Il n'y a pas lieu de s'en étonner. Depuis l'époque où l'Assemblée Constituante témoignait aux tribunaux de si vives défiances, les temps sont bien changés. De nouveaux principes ont définitivement prévalu ; des habitudes se sont formées sous leur influence. Au souvenir des pouvoirs exorbitants des anciens parlements, l'assemblée, qui venait de les abolir, pouvait à bon droit s'alarmer; mais de nos jours les excès qu'elle redoutait ne se commettraient point. Les tribunaux actuels diffèrent des anciens parlements autant que la France nouvelle de la France de 1788, et les magistrats de l'ordre judiciaire n'auraient aucun penchant à méconnaître des institutions dont, comme citoyens, ils recueillent les bienfaits. Empressés de maintenir les justes attributions des pouvoirs publics, ils auraient pour seule préoccupation la défense des droits privés et ne peuvent donner ombrage qu'à ceux qui seraient disposés à fouler aux pieds ces droits.

CHAPITRE IV.

L'ADMINISTRATION DANS SES RAPPORTS AVEC LE POUVOIR POLITIQUE.

Le pouvoir politique est l'instrument le plus actif du progrès de la civilisation, des lumières et du bien-être général. Il exerce sur la société une surveillance permanente, observe ses besoins, suit ou redresse ses tendances, écoute ses vœux, modère ses passions. Il est au dehors son représentant et son organe, et en toute occasion la plus haute expression de la pensée publique.

Étroitement associé à l'administration, il ne se confond pourtant pas avec elle. Sa fonction est toute d'initiative, d'appréciation, de direction, de conseil; c'est lui qui donne à l'administration son esprit général, sa pensée, et, si l'on peut ainsi parler, son drapeau; à celle-ci est réservée l'action, c'est-à-dire l'exécution des lois et l'exercice matériel et pratique des pouvoirs confiés au gouvernement.

Le pouvoir politique est la tête, l'administration est le bras.

C'est ainsi que chaque gouvernement se sert de l'administration pour faire prévaloir son système et donner aux services publics l'impulsion conforme à ses vues; c'est ainsi que l'Empire organisait la France pour sa dictature militaire, que la Restauration tentait un retour vers le passé, que le Gouvernement de Juillet fécondait les éléments de la prospérité matérielle. Le pouvoir politique trace la voie et l'administration l'y suit. La politique, dans des vues rétrogrades, craint-elle de répandre les lumières au sein de la nation? elle emploie l'administration à éteindre les foyers d'instruction. Croit-elle au contraire que le peuple, plus éclairé, sera plus heureux et plus moral? elle emploie l'administration à ouvrir les écoles. Sous sa direction, s'il est besoin de prendre une attitude qui impose à l'étranger un respect salutaire, l'administration arme les places fortes, agrandit les cadres de l'armée, organise la garde nationale, favorise les enrôlements; si l'ordre est en péril, elle applique avec rigueur les mesures de sûreté; si les classes laborieuses souffrent, elle multiplie les travaux publics, crée des ateliers, ouvre de nouveaux débouchés au commerce et à l'industrie.

Dans toutes ces mesures générales, l'administration doit obéir à la politique, en serviteur fidèle et dévoué; sa résistance ou son mauvais vouloir serait une source de désordre. Mais s'il en est ainsi dans ce qui constitue la conduite générale, les deux pouvoirs doivent se séparer, non pour se contrarier, mais pour se tenir dans leurs conditions respectives, lorsqu'il s'agit de l'exécution des lois, des mesures de détail et des rapports directs de la puissance publique avec les citoyens.

En effet, dans les fonctions qui lui sont propres, l'administration remplit une véritable magistrature. Les pouvoirs qu'elle exerce lui sont remis pour assurer d'autant mieux le service public par les règles qu'elle s'est faites, l'expérience qu'elle possède et les lumières dont elle est le foyer. S'agit-il des emplois? on attend d'elle qu'elle les confie aux plus dignes et aux plus capables; des allocations publiques dont la distribution est discrétionnaire? on attend d'elle qu'elle prenne pour base les besoins, les ressources, les sacrifices de chaque province, de chaque commune, appelée au partage; des marchés à passer pour les fournitures? on attend d'elle qu'elle stipule les meilleurs prix et traite avec les hommes les plus honnêtes et les plus solvables.

Mais l'administration est toujours exposée aux envahissements du pouvoir politique, parce qu'il est confié aux mêmes mains qu'elle, et que leurs dépositaires communs sont le plus souvent portés à méconnaître les différences qui les distinguent. Il est même des hommes qui professent ouvertement la subordination de l'administration à la politique. A leurs yeux, les droits conférés à l'administration ne sont que des moyens de gouvernement. Le pouvoir public ayant perdu la force que lui donnaient jadis le prestige de l'ancienneté et la soumission des peuples, c'est à l'administration qu'il est réservé de lui prêter influence et crédit. Cet intérêt marche le premier parmi les intérêts publics; les autres doivent fléchir devant lui. Places, secours, faveurs, tout est destiné à soutenir la politique et à lui créer des appuis. Quelques abus se commettront : mais que sont quelques abus, quand il s'agit de la conservation même de la société et du pouvoir qui la protége contre ses ennemis ?

Cette théorie, qui peut justifier les plus graves désordres, n'a pas même le mérite de reposer sur des idées justes. Il est vrai, sans doute, que l'intérêt de la société domine tous les autres, mais il est faux qu'il soit servi par l'oubli des règles d'une bonne administration. La justice, l'observation des lois, l'étude consciencieuse et désintéressée des besoins publics et des moyens d'y satisfaire, voilà la vraie et la sage politique. C'est par elle que les peuples s'attachent aux gouvernements : à des administrateurs impartiaux, équitables et vigilants, la confiance et la sympathie ne font jamais défaut, tandis que quelques faveurs individuelles se renferment dans le cercle étroit de ceux qui les obtiennent et que, pour un petit nombre de créatures souvent ingrates, le pouvoir suscite les plaintes des ambitions privées éconduites, et le mécontentement du public entier. Par une heureuse nécessité, pour les gouvernements comme pour les individus, la vertu ne constitue pas seulement une obligation morale, elle est encore un calcul bien entendu.

Qui ne voit les dangers de l'invasion de l'administration par la politique et les détestables tentations auxquelles elle expose les dépositaires de l'autorité ? Plus l'administration est puissante, plus ces dangers s'accroissent. Dans un pays comme la France, où le domaine administratif est presque illimité, où des sommes immenses sont affectées aux traitements, aux travaux publics, à des allocations de tous genres, où une foule de droits, de facultés, de fonctions, dépendent du bon plaisir du gouvernement, la liberté publique elle-même est en péril ; le pouvoir politique, sorti d'une source empoisonnée, l'administration, prostituée à des vues personnelles, sont frappés du même coup. L'État est sur le bord de l'abîme et ne parvient pas toujours à y échapper.

Mais quels préservatifs opposer à ces dangers ? Sous le gouvernement parlementaire, on invoquait la responsabilité ? Les ministres, disait-on, peuvent être sans cesse interpellés, blâmés, déclarés indignes de confiance, précipités du pouvoir. Quel frein plus énergique pour les tenir dans le devoir et les empêcher de jamais s'en écarter ? On disait vrai et ce n'est pas aujourd'hui qu'on peut révoquer en doute l'efficacité de la responsabilité ministérielle. Par elle, les assemblées faisaient triompher leurs doctrines, leurs vœux, leurs résolutions. Cependant, il faut reconnaître que le système de la responsabilité, tutélaire pour les intérêts publics, tant qu'il ne portait que sur les grands objets de la politique et du gouvernement, devenait illusoire et impuissant quand on l'étendait aux choses secondaires de l'administration. Des questions qui se rattachaient à la conduite journalière des affaires, qui n'ébranlaient aucune opinion et ne touchaient qu'indirectement à l'intérêt général, passaient presque toujours inaperçues dans les assemblées. Les majorités ne voulaient pas descendre à ces obscurs détails et, pour si peu, renverser ou ébranler un ministère. Ce qui était placé sous la seule garantie de la responsabilité ministérielle, en dehors de la politique proprement dite, était trop souvent livré au plus pur arbitraire. Une fois maîtres de la majorité, les ministres, pourvu qu'ils sussent la ménager, pouvaient s'affranchir de la règle. Toute plainte de l'Opposition n'était plus qu'une manœuvre de parti, un moyen de se saisir du pouvoir, et l'accueillir passait pour trahison, faiblesse ou duperie. Sans doute, la patience de la majorité n'aurait pas été inépuisable, mais que d'abus tolérés, de fautes passées sous silence, d'écarts complaisamment oubliés.

Ce fut un avertissement pour les assemblées qui sortirent de la Révolution de 1848. La nouvelle Constitution avait maintenu la responsabilité politique des ministres : on se garda de la considérer comme une garantie suffisante contre les fautes de l'administration ; le président de la République était déclaré responsable : loin de trouver dans ce principe nouveau une raison d'étendre ses pouvoirs, on s'efforça de les restreindre. La Constitution posa en conséquence les règles qui devaient présider à la distribution des emplois, soumit la révocation des agents électifs du pouvoir exécutif à l'avis conforme d'un Conseil d'État élu par l'Assemblée Législative, exigea que cet avis éclairât l'exercice du droit de grâce et délégua, en certains cas, à ce Conseil le droit de faire lui-même des réglements d'administration publique. Les lois sur l'instruction publique, sur les caisses de retraite de la vieillesse, érigèrent des conseils indépendants, chargés d'assister les ministres; des réglements furent exigés afin de fixer les conditions d'admission et d'avancement dans les fonctions publiques. Un décret même préposa une commission à la distribution des bourses nationales dans les lycées et organisa des concours pour les bourses fondées par les départements et les communes. On pensait par ces diverses dispositions, que la responsabilité deviendrait plus vraie et plus sérieuse, étant appliquée à des objets moins nombreux et plus importants, et l'administration plus ferme et plus impartiale, étant soustraite aux influences politiques.

Depuis l'établissement du gouvernement qu'a fondé la Constitution de 1852, d'autres principes ont prévalu. Les diverses lois qui restreignaient les pouvoirs du président de la République ont été emportées avec la Constitution de 1848. Les ministres, simples agents du président, ne forment pas même un conseil, ne sont plus soumis qu'à la responsabilité criminelle ou civile, au même titre que les autres fonctionnaires publics, et la loi même qui devra organiser cette responsabilité n'est pas rendue. Ils peuvent être traduits devant la haute-cour, instituée récemment, mais l'appareil judiciaire ou le glaive du bourreau sont-ils les freins habituellement destinés à maintenir les ministres dans le devoir? La poursuite criminelle ne peut d'ailleurs atteindre que les actes qui violeraient les lois de l'État ou les droits des citoyens, elle s'arrête devant ceux qui ne constitueraient qu'un usage irrégulier des pouvoirs légaux, et qui, pour nous renfermer dans notre sujet, sacrifieraient l'administration à la politique. Quant à la responsabilité civile, la Constitution n'en parle point et il est fort douteux qu'elle soit maintenue.

En réalité, une seule responsabilité subsiste encore, celle du président de la République. « Il est responsable, selon l'art. 5 de la Constitution, devant le peuple français, auquel il a toujours le droit de faire appel. » Il suffit de lire ce texte pour se convaincre qu'il est entièrement étranger à l'administration. Il n'y a d'ailleurs que le président qui puisse en appeler au peuple, et il est manifeste que ce recours qui dépend de lui seul ne peut être un remède aux abus qui s'introduiraient dans son gouvernement.

Reste le Sénat; mais, sans répéter ce qui en a déjà été dit, on peut remarquer que les droits qui lui sont conférés ne s'exercent que dans des cas très-spécialement déterminés et parmi lesquels ne se trouvent point compris les actes de l'administration publique. Le Sénat d'ailleurs ne s'assemble qu'aux époques et pour le temps fixés par le président.

Telle est la place de l'administration dans le système général de nos institutions. Identifiée avec le pouvoir exécutif dont elle est l'instrument, elle a participé à toutes les conquêtes qu'il a faites dans la Constitution de 1852 ; elle peut dominer le pouvoir législatif et le pouvoir judiciaire, mais elle est en même temps à la merci du pouvoir politique; situation dangereuse dont la prudence des hommes pourra seule conjurer les périls, situation bien propre à inspirer de vives inquiétudes à tous ceux qui pensent que les garanties de la séparation des pouvoirs, des droits des citoyens et de l'équitable exécution des lois, doivent surtout se trouver dans un juste équilibre, établi et consacré par les Constitutions elles-mêmes.

TITRE SECOND.

DE L'ORGANISATION ADMINISTRATIVE.

CHAPITRE PREMIER.

DE LA CENTRALISATION.

Avant de retracer l'organisation administrative, il convient de parler de la centralisation qui en est la base.

La centralisation, son nom le dit, ne peut exister sans un pouvoir central; mais il ne suffit pas qu'un tel pouvoir se rencontre pour qu'il y ait centralisation. La Grande-Bretagne avec son Parlement qui dicte des lois aux trois royaumes et à des colonies répandues sur toute la surface du globe, la Suisse avec sa Diète fédérale, les Etats-Unis avec leur Congrès, reconnaissent un pouvoir central, et sont les exemples les plus frappants de gouvernements dépourvus de centralisation.

D'un autre côté, si le développement considérable donné à l'administration publique ou collective des intérêts communs est une conséquence habituelle de la centralisation, il ne la constitue pas non plus. Chez les nations qui jouissent d'institutions locales actives et puissantes, mais indépendantes du gouvernement, la part de l'administration est très-grande et la centralisation inconnue.

Des lois qui attribuent au gouvernement même de l'État une autorité générale, qui lui donnent le droit d'étendre son bras sur les diverses fractions du pays, de se substituer plus ou moins aux pouvoirs locaux, de s'interposer dans l'exercice des facultés individuelles, et qui soumettent la nation à une direction unique, partant du centre et rayonnant jusqu'aux extrémités les plus reculées : voilà ce qui fait la centralisation. Pour emprunter une comparaison appliquée à une société célèbre, organisée sur ce principe, la centralisation est une épée dont la poignée est dans la capitale et la pointe dans le reste de l'État.

Il n'y a pas de nation où elle ne se trouve à un degré quelconque, car l'absence de toute centralisation conduirait à l'anarchie ; il en est où son extrême développement a tué la liberté, car, poussée à l'excès, la centralisation enfante la servitude.

A proprement parler, les nombreuses et ardentes discussions engagées au sujet de la centralisation ont porté beaucoup moins sur le principe lui-même que sur son développement plus ou moins étendu. Il en est souvent ainsi. Nous vivons en effet dans un temps où presque tous les grands principes des sociétés sont reconnus. On ne conteste aucune des lois morales qui doivent présider au gouvernement des hommes. Cela est vrai pour la plupart des libertés, inscrites désormais, avec plus ou moins de sincérité, dans toutes les Constitutions. Ceux même qui y ont le moins de penchant se croient obligés de les admettre, sauf à les éluder ou à les violer, quand l'occasion le permet. On ne discute ouvertement que sur la mesure dans laquelle elles seront possédées et sur les circonstances qui sont de nature à en favoriser ou à en restreindre la jouissance, et on ne les supprime que par voie d'ajournement. De même il n'est personne qui n'accepte la centralisation, pour certains objets et dans une proportion quelconque. Sur le point seulement où elle doit s'arrêter, les opinions se partagent.

Selon le génie des peuples, leurs mœurs, leurs traditions historiques, leur situation géographique même, la centralisation s'étend ou se resserre, et l'on s'explique aisément l'extrême développement qu'elle a pris en France. Depuis plusieurs siècles elle a été le but vers lequel la nation n'a pas cessé de se diriger. Pour se constituer, pour reculer ses frontières, pour imposer à des ennemis jaloux et puissants, la France a laissé prendre en autorité au gouvernement ce qu'elle espérait qu'il lui rendrait en grandeur et en sécurité. Des rois habiles, de grands ministres secondèrent ce sentiment national. La Couronne, opposant à l'aristocratie féodale les communes qu'elle affranchissait, abaissant la noblesse en faisant tomber sur l'échafaud ses têtes les plus illustres ou en l'abâtardissant à la cour, reprenant ensuite les franchises locales, accrut successivement son pouvoir; de la réunion de ces diverses conquêtes se composa la monarchie administrative, ébauche assez achevée déjà de la centralisation.

La rénovation politique de 1789, loin de détruire la centralisation, imposa au gouvernement le besoin de conserver les forces dont elle tenait le faisceau. De nombreux ennemis à combattre au dedans et au dehors, les principes que la Révolution inaugurait à propager et à faire triompher, l'unité à imposer à des provinces autrefois séparées par les institutions et les coutumes, la nation à asseoir sur les bases que posait le régime nouveau, tout exigeait une volonté unique, capable d'imprimer le mouvement, d'abolir les distinctions, de vaincre les résistances. Sans une autorité presque absolue, ni l'Assemblée à qui était confié le dépôt des libertés reconquises, ni le gouvernement chargé d'en assurer le règne, ne pouvaient accomplir leur œuvre. Aussi, tout en organisant des pouvoirs locaux et en leur conférant les attributions les plus étendues, l'Assemblée nationale fit remonter au roi, ou plutôt aux ministres, responsables devant elle, l'action politique entière et une grande partie de l'action administrative. Il est vrai que les lois qu'elle rendit, n'étaient pas appropriées à leur fin. Sa pensée était en effet de subordonner au pouvoir central tous les pouvoirs qu'elle distribuait aux divers degrés de la hiérarchie, et ces pouvoirs, elle les organisait de manière à trouver en eux des obstacles et non des moyens. Elle les faisait collectifs, les rendait presque indépendants et par suite plus enclins à la résistance qu'à la soumission. Mais il suffit de lire les instructions rédigées par elle-même à l'appui de ses décrets, pour reconnaître que la centralisation en était le principe. Les changements apportés successivement à la première organisation tendirent tous à fortifier ce principe en le conservant. Au nom d'une politique violente et inflexible, la Convention, investie elle-même du pouvoir exécutif, brisa tous les empêchements qui pouvaient entraver sa dictature. En vue de rétablir l'ordre dans les finances et dans l'administration, le Directoire donna au pouvoir exécutif une partie des attributions déléguées par la Constituante aux départements et aux communes; enfin, l'Empire, qui avait fait de la France un camp et de l'administration un recruteur de soldats, absorba tous les pouvoirs et étendit sans mesure le réseau de la centralisation. Malgré de profondes modifications introduites par le gouvernement constitutionnel, de 1814 à 1848, la centralisation est encore le principe fondamental de notre administration.

A cette longue école se sont façonnées des mœurs qui favorisent le maintien de la centralisation. Une continuelle immixtion du gouvernement dans presque toutes les affaires a fait perdre aux citoyens l'habitude des efforts personnels. On se dérobe à toute responsabilité individuelle; on attend d'autant plus du pouvoir central qu'on lui a concédé davantage, et si l'esprit français ne lui épargne pas la critique, les ambitions privées ne cherchent guère à se substituer à lui. L'état de la société, des familles et des fortunes encourage ces dispositions. Plus d'opulents patrimoines toujours prêts à faire à l'État une concurrence généreuse dans l'accomplissement des services publics : la règle des partages divise les héritages et disperse les longs produits de l'épargne et du travail. Plus de noms illustres consacrés à des œuvres de patriotisme : un besoin d'égalité jaloux les écarte ou les inquiète. Plus d'associations religieuses avec de grands revenus et un vaste patronage : les lois ne les reconnaissent point; les mœurs élèvent une barrière entre elles et les intérêts de ce monde. Le labeur de chacun se concentre dans le développement de son propre bien-être et la contemplation de ses intérêts domestiques. Dans ce naufrage de la grande propriété, des influences héréditaires et du patriotisme individuel, le gouvernement dispose d'immenses ressources, exerce un patronage sans limites, et est devenu l'arbitre de toutes les difficultés publiques, le dispensateur de toutes les grâces, l'exécuteur de toutes les grandes entreprises.

Ce régime a soulevé les plus vives réclamations, et l'on a pu quelquefois, chez ceux qui les faisaient entendre, remarquer une singulière inconséquence. La centralisation donne à l'autorité publique une grande puissance, et c'est parmi les plus dévoués sectateurs du principe de l'autorité qu'elle a trouvé ses adversaires les plus nombreux. Elle restreint la liberté, et parmi les plus fervents apôtres de la liberté, il s'en est rencontré qui ont célébré avec un poétique enthousiasme ses grandeurs et ses bienfaits. Les uns avaient surtout les regards tournés vers l'intérieur de la France, et ne considéraient que l'extension des franchises locales; les autres ne voyaient que la grandeur de la patrie, les forces dont elle a besoin pour résister à l'étranger et consolider la Révolution. La centralisation touche à tant d'intérêts que, selon l'aspect sous lequel on l'envisage, elle suggère les opinions les plus opposées.

La centralisation a été la source de grands biens, qui pourrait le contester? elle a contribué à animer la France d'un seul esprit et d'une même pensée, elle a fondé l'unité et assis sur des bases indestructibles le régime nouveau, mais elle a en même temps créé des maux funestes. Par le régime de la centralisation, l'autorité publique a vu peser sur elle une responsabilité qui, en même temps qu'elle fait remonter jusqu'à elle les bénédictions publiques, dans les jours heureux, la livre, aux époques de crise et de malaise, à toutes les plaintes, aux clameurs de ceux qui souffrent et aux attaques de ceux qui exploitent ces souffrances au profit des mauvaises passions. Détournés des affaires pratiques, les esprits se tournent exclusivement vers les théories spéculatives ; le gouvernement prend une si grande part à toutes choses, que les mécontents considèrent sa destruction comme le premier de tous les remèdes.

Pour apprécier ces griefs, examinons la centralisation dans ses rapports avec les besoins divers auxquels elle doit pourvoir ; recherchons quels sont les attributs nécessaires du pouvoir central et dans quelle mesure il doit en jouir, afin de concilier, autant que faire se peut, ses prérogatives avec les libertés publiques.

Les gouvernements sont principalement institués dans un double but : la protection nationale et le maintien de l'ordre.

Entretenir d'une part des relations bienveillantes avec l'étranger, prévenir les dissentiments, apaiser les rivalités, résister aux attaques, veiller avec un soin jaloux sur la grandeur et la sécurité de la patrie ;

Assurer d'autre part l'exécution des lois, punir ceux qui les violent, apaiser les troubles intérieurs, faire régner la paix, garantir à chacun la liberté du foyer domestique, cette liberté qui surpasse toutes les autres :

Telle est leur mission, et l'on peut dire que, dans les

États où le gouvernement n'est pas armé des pouvoirs nécessaires pour l'accomplir, il n'y a point de gouvernement.

Pour répondre à ce double besoin, le gouvernement est investi de pouvoirs définis par la Constitution et par les lois; des agents sont placés sous ses ordres; la force publique est dans ses mains; les tribunaux sont institués; des impôts sont levés.

Voilà le vrai domaine de la centralisation, et dans les pays mêmes qui la repoussent de leurs institutions secondaires, elle l'occupe sans conteste. Mais ce domaine varie selon les conditions de chaque État. L'Angleterre peut se préoccuper moins, avec sa ceinture maritime, des dangers extérieurs, et avec son organisation politique, des chances de troubles intérieurs. Les États-Unis obtiennent la même sécurité du large espace qu'ils occupent, de l'absence de voisins forts et de la possession de vastes territoires, ouverts aux populations inquiètes et tourmentées par le besoin. Les États du continent européen, au contraire, sont contraints de faire à la paix intérieure et extérieure de plus grands sacrifices. La France en particulier, dans le voisinage de rivaux puissants, tenus en éveil par l'initiative intellectuelle et morale qu'elle a toujours exercée, et par l'ardeur guerrière qui l'a longtemps animée, la France où la Révolution a détruit toutes les barrières intermédiaires et fait triompher la démocratie, où la population est serrée, où l'amour du sol natal résiste aux expatriations, la France doit plus qu'aucune autre nation peut-être, confier à son gouvernement des forces imposantes, une grande armée, des agents nombreux, des revenus considérables, et la centralisation, même dans ce qui est commun à tous les peuples, s'y trouve nécessairement plus étendue qu'ailleurs.

Les pouvoirs qui se rattachent à cet ordre d'intérêts doivent appartenir à l'autorité centrale directement, absolument, sans intermédiaire. Il est évident que les relations diplomatiques ne peuvent relever que d'elle. Il en est de même de l'armée et de la flotte. Quant à la levée de l'impôt, on a pu voir, par l'application des lois de l'Assemblée Constituante qui en avait chargé les autorités locales, tous les vices de ce régime. Des lenteurs sans terme, des pertes continuelles, des obstacles de tous les instants, tels en étaient les résultats inévitables. Aussi, dès que l'ordre commença d'entrer dans l'organisation des services publics, celui-ci fut rendu au gouvernement seul.

Ainsi, les relations avec l'étranger, l'armée, la flotte, les ressources financières destinées à en couvrir les dépenses, appartiennent nécessairement au pouvoir central, mais à deux conditions également indispensables.

D'abord, le gouvernement n'est que le mandataire de la nation, et il lui doit compte de tous ses actes. Plus le mandat est considérable, plus la responsabilité doit être sérieuse. Une bonne constitution établira cette responsabilité sur les bases les plus solides. Elle organisera une surveillance sévère sur la diplomatie, d'où peut sortir la paix ou la guerre; elle prendra des mesures pour que l'armée, créée dans l'intérêt de l'ordre et de la sûreté nationale, ne devienne pas un instrument d'oppression; elle soumettra les finances à des contrôles, à des vérifications qui empêchent le gaspillage et la fraude; elle fera en sorte enfin que le gouvernement ne puisse jamais conduire la nation par les relations avec l'étranger à la rupture des alliances, par l'abus de la force publique à la servitude et par le désordre financier à la ruine et à la banqueroute.

D'un autre côté, une législation bien ordonnée assurera aux citoyens, considérés dans leur existence individuelle, la protection de règles tutélaires, et placera toujours en face des facultés conférées au gouvernement, les conditions qui en déterminent l'emploi et en préviennent ou en répriment l'abus.

On a vu que le gouvernement doit être et est en effet chargé du maintien de l'ordre à l'intérieur. Il n'est pas de fonction plus inhérente à son institution même; il n'en est pas non plus qui ait servi davantage à l'extension exagérée des attributions du pouvoir central : sous prétexte de maintenir l'ordre, il a mis la main sur un nombre illimité d'intérêts, et les a compris dans ses pouvoirs de police; il s'est, à la faveur du même prétexte, substitué aux pouvoirs locaux, dans une foule de cas. Qu'est-ce que l'ordre en effet et en quoi consiste la police? Il n'est pas pour ainsi dire une action dans la vie des citoyens, qui ne touche au bon ordre, et, sous ce rapport, le despotisme seul serait en état de le maintenir; on en peut dire autant de la police; on comprend généralement sous ce terme, tout ce qui concerne la sûreté, la tranquillité, la commodité même des citoyens : de quelle autorité le gouvernement ne serait-il pas investi, si l'on prétendait lui abandonner de si vastes intérêts! Les citoyens pourraient voir toutes leurs libertés passer entre ses mains.

Nous exposerons séparément les principes et l'organisation de l'administration locale et de la police. Qu'il nous suffise ici de quelques considérations générales.

Le problème à résoudre, quant aux pouvoirs qui se rapportent à la police et au maintien de l'ordre, consiste moins à fixer les limites de ces pouvoirs et leur objet, qu'à déterminer quel doit être à cet égard le principe de la législation.

Deux systèmes sont en présence :

L'un subordonne les citoyens à l'administration. Il charge celle-ci d'autoriser ou d'interdire l'exercice de droits privés; il ne laisse aux particuliers la faculté de faire certains actes, d'ouvrir certains établissements, de se livrer à telle ou telle profession qu'avec la permission de l'autorité publique. Par ce moyen, dit-on, le maintien de l'ordre est assuré. Le gouvernement, appréciateur impartial et éclairé, pèse les circonstances, impose des conditions, mesure le mérite et les garanties morales, et prévient les écarts qui seraient de nature à troubler la société.

L'autre, au contraire, s'en remettant aux citoyens, trace à l'avance les devoirs qui leur sont prescrits; il les soumet également à des conditions, mais ces conditions sont réglées en termes généraux et non pour chaque cas spécial et pour chaque individu. Quiconque les enfreint, encourt les peines édictées à l'avance par la loi.

Le premier de ces systèmes, entièrement préventif,

a pour conséquence d'augmenter les attributions du pouvoir public, c'est-à-dire la centralisation, quand les pouvoirs locaux inspirent à la loi les mêmes défiances que les citoyens pris individuellement.

Le second système, purement répressif, a seulement recours à l'autorité judiciaire. Le gouvernement peut encore intervenir pour exercer la surveillance et déférer à la justice les infractions qu'elle doit punir, mais il n'est investi d'aucune puissance propre et directe.

Entre ces deux systèmes le choix ne saurait être douteux. Le second seul satisfait à la liberté et à la dignité de l'homme. Que deviennent des citoyens dépourvus du droit d'exercer leurs facultés et assujettis en tant de choses au bon plaisir du gouvernement? On pourrait même demander si dans un Etat où un tel régime est très-développé, il y a encore des citoyens. Le caractère dominant du système préventif est la défiance, sentiment injurieux pour ceux qui le font naître, humiliant pour le peuple dont la législation s'en inspire. La défiance contre les individus conduit à une confiance absolue envers le gouvernement. Sur quelles bases repose cette confiance? Serait-il donc vrai qu'il n'y a de sagesse, de prévoyance, de lumières que dans les dépositaires de la puissance publique? Étrange contradiction. C'est le citoyen que sa raison éclaire, que son intérêt dirige, que la loi avertit, c'est le citoyen qui est suspect. C'est le gouvernement que tant d'illusions peuvent égarer, qui ne peut avoir que des vues générales, et n'est pas en état de pénétrer avec sollicitude et clairvoyance dans des questions purement privées, qui est chargé du soin de faire les affaires des citoyens, et qui en dispose avec son indifférence quelquefois hautaine, avec les passions dont ses agents ne peuvent se défendre et sous l'influence des préoccupations politiques, si aveugles et si intolérantes.

Mais ne parlons pas de la liberté. Employons des arguments que ne puissent pas repousser ceux même qui, effrayés sans doute du désordre de leur propre esprit, ont passé subitement de la licence à l'idolâtrie du pouvoir absolu. Sont-ils bien assurés de consolider le gouvernement en lui remettant des devoirs si pesants ? C'est le contraire qui est vrai. Il n'y a pas pour l'autorité publique de plus grande cause de faiblesse que l'exercice du régime préventif. Elle devient responsable de toutes les choses où elle a mis la main ; des autorisations qu'elle accorde et de celles qu'elle refuse. Elle est le point de mire de toutes les plaintes et la cause supposée de toutes les souffrances. On voit dans l'autorisation une garantie de succès et on accuse l'administration des mécomptes qu'elle n'a pu prévenir, de ceux même qu'elle a prévus. Les faveurs qu'elle concède soulèvent le soupçon, entretiennent l'envie et fomentent les inimitiés, aliment fécond des révolutions, source intarissable des secousses politiques.

De leur côté, les citoyens perdent l'habitude de se fier à eux-mêmes, ils s'imaginent que le gouvernement mêlé à leurs affaires les dispense du calcul et de la prudence. On ne compte plus sur ses propres efforts, sur son labeur, sur son activité. On s'en rapporte à la puissance publique qui s'est faite la dispensatrice des industries et des droits.

Le système préventif est peut-être plus commode pour les pouvoirs qui ne comptent pas sur l'avenir ; ils se meuvent plus à l'aise, en tenant les citoyens dans une dépendance continuelle, en les ayant à leur merci, à l'aide des craintes et des espérances qu'ils leur inspirent. Les gouvernements, au contraire, qui ne bornent pas leurs vues à une autorité éphémère, penseront toujours qu'il est en réalité plus facile et plus honorable à la fois de traiter avec des hommes qui savent se guider par leurs lumières personnelles, qui, artisans de leur destinée et dédaignant une tutelle stérile, ne demandent qu'à leurs bras ou à leur génie des moyens d'existence.

Resserrer le système préventif dans les bornes les plus étroites, n'y recourir que quand la sûreté publique l'ordonne, serait un des plus heureux correctifs de la centralisation. Elle gagnerait également en importance ce qu'elle pourrait perdre en puissance exécutive, si la police active était laissée dans une plus grande mesure aux pouvoirs locaux. C'est à eux principalement qu'elle doit être dévolue. Il est nécessaire qu'elle soit faite de près, par ceux qui connaissent les individus, qui sont au courant des besoins, et qui, toujours présents, ne font défaut à aucune nécessité, quelque imprévue qu'elle soit. En ce point, le rôle du pouvoir central doit être plus de surveillance que d'action, et de direction que de commandement. Aux pouvoirs locaux l'initiative ; au pouvoir central le redressement. Le pouvoir central peut être appelé cependant à assurer lui-même l'exécution des lois et à réprimer le désordre ; mais il ne doit se montrer que pour suppléer à l'inertie ou au mauvais vouloir du pouvoir local, et quand la sécurité publique, dont il répond, lui en fait un devoir. Le plus sûr moyen d'entretenir le zèle et de fortifier l'énergie du pouvoir local, c'est de le convaincre que de lui surtout dépend le maintien de la paix publique et le triomphe de la loi. Lui faire voir sans cesse le pouvoir central se mettant à sa place et exerçant ses fonctions, c'est encourager sa faiblesse et le désintéresser de son devoir.

Pour accomplir les fonctions qui viennent d'être énumérées, on a vu que le pouvoir central dispose de revenus considérables. Il les perçoit et les dépense, et lui seul peut être préposé à ce double soin, aux conditions et sous les garanties établies par les lois. Il est l'administrateur de la fortune de l'État. Il est en même temps le conservateur du domaine public, de ce domaine qui, appartenant à tous pour l'usage commun de la société, n'appartient à personne à titre particulier. Ainsi, c'est lui qui garde et entretient les fleuves, les routes, les canaux et toutes leurs dépendances. A ce titre, il fait toutes les grandes entreprises qui se rapportent aux voies de communication générale, et qui ont pour objet d'enrichir et même d'orner la surface du territoire. Cette branche de ses attributions dans laquelle les administrations locales et l'industrie privée ont, en d'autres pays, une part bien plus large qu'en France, soulève des réclamations qu'il n'est pas hors de propos d'examiner.

La société entière est intéressée à des entreprises qui sont destinées à l'usage commun des citoyens, qui facilitent leurs rapports, les rapprochent entre eux et favorisent, par les échanges, le commerce et l'industrie. Indépendamment de tout esprit de système, le régime qui permet le plus d'augmenter le nombre de ces entreprises, en réduisant les dépenses qu'elles occasionnent, ou en stimulant le zèle qui les fait naître, doit toujours être préféré, et la centralisation n'est justifiée qu'autant qu'elle atteint ce double résultat et que dans la mesure où elle l'atteint?

Convient-il donc, à ce point de vue, de remettre aux administrations locales ou de concéder à l'industrie privée l'exécution des travaux publics?

Déjà, et en vertu des lois, les administrations locales sont préposées aux travaux qui les concernent particulièrement. Les édifices publics sont divisés d'après leur destination, et les routes d'après leur importance, en trois catégories. Ils sont nationaux, départementaux ou communaux. Les travaux qui se rapportent à la première catégorie sont les seuls dont le gouvernement soit chargé ; du département ou de la commune dépendent les autres. Théoriquement, cette répartition paraît logique. Chaque ordre de travaux appartient à qui est le plus intéressé à ce qu'ils soient exécutés avec soin et économie. Quant à ceux qui restent au pouvoir central, à quel titre les remettrait-on aux départements ou aux communes? Dans l'origine, cette délégation avait été faite par les lois de l'Assemblée Constituante, et elle fut condamnée par l'expérience comme celle qui était relative à l'assiette et au recouvrement de l'impôt. L'État souffrait de la négligence et de l'impéritie des administrations locales, et de la préférence exclusive qu'elles étaient disposées à accorder aux travaux qui les intéressaient directement. Cependant il y aurait lieu d'examiner si, dans la distribution des routes et des édifices, des changements ne pourraient pas être introduits, et si les départements ou les communes ne seraient pas fondés à demander que leur lot s'accrût. Peut-être aussi pourrait-il être accordé plus de liberté aux administrations locales; mais l'examen de cette question touche plus au régime général de ces administrations qu'à la centralisation en matière de travaux publics; d'autre part, avant de modifier le système en vigueur, il serait bon de s'assurer qu'en écartant le contrôle du pouvoir central ou en lui posant des limites plus étroites, l'exécution de ces travaux deviendrait plus économique et plus prompte. On peut à cet égard se reporter à la loi du 21 mai 1836 qui n'a donné une si vive impulsion à la vicinalité communale qu'en armant le gouvernement d'un droit de coaction et en plaçant les communes sous l'autorité des conseils généraux et des préfets. Quoi qu'il en soit de ces réformes accessoires , l'attribution au gouvernement des travaux qui concernent l'État paraît peu contestable.

Mais n'est-il pas désirable que ceux de ces travaux qui peuvent être l'objet de concessions utiles soient livrés à l'industrie privée ?

En confiant ces travaux au gouvernement, on obtient plus d'harmonie et une répartition plus exacte entre les diverses parties du territoire, par l'unité de direction et les vues d'ensemble qui y président. Il est des provinces où l'industrie privée ferait défaut parce qu'elle n'y trouverait pas la compensation de ses dépenses. Le gouvernement, distributeur impartial, maintient l'équilibre, et veille à ce que tous ceux qui paient l'impôt obtiennent leur part dans les dépenses utiles auxquelles il subvient. L'État, quand il construit une route ou un canal, en rend l'usage gratuit, et, si la communauté en supporte les frais, elle en recueille les avantages. Grand bienfait en réalité, car le public supporte impatiemment les péages qui gênent ses communications et blessent la plus naturelle et la plus légitime des libertés, celle des voyages et des transports. Aussi, la suppression des droits que le Directoire avait établis sur les grandes voies de communication, fut-elle une des mesures les plus populaires du Consulat. Il est vrai que l'État lui-même est quelquefois obligé d'établir des péages pour se couvrir des dépenses qu'entrainent certains travaux, et afin de pouvoir, à l'aide de cette ressource, les multiplier et en doter un plus grand nombre de localités. Mais, entre ses mains, les péages sont plus modérés, le public n'est point grevé outre mesure, la concurrence est ménagée et les intérêts publics ne sont pas sacrifiés à la soif de la spéculation.

Malgré ces considérations, il est juste de reconnaître que l'industrie privée offre de son côté des avantages réels qui doivent souvent la faire préférer à l'État. L'État entreprend parfois, sous l'obsession des influences personnelles et dans des vues politiques, des travaux d'une importance très-secondaire et dont l'industrie privée aurait constaté le peu d'utilité, si l'on avait été obligé de faire appel à ses capitaux. Les deniers prélevés sur la France entière sont appliqués injustement au profit d'une partie fort restreinte du territoire. D'un autre côté, l'industrie privée exécute avec plus de rapidité; ses procédés sont plus simples et moins coûteux que ceux de l'État. Il est facile d'ailleurs de poser des limites à l'élévation des tarifs, au moyen de *maximums* sagement calculés. En recourant à elle, l'État peut obtenir des travaux plus nombreux sans grever le budget, et, somme toute, rien n'est plus légitime que le péage qui fait supporter la dépense à celui seulement qui en profite.

S'il s'agissait de rétablir un impôt général sur les voies de communication, on pourrait à bon droit s'en alarmer; mais quand le pays est sillonné de routes dont l'usage est gratuit, établir un péage sur des voies nouvelles, ce n'est point imposer au public une gêne dont il soit fondé à se plaindre, c'est, à côté d'un service qu'on lui rend, lui demander la rémunération qui en est le prix.

Il est impossible de poser, sur cette partie des attributions du pouvoir central, une règle absolue. Comme aucun grand travail ne peut être entrepris, comme aucune concession ne peut être faite sans l'autorisation du pouvoir législatif, c'est à ce pouvoir, d'après l'état des finances et les besoins des populations, de décider si l'État ou l'industrie privée sera chargé de l'exécution, et de fixer les limites dans lesquelles la centralisation sera renfermée à cet égard.

Ainsi, la centralisation s'applique nécessairement aux négociations diplomatiques, à l'entretien des forces nationales, à la recette et à la dépense des impôts levés pour ces objets essentiels et destinés à y subvenir; elle dirige la police, elle exécute une partie des grands travaux publics; sauf les réserves que nous avons faites sur les deux derniers points, elle est à cet égard nécessaire et importe à l'existence même de la nation et à la sécurité publique. Si, maintenant, de la sphère des choses matérielles nous nous transportons dans celle des choses morales, nous la retrouvons dans l'administration de la justice, dans le régime de l'instruction publique et des cultes, et il nous reste à la considérer sous ce dernier aspect.

Il n'est personne qui n'applaudisse à l'admirable simplicité de notre organisation judiciaire et au bienfait de cette Cour suprême qui imprime l'unité à la justice et assure ainsi la même application de la loi dans toutes les parties du territoire. Seulement, nous avons déjà retracé les garanties dues à la justice contre l'administration, et quand nous nous occuperons de la composition du personnel des services publics et des règles qui s'y rattachent, l'occasion se présentera de revenir sur la magistrature.

Quant à l'instruction publique, longtemps placée sous le joug d'une rigoureuse centralisation, elle était dans les mains de l'Université qui gouvernait un grand nombre d'établissements fondés par l'État, et sans l'autorisation de laquelle aucun établissement privé ne pouvait s'ouvrir. La loi du 15 mars 1850 a remplacé la centralisation universitaire par des conseils locaux et l'autorisation préalable par la simple obligation d'une déclaration. C'est une des rares conquêtes de l'administration purement locale sur l'administration centrale et du régime répressif sur le régime préventif. Espérons qu'elle ne sera pas abolie à son tour; espérons surtout qu'elle n'aura pas pour conséquence la destruction de ces grands établissements publics où se conservait l'esprit de nos institutions modernes, et ne croyons pas avec trop de confiance que ceux qui se portent aujourd'hui les héritiers de l'Université, donneront aux générations qu'ils se chargent d'élever, ces fortes études, cette discipline, ce dévouement à la patrie que leurs devancières avaient puisés dans les maisons de l'État.

Nous avons traité à part les questions relatives aux cultes, à l'organisation du clergé et aux lois qui s'y rapportent. Pour le moment, contentons-nous de dire que la centralisation admise à l'égard des Églises reconnues par la loi et salariées par l'État doit se concilier avec leur légitime indépendance aussi bien qu'avec la liberté générale des cultes, et qu'ainsi appliquée, tout en respectant les droits des citoyens, elle arme le gouvernement d'un pouvoir nécessaire.

Comme on le voit, la centralisation, en ce qui concerne l'administration générale, et sans parler de l'administration locale, ne comporte pas de très-profondes réformes, au moins en principe. La législation pourra dans quelques objets de détails réduire son domaine, et c'est un but auquel elle doit tendre; mais elle ne l'abolira pas en elle-même.

Ce n'est pas dire qu'elle ne puisse être atténuée ni modifiée. Loin de là, si le principe doit être maintenu, l'application en soulève les objections les plus fondées: la propension naturelle de tous les pouvoirs à s'accroitre, le goût de la domination, la vanité qu'inspire une autorité discrétionnaire, la paresse des agents, les habitudes du public, tout a contribué à faire de la centralisation en beaucoup d'occasions un obstacle, une entrave, une source de difficultés et de lenteurs.

Sans diminuer ses avantages, on pourrait la simplifier, la rendre plus expéditive, plus souple, plus accommodante.

Son vice principal est la lenteur, et ce vice tient en grande partie à une idée fausse. De ce que l'action administrative doit venir du centre, on conclut que toutes les affaires doivent passer par les mains de l'administration centrale ; on se trompe. Il n'est pas nécessaire à la centralisation que les agents placés au centre du gouvernement participent directement et personnellement à tous les faits administratifs. Ses délégués locaux doivent être les confidents de sa pensée et les organes de sa volonté. A l'aide des instructions, de la surveillance, des rapports, des comptes rendus, le gouvernement peut, dans beaucoup de cas, assurer l'exécution des lois, pourvoir aux services publics, en un mot, accomplir ses fonctions. C'est à lui qu'incombe le devoir de se porter partout où son action est requise, et non aux citoyens l'obligation de la poursuivre, à travers de longues distances. Un décret du 25 mars 1852 a appliqué cette pensée, en remettant aux préfets la décision d'un grand nombre d'affaires qui étaient portées devant le gouvernement, et exigeaient la signature des ministres ou du Président de la République, la délibération du Conseil d'État ou d'autres conseils administratifs. Il doit en résulter une utile simplification, et l'on peut en espérer une plus grande activité dans l'expédition administrative. Cependant, il ne faut pas se tromper sur le caractère de cette mesure ni en exagérer la portée.

D'abord, c'est à tort qu'on l'a qualifiée de décentralisation administrative, pour employer les termes du décret et des instructions qui ont été faites pour en régler l'exécution. Loin de diminuer les pouvoirs du gouvernement, le décret les a étendus en quelques points. Le gouvernement n'a donc été dépouillé d'aucune de ses attributions antérieures, il est seulement astreint à les exercer d'une manière différente et, à certains égards, plus favorable aux administrés. Ainsi, la centralisation subsiste tout entière, elle est même développée; il n'y a de changé que la forme.

D'un autre côté, il ne faut pas croire que ce soit sans de graves motifs que beaucoup d'affaires avaient été transférées des préfets au gouvernement lui-même. On a dirigé de vives critiques contre les administrations centrales; on s'est souvent récrié contre le despotisme des bureaux. Il est juste pourtant de reconnaître que ces administrations se recommandent par leur expérience, leur connaissance approfondie des lois, l'homogénéité de leurs principes. Dans ces temps agités, où les hommes et les choses étaient emportés avec une si brusque mobilité, les administrations centrales presque seules sont restées debout; elles ont pu quelquefois empêcher d'utiles réformes, mais combien n'ont-elles pas en même temps arrêté de projets aventureux, d'essais que la réflexion n'avait point mûris! elles ont, comme toujours, les qualités de leurs défauts: routinières, elles résistent aux témérités ; amoureuses de la forme, elles empêchent les surprises; pleines de leur importance, elles n'admettent d'autre domination que celle du chef hiérarchique. Il y règne surtout une indépendance à l'égard des influences personnelles, qui est bien rare ailleurs. Les choses qu'on voit de loin, on les voit aussi de plus haut. Les coteries de petites villes, les influences purement locales s'annulent devant le pouvoir central.

En peut-on dire autant des préfets? Sans faire un parallèle qui pourrait blesser de justes susceptibilités, nous ne craignons pas d'affirmer qu'il est une foule de circonstances où l'on est assuré de trouver auprès du gouvernement plus d'impartialité qu'auprès des préfets; cela est vrai surtout pour tout ce qui touche aux personnes, et quant à l'unité des règles et à la régulière application des lois, les lumières ne sont-elles pas plus étendues et les traditions mieux conservées dans les bureaux des ministères que dans ceux des préfectures?

De ces réflexions, il faut conclure, non que la pensée qui a dicté le décret du 25 mars 1852 ne doive pas être approuvée, mais que ces sortes de modifications à notre régime administratif ont besoin d'être étudiées avec une longue attention, éclairées par l'expérience des affaires, discutées dans leurs moindres détails ; quand elles sont faites avec précipitation, elles peuvent un instant séduire les esprits superficiels, mais ne résistent pas à l'examen des hommes pratiques.

Pour obvier aux lenteurs de la centralisation, il est un procédé plus certain que le déplacement de pouvoirs effectué par le décret du 25 mars 1852. Il consiste, dans les cas où les lois exigent une autorisation ou une approbation du pouvoir central, à fixer le délai dans lequel la décision doit être rendue et, ce délai passé, à tenir l'approbation ou l'autorisation pour accordée. Les lois sur les administrations départementale et municipale contiennent déjà quelques dispositions de ce genre, et il serait bon d'admettre cette présomption légale, si l'on peut ainsi parler, dans toutes les matières où elle ne serait pas de nature à entraîner des conséquences dommageables. C'est le seul moyen de lutter contre la force d'inertie que l'administration oppose trop souvent à des demandes légitimes et parfois urgentes, force invincible à laquelle il est impossible de résister et qui fait plus de mal que l'injustice et l'erreur, traduites en actes positifs, contre lesquels on peut au moins réclamer, et en certains cas exercer des recours utiles.

C'est donc moins le principe de la centralisation qu'il convient de contester que ses formes qu'il est nécessaire de corriger. Simplifier ces formes, supprimer tout ce qui retarde la décision sans l'éclairer, enfermer l'administration dans des délais de rigueur, ne lui remettre que ce qui appelle absolument son contrôle, n'adopter qu'exceptionnellement et dans des cas graves le système des autorisations préalables, telles sont les précautions qui peuvent la justifier. Ses ennemis les plus dangereux sont ceux qui la rendent intolérable en l'exagérant, et si quelque chose pouvait la faire périr, ce serait cette exagération.

CHAPITRE II.

RÈGLES GÉNÉRALES DE L'ORGANISATION ADMINISTRATIVE.

Les règles générales qui président à tout le mécanisme administratif, se rattachent au principe de la centralisation.

En premier lieu, l'action est toujours confiée à un agent unique. Cette règle repose sur l'expérience. Trois conditions sont imposées à l'administration : elle doit être prompte, énergique et, dans la mesure de son autorité, responsable. La lenteur la paralyse, la faiblesse l'énerve, le défaut de responsabilité, quand aucune règle n'a été tracée, la laisse sans frein. Les pouvoirs collectifs manquent à cette triple condition. Ils délibèrent quand il faut agir. Le temps se perd en discussions ; la diversité des opinions amène des transactions, des termes moyens, des résolutions molles. La responsabilité, partagée et ne s'arrêtant sur personne, s'efface et disparait.

L'action se concilie si peu avec le concours de plusieurs, que, par la force des choses, les autorités collectives, dominées par le besoin impérieux de l'unité, en viennent presque toujours à répartir le travail entre leurs membres, laissant à chacun le soin de décider seul les affaires qui lui sont échues. Le Comité de Salut Public lui-même, malgré l'énergique et inflexible volonté de ses membres, malgré la terrible solidarité qui pesait sur eux, accomplissait ainsi sa redoutable mission. Ce compromis inévitable a pour conséquence de détruire la garantie de la délibération, sans la remplacer par celle de la responsabilité, laquelle ne peut s'attacher à des actes, faits par un seul en réalité, mais placés extérieurement sous le nom de plusieurs.

En organisant le nouveau système administratif, l'Assemblée Constituante avait, à tous les degrés de la hiérarchie, confié le pouvoir à des autorités collectives. Les événements démontrèrent bientôt de quelle langueur ce système frappait la puissance publique. L'autorité locale se trouva sans vigueur, le pouvoir central sans influence, les intérêts publics et privés sans garantie, et la nouvelle administration, si bien réglée dans son ordonnance théorique, si savante dans ses combinaisons, se déroba au pouvoir public quand il eut besoin de son concours.

Lorsque le gouvernement consulaire voulut rétablir l'ordre et fonder une administration propre à recevoir sa direction et à lui prêter assistance, il se contenta d'introduire dans l'œuvre de l'Assemblée Constituante le principe de l'agent unique. Tout le système administratif fut modifié par cette seule disposition; avec ce simple changement, le gouvernement impérial put conserver la législation de 1790 et 1791, mais aussi ce changement suffisait pour donner à l'administration une virilité dont l'Assemblée Constituante l'avait laissée dépourvue.

En second lieu, l'agent qui est appelé à prendre des résolutions, est assisté d'un conseil. Cette règle est destinée à corriger l'arbitraire et la précipitation auxquels un agent, livré à ses seules lumières, à sa seule volonté, serait parfois exposé.

Si l'action, en effet, doit être prompte et libre, il faut en même temps qu'elle soit éclairée et réfléchie; qu'un bras unique en soit chargé, ainsi le veut l'intérêt de l'État. Mais si l'administration cédait au caprice, faute des informations nécessaires, son énergie même serait un péril public.

L'agent ne peut pas toujours se former une opinion avant de prononcer. Un examen personnel est souvent superficiel et incomplet. Il faut peser les arguments contraires, étudier des documents quelquefois volumineux, interpréter la loi, en rechercher le sens et l'esprit, en interroger la discussion, embrasser en un mot tous les éléments de décision. L'administrateur, absorbé par les soins mêmes de l'exécution, son mandat principal et habituel, ne peut accomplir ce laborieux devoir. Il a besoin que d'autres le suppléent, lui prêtent le secours de leur propre étude, lisent les pièces, discutent les intérêts et se forment une opinion à l'aide de la délibération; c'est l'office des conseils, placés presque partout auprès des représentants actifs de l'administration. Ces conseils sont purement consultatifs; ils donnent leur avis, qui ne fait point loi; ils n'ont aucune part à l'action; leur opinion est seulement un élément de l'instruction, quelquefois le plus essentiel. L'administrateur peut toujours réclamer leur avis; il est quelquefois obligé de le prendre. Ainsi la maturité de l'examen s'allie à la vigueur de l'action, et la responsabilité n'est pas déplacée; aucune mesure importante ou délicate ne peut être prise légèrement; l'État et les parties privées jouissent en même temps des avantages de la délibération et de ceux de l'unité dans l'action.

Ces conseils purement administratifs sont indépendants de ceux que l'élection crée dans le département, l'arrondissement et la commune, et dont on verra le mécanisme et les attributions quand il sera question de l'administration locale.

L'administration est surveillée. C'est une autre règle de son organisation.

Des agents répandus sur un vaste territoire, en occupant toutes les parties, souvent préposés seuls à un service important, ne pourraient, sans les plus graves inconvénients, échapper à tout contrôle ; la négligence, les malversations, les abus d'autorité, l'oubli du devoir, le penchant à l'indépendance, le défaut d'unité dans le service général, telles seraient les suites inévitables du défaut de surveillance. La liberté est inquiète, la démocratie ombrageuse. Ce n'est pas assez que les dépositaires du pouvoir soient purs, il faut de plus qu'ils ne puissent pas même être soupçonnés.

Enfin, l'administration est tenue à des devoirs déterminés ; elle ne peut imposer aux citoyens des obligations qui ne sont point établies par la loi, ni leur refuser l'exercice de facultés ou de droits dont la loi ne les a pas privés. Indépendamment des peines qui pourraient l'atteindre si elle abusait de son autorité, ses actes sont sujets à recours, quand ils blessent un droit : c'est, comme on le verra, ce qui constitue le contentieux administratif, et des juridictions spéciales sont établies pour en connaître. Ainsi l'empire de la loi n'est jamais suspendu, le législateur qui pose une règle, qui reconnait un droit, qui crée des garanties en faveur des intérêts privés, est assuré que sa volonté ne sera pas méconnue ; le citoyen peut toujours adresser sa plainte à un juge.

Un agent unique pour l'exécution, un conseil placé près de lui pour l'éclairer, une surveillance continue et générale, des juridictions pour assurer le respect de la loi et des droits privés : telles sont donc les bases fondamentales de l'organisation administrative. En exposant les éléments même de cette organisation, nous ferons voir comment ces règles sont appliquées.

CHAPITRE III.

DE L'ACTION ADMINISTRATIVE.

On peut comparer l'édifice que composent les dépositaires de la puissance publique à une pyramide qui s'élargit sans cesse du sommet à la base. Au point le plus élevé, le chef de l'État, roi sous le système monarchique, président sous la république, au-dessous de lui ses ministres ; puis, aux derniers degrés, suivant une progression de nombre correspondant aux divisions territoriales, tous les agents auxquels le chef de l'Etat et les ministres communiquent le mouvement et donnent l'impulsion.

Au président de la République appartient la première place. La Constitution de 1852 lui a donné des pouvoirs plus grands que ceux des rois constitutionnels. Pour ne parler que de l'administration, il en est le chef suprême, nomme à tous les emplois et fait les réglements et décrets nécessaires pour l'exécution des lois. Il a hérité de toutes les prérogatives que les lois.

depuis 1814, avaient accordées aux rois qui n'en jouissaient que sous la garantie de la responsabilité des ministres, et cette responsabilité est supprimée par la Constitution. A la vérité celle du président la remplace, mais, comme nous avons déjà eu l'occasion de le rappeler, elle n'est établie que devant le peuple français. Est-il besoin d'insister sur les différences qui existent entre cette responsabilité qui, d'après l'exposé des motifs de la Constitution et d'après sa nature même, ne peut être invoquée que dans des « circonstances solennelles,» par la voie d'un appel au peuple que le président seul peut faire, et la responsabilité permanente, variée, purement politique et parlementaire à laquelle les ministres étaient soumis ?

Sous la monarchie constitutionnelle, le chef de l'État, entre les mains de qui la Constitution et les lois avaient réuni des pouvoirs si nombreux et si élevés, avait, pour l'éclairer dans la direction journalière des affaires publiques le conseil des ministres, dont la mission était d'assister nécessairement le roi dans l'exercice de son autorité suprême, et de s'interposer entre lui et le pouvoir parlementaire, comme un lien commun, comme un arbitre officieux. Certains actes devaient être faits, d'après la loi, en conseil des ministres ; ce conseil toutefois ne possédait aucune autorité propre. Ses résolutions n'avaient de valeur qu'autant qu'elles étaient adoptées par le roi, et ainsi son existence ne portait aucune atteinte au principe de l'unité.

Ce système, maintenu dans une certaine mesure à l'égard du président de la République par la Constitution de 1848, n'a pas été conservé par celle de 1852. Il n'y a plus aucune solidarité entre les ministres; ils ne forment point un conseil reconnu par la Constitution, et s'il arrive qu'ils soient réunis ensemble et consultés en commun, ce n'est que quand le président peut le croire utile, et sur les objets qu'il lui convient de leur soumettre. Le contre-seing des actes du président n'est que la preuve de la vérité de la signature, et dans la réalité, à part l'importance du titre et l'élévation du pouvoir, un ministre, à l'égard du président, est dans la même position qu'un directeur général ou un préfet. C'est un grand fonctionnaire préposé, sous les ordres du chef de l'État, à la direction d'une ou de plusieurs parties du service public. Il est vrai que la Constitution déclare les ministres responsables, chacun en ce qui le concerne, des actes du gouvernement, c'est-à-dire de ceux auxquels ils prennent part; mais cette responsabilité, purement judiciaire et personnelle, n'est pas autre que celle qui atteint ou devrait atteindre tous les dépositaires de la puissance publique.

Relativement à l'administration, cette situation est beaucoup plus simple. Elle renferme les ministres dans leurs attributions propres, et ne leur permet plus, en invoquant une responsabilité générale qu'on exagérait quelquefois, d'attirer à eux ce qui ne leur est pas expressément donné par les lois ou les réglements; mais l'expérience fera voir si cet avantage secondaire compense les inconvénients qui résultent de la suppression de la responsabilité.

Les ministres ont reçu des lois quelques attributions directes qu'ils exercent en leur nom; mais le nombre en est fort limité. La plupart des actes du gouvernement sont décernés au président de la République, et ce n'est que dans des cas exceptionnels que les ministres statuent directement. Leur mission principale est de diriger l'administration dans son ensemble, d'assurer sur tous les points de la République l'exécution des lois, d'y faire sentir l'influence des pouvoirs publics, d'y faire prévaloir les règles d'unité, de progrès et d'égalité, dont un bon gouvernement doit être le gardien et le promoteur.

Pour les aider dans ce travail immense, les ministres ont auprès d'eux les bureaux, désignés sous le nom d'administrations centrales, placés sous des chefs intermédiaires, directeurs généraux, directeurs, chefs de service, chefs de division. Les bureaux sont les collaborateurs du ministre, les archives vivantes de l'administration, les dépôts de la tradition. Ils font le rapport des affaires, appliquent la décision prise par le ministre ou le chef secondaire, et expédient la correspondance administrative, parfois minutieuse dans ses exigences, mais toujours, même dans ses abus, conservatrice de la règle ou de l'intérêt public. Ils n'exercent aucun pouvoir nominal, mais le plus souvent leur position spéciale, leur longue pratique, leur fidélité aux précédents, l'inexpérience ou les préoccupations du ministre, leur donnent le pouvoir réel.

Président de la République, ministres, administrations centrales, telle est la source d'où découle l'action administrative ; elle se répand, à l'aide de canaux secondaires qui, de proche en proche, la font circuler dans toutes les parties du territoire.

Les dépositaires locaux du pouvoir administratif peuvent être divisés en deux classes. Les uns possèdent des attributions générales, les autres ont une capacité spéciale et définie.

Dans la première catégorie se placent les préfets, les sous-préfets et les maires. Particulièrement voués à l'administration proprement dite, dans son acception la plus large, ils représentent l'ensemble du gouvernement, et sont investis en quelque sorte d'une autorité générale, en vertu de laquelle ils exercent toutes les fonctions non conférées à un agent spécial, et même suppléent cet agent dans les lieux où il n'en est point établi.

Le préfet dans son département est le représentant le plus élevé et, si l'on peut ainsi dire, le plus complet du pouvoir exécutif. L'administration est dans ses mains, la force publique à sa disposition, le maintien de l'ordre et l'exécution des lois sous sa responsabilité. Les services même auxquels il n'est pas préposé, il les surveille, et son devoir est d'informer le gouvernement des abus qu'il y constate, de ceux même dont il est simplement informé. Dans l'origine, les préfets exerçaient une autorité à peu près illimitée. Presque toutes les parties du service relevaient d'eux. L'Empereur avait concentré la puissance sur leur tête. L'unité de pouvoir se retrouvait ainsi au second degré de l'échelle comme au premier. Plus tard, l'augmentation du nombre des affaires, les lenteurs occasionnées par ce rouage intermédiaire, le désir de chaque fonctionnaire de s'affranchir d'une entrave gênante et d'une suprématie importune, l'exemple même de ee qui se passait au centre du gouvernement où la division du travail s'était développée, d'autres causes encore ont notablement réduit les attributions des préfets : ils ont pourtant conservé le caractère de dépositaires généraux de la puissance publique.

Sous leurs ordres, les sous-préfets sont préposés, dans chaque arrondissement, à l'instruction des affaires, à l'exécution des mesures prises par le gouvernement, à la surveillance de l'administration locale. Simples intermédiaires, à part des cas fort rares, trop rares peut-être, ils ne prennent aucune décision, n'exercent aucun pouvoir personnel. Ils sont seulement les auxiliaires du préfet qu'ils éclairent de leurs avis, qu'ils appuient de leur concours et dont ils préparent les travaux.

Dans chaque commune, un maire réunit aux pouvoirs municipaux dont nous parlerons à part, les fonctions de délégué du pouvoir central. Il en est l'agent, en reçoit des ordres qu'il est tenu d'exécuter, et dans la plupart des communes représente seul le gouvernement.

A côté de ces divers fonctionnaires, se trouvent ceux à qui sont confiés des pouvoirs spéciaux : pour les travaux publics, les ingénieurs en chef, ingénieurs ordinaires, conducteurs ; pour l'instruction publique, les recteurs, proviseurs, principaux de colléges, professeurs et régents; pour la marine, les préfets maritimes, placés dans cinq ports seulement; pour les cultes, les évêques, curés, desservants, les présidents de consistoires; pour la justice, les procureurs généraux et procureurs de la République; pour les finances, les directeurs de régies et leurs subordonnés, les receveurs généraux, receveurs particuliers et percepteurs; pour la guerre, les commandants de divisions et de subdivisions militaires; pour les affaires étrangères, les ambassadeurs, ministres, consuls généraux, consuls. Les titres mêmes de ces fonctions en indiquent suffisamment l'objet précis.

L'ordre règne au sein de cet immense personnel. Il y est entretenu par une exacte distribution des pouvoirs, par des règles que l'expérience avait consacrées avant qu'elles fussent écrites, et surtout par la hiérarchie. La hiérarchie crée les rangs, classe les individus, distribue à chacun un titre, un grade, des devoirs définis. Elle est la source de la subordination et l'instrument de la discipline.

Pour que l'action du pouvoir central soit pleine et entière, il faut qu'aucune partie du territoire n'y échappe et qu'aucun de ses auxiliaires ne l'entrave. A ce double besoin répondent la hiérarchie d'une part, et de l'autre l'autorité dont le gouvernement est armé à l'égard de ses délégués.

Au moyen de la hiérarchie, le mouvement se transmet de proche en proche, par une chaîne non interrompue d'agents successifs, jusqu'aux extrémités les plus reculées du territoire. Il n'est pas un point, si éloigné, si petit qu'il soit, où le gouvernement n'ait un représentant, avec lequel il peut communiquer. Ce vaste réseau embrasse toutes les provinces et les met en rapport constant avec lui. La division départementale et communale fournit des cadres pour plusieurs services publics; le département, l'arrondissement, la commune, et, en certains cas, le canton, offrent au gouvernement comme une suite d'échelons par lesquels passent ses instructions ou ses ordres. Dans les services publics qui ne comportent pas cette division, des circonscriptions spéciales sont formées par la réunion de plusieurs départements. Ainsi, la République est partagée pour le culte en diocèses, dont la plupart néanmoins ne contiennent qu'un département; pour la justice, en ressorts judiciaires; pour les affaires militaires, en divisions; pour les travaux publics, en inspections; pour les forêts, en conservations. Les contrées étrangères où la France entretient des représentants, sont elles-mêmes divisées en grandes régions et distribuées entre les ambassadeurs ou ministres et les consuls généraux : à ces divers degrés, l'autorité déléguée par le gouvernement au chef intermédiaire descend de celui-ci à ses inférieurs. Chaque case de cet échiquier, si l'on peut ainsi parler, possède une organisation distincte et reproduit une unité secondaire dans la grande unité politique. Par ce moyen, les regards du gouvernement restent sans cesse tendus sur le pays entier; il peut, à toute heure, l'interroger, connaître les besoins des départements et des communes, leurs souffrances, leurs vœux, leur prospérité ou leur dénûment, leurs plaintes ou leurs contentements; il peut partout surveiller l'exécution des lois, transmettre ses volontés, ses injonctions, ses défenses, pourvoir à l'accomplissement des services publics; en un mot, il est partout présent et partout en mesure d'agir.

La hiérarchie n'a de puissance que par la subordination qui en est le complément nécessaire. Tous les agents du gouvernement lui doivent un concours fidèle et loyal. Ils sont donc, sauf l'observation de certaines conditions qui varient avec la nature de leurs devoirs, nommés et peuvent être révoqués par lui; il peut les suspendre, leur infliger des peines disciplinaires, user enfin de tous les moyens nécessaires pour les contenir dans le devoir.

Cependant l'autorité du gouvernement ne peut s'étendre jusqu'à donner des ordres contraires aux lois, et s'il arrivait que ses agents reçussent de tels ordres, non-seulement leur droit, mais leur devoir serait de n'y point obtempérer. Sous le régime de la responsabilité ministérielle, on soutenait que, sauf à en répondre, les ministres pouvaient s'écarter des lois. Cette proposition, fausse sous toutes les formes de gouvernement, le serait surtout sous l'empire d'une Constitution qui a supprimé la responsabilité politique et parlementaire.

Si l'on n'admettait pas qu'avant d'obéir au gouvernement ses agents doivent obéir à la loi, l'organisation, dont les principaux linéaments viennent d'être tracés, constituerait la plus redoutable machine de despotisme: toutes nos libertés seraient en péril, non-seulement celles qui n'ont de valeur que pour les esprits élevés et délicats, mais les plus simples et les plus universelles, les libertés qui touchent le pauvre comme le riche, le faible comme le puissant. Le personnel administratif ne formerait plus qu'une ligue de prétoriens au service du pouvoir assez criminel pour l'employer à la destruction de nos droits.

Il est un sentiment dont l'absence excite avec raison l'inquiétude et les regrets de tous les hommes de bien, et a contribué aux nombreux changements que le gouvernement a subis en France depuis tant d'années : c'est le respect du droit. La loi n'obtient pas en France cette obéissance absolue qui lui est assurée, par exemple, en Angleterre. Parfois, les pouvoirs publics eux-mêmes l'ont violée, et ils n'ont trouvé que trop d'imitateurs ; des ministres ont osé proclamer le dédain qu'elle leur inspirait en certains cas, et des chambres ont eu la faiblesse de tolérer ces écarts. On s'est ainsi habitué à discuter la loi, à la juger, à mesurer la fidélité qui lui est due. D'un autre côté, le gouvernement s'est plu à ne voir dans les fonctionnaires que les serviles agents de sa volonté, dépourvus d'indépendance individuelle et privés de libre arbitre ; on a introduit dans les services civils l'obéissance aveugle qui, dans l'armée même, n'est pas sans limites. Qu'en est-il résulté ? La centralisation, ainsi comprise, a fourni au pouvoir central et à ce que, dans la polémique des partis, on nomme Paris, le moyen de tenir la France sous le joug. Un ordre parti du siége du gouvernement n'éprouve, quelle qu'en soit la source, aucune résistance. Pour entrer en possession de toute la puissance publique, il ne faut que devenir maître de la capitale, s'emparer des ministères et disposer des télégraphes. Façonnés par une longue sujétion, les fonctionnaires s'empressent de prêter leur concours ; s'ils ont prêté serment, on les en délie solennellement ; si la loi est violée, on la brise. Ils la redoutent moins d'ailleurs que le nouveau maître dont leur sort va dépendre et qui, de la capitale, leur envoie des ordres et leur promet l'impunité. Tel est le régime que la centralisation, sous les formes qu'elle a revêtues, nous a plusieurs fois condamnés à subir. Il n'en est point de plus propre à encourager les tentatives des factions, à déconsidérer les agents du pouvoir, à pervertir toutes les idées de justice et de droit, et à consacrer cette omnipotence de Paris, contre laquelle on s'élève, avec exagération sans doute, mais non sans fondement.

Il est temps de restituer à la loi son empire, aux hommes leur dignité, au pays la sécurité qu'il a perdue. C'est du gouvernement surtout que l'impulsion doit partir. Il est le premier serviteur de la loi et ceux qui ont l'honneur de l'assister doivent, non moins que lui, se montrer, en toute occasion, les rigides observateurs du droit.

Le principal remède est dans la responsabilité directe et personnelle de tous les agents du pouvoir. Que cette responsabilité pèse sur tous ceux qui violent la loi et ne s'arrête pas même devant un ordre venu d'en haut ; que le bras de la justice puisse les atteindre, et le soin de leur sûreté personnelle les préservera contre les faiblesses de leur caractère ; s'ils sont menacés d'un côté par le pouvoir central qui peut les révoquer, ils le seront de l'autre par les tribunaux qui pourront les punir, et obligés d'opter entre leur devoir légal et d'injustes commandements, leur choix ne sera plus douteux.

On prétendra peut-être que cette responsabilité entraverait le gouvernement dans son action, et que la subordination exclut la discussion. La réponse est facile : pour le service le plus essentiel à la marche des affaires publiques, pour l'impôt, les agents de l'État peuvent être poursuivis, en raison de toute perception faite sans une autorisation de la loi. Aucun ordre ne peut les couvrir, aucun obstacle ne peut arrêter le cours de la justice. Or, le recouvrement de l'impôt n'a jamais été compromis par cette garantie accordée aux citoyens. La loi a seulement pris la précaution d'exiger que l'ordre du gouvernement fût provisoirement exécuté. Cela fait, elle ouvre toute action en restitution des sommes indûment payées, en réparation du dommage souffert, en punition même de l'illégalité commise. Il suffit d'étendre cette règle, et si, par exemple, l'agent du pouvoir attente à ma liberté, de m'obliger à le suivre, en me donnant le droit, comme en Angleterre, de recourir sur-le-champ à un magistrat indépendant, en m'ouvrant en outre le recours qui m'appartient contre celui qui, sans droit, m'a jeté ou gardé en prison. La loi française consacre une étrange anomalie. Elle protége nos bourses et ne protége point nos personnes. A qui demande une réparation pour un seul centime illégalement perçu, l'accès des tribunaux est ouvert; il est fermé au citoyen qui se plaint d'avoir été illégalement enfermé.

Nous n'ignorons pas qu'une protection est due aux agents qui remplissent souvent des devoirs difficiles et périlleux, et qu'il faut éviter de mêler la justice et l'administration. Nous admettons donc en général cette protection. Mais quand elle n'a pas été jugée nécessaire à l'égard des mesures qui touchent à notre fortune, nous n'admettons pas qu'elle le soit à l'égard de celles qui intéressent notre liberté. Il nous paraît d'ailleurs contradictoire de la remettre au pouvoir même qui a pu ordonner de violer la loi, et de le constituer ainsi juge et partie. Il ne s'agit pas, dans notre opinion, de découvrir l'administration quant aux actes qui constituent essentiellement son domaine, le maniement des deniers publics, les mouvements de troupes, la gestion de la fortune nationale, etc. Nous réclamons seulement la protection de la loi et de l'autorité judiciaire quant aux mesures qui atteignent directement les citoyens dans leur personne, dans leur droit, dans leur sécurité individuelle, mesures définies et qui ne peuvent entraîner la subordination de l'administration à la justice (1).

La responsabilité personnelle et directe des agents du pouvoir est une condition essentielle de la liberté publique. Elle se concilie parfaitement avec la centralisation et l'on pourrait même dire qu'elle en est le correctif nécessaire. Sous les régimes administratifs qui admettent des pouvoirs collectifs, on se propose, par le concours de plusieurs volontés, de donner aux citoyens la garantie qui résulte d'une délibération et d'un concert ; les décisions administratives ainsi rendues se rapprochent des actes judiciaires et ressemblent quelque peu à celles d'un jury où l'équité domine. Cependant les administrations collectives présentent les inconvenients que nous avons indiqués et qui les ont fait écarter en France. Mais le système

(1) Voir, plus haut, le chapitre de *l'Administration dans ses rapports avec le pouvoir judiciaire*, et ci-après le chapitre 6 du titre *des Fonctionnaires*, et le chapitre du *Conseil d'Etat*.

qui confie l'action à un agent unique offre à son tour les dangers qui résultent de la passion personnelle, de l'esprit de servitude, de l'ambition déréglée, et il ne peut subsister qu'à la condition de la responsabilité.

CHAPITRE IV.

DES CONSEILS.

A la tête de presque tous les services généraux et spéciaux sont placés, comme nous l'avons dit, des conseils, des comités ou des commissions qui éclairent les agents préposés à la direction de ces services, délibèrent sur les affaires qui s'y rapportent, donnent des avis et, dans quelques cas fort rares, prennent des décisions.

Plusieurs administrations centrales ont un conseil d'administration, composé des chefs de division ou directeurs et du sous-secrétaire d'Etat ou du secrétaire général ; on y traite les questions relatives au personnel des bureaux et même à l'ensemble de l'administration. Celui du département de la justice délibère sur les grâces et commutations. Au département des finances, les administrateurs des régies financières remplissent les fonctions de conseil d'administration, avec le directeur général placé à leur tête. Ces sortes de conseils réunissent ainsi dans les mêmes mains la participation active et habituelle aux affaires mêmes et la délibération ; combinaison heureuse, mais plus favorable aux simples améliorations qu'aux réformes et qui ne peut être appliquée qu'à des objets spéciaux.

Le plus ordinairement, les conseils sont distincts des instruments actifs du service. C'est ainsi que sont constitués les Comités des diverses armes au département de la guerre, le Conseil d'Amirauté et le Conseil des Travaux de la Marine, le Conseil général des Ponts-et-Chaussées, celui des Mines, la Commission centrale des Chemins de fer, le Conseil supérieur de l'Instruction publique. Dans plusieurs de ces conseils, les inspecteurs généraux du service sont introduits comme membres, avec voix délibérative; dans d'autres ils sont seulement appelés à siéger et à donner les renseignements qu'ils ont recueillis dans leurs explorations.

D'autres conseils ont un objet moins étendu et ne sont préposés qu'à un service très-restreint, ou à un établissement spécial, mais fondé par l'Etat, et sont investis ou d'une simple surveillance ou d'une direction réelle : tels sont la Commission de surveillance de la Caisse des dépôts et consignations et de la Caisse d'amortissement, la Commission de surveillance de la Caisse des retraites pour la vieillesse, le Comité consultatif du Dépôt des Cartes de la marine, la Commission des Phares, le Conseil d'administration de l'Hôtel des Invalides, la Commission d'Examen des ouvrages dramatiques, le Conseil de Santé des armées, la Commission supérieure des Salles d'Asile, le Conseil des Haras, le Comité consultatif d'Hygiène publique de la France, les Conseils de Perfectionnement des écoles nationales, la Commission d'Hygiène hippique, etc.

Il est des conseils ou commissions qui sont chargés de diriger, de surveiller ou d'éclairer les ministres dans l'emploi de certains pouvoirs discrétionnaires que les lois leur ont confiés. Des commissions donnent leur avis sur la distribution des secours accordés pour l'entretien des monuments historiques et des édifices religieux, sur la concession des impressions gratuites à l'Imprimerie nationale, etc., etc.

Enfin, plusieurs conseils sont créés pour fournir au gouvernement des renseignements, des avis, des notions pratiques, sur des intérêts publics qui sont de nature à provoquer des lois nouvelles, ou des changements aux lois en vigueur, ou des mesures administratives, par voie de réglements ou de décrets. Ces conseils ont été institués pour servir d'organes au public; ils ne sont, à proprement parler, attachés à aucune branche de l'administration : ils forment une sorte de représentation des intérêts qui leur sont confiés. Tels sont les Conseils généraux de l'agriculture, des manufactures et du commerce, les Chambres de commerce, les Chambres consultatives des manufactures, fabriques, arts et métiers, et les Chambres consultatives d'agriculture.

Le mode de nomination de ces divers conseils a subi d'assez nombreuses variations. Sous la monarchie constitutionnelle et surtout sous l'empire de la Constitution de 1848, la loi tendait à les composer de membres élus ou qui y étaient appelés, de droit, en raison de fonctions particulières dont ils étaient investis ; elle les entourait ainsi d'une certaine indépendance. Depuis le régime nouveau, presque toutes ces dispositions restrictives ont été abrogées et la nomination a été remise au Président de la République ou, en son nom, aux préfets. On peut, non sans motifs, contester le principe de ce changement. La valeur des avis doit se mesurer à la position de ceux qui les donnent. Quand les lois ou les réglements veulent que l'administration active soit éclairée dans sa marche, elles entendent que ceux à qui il sera donné de lui procurer des lumières, ne subiront pas d'autre influence que celle de leur conscience. Remettre au gouvernement le droit de composer, seul et sans conditions, des corps qui ont été institués pour le guider ou pour lui fournir les documents dont il a besoin, c'est l'exposer à faire des choix dictés seulement par le désir d'éviter toute contradiction, et quand l'administration compose elle-même ses conseils, le public a quelque peine à leur accorder toute sa confiance. Cela est vrai surtout à l'égard de ceux qui ont un caractère représentatif. Autant il serait contraire à la marche régulière des affaires, que les conseils administratifs fussent inspirés par des sentiments hostiles et cédassent à un esprit d'opposition systématique, autant ils deviendraient incapables de rendre les services qu'on a le droit d'en attendre, s'ils n'étaient que les approbateurs obligés de tous les projets soumis à leur examen. En rendre la composition entièrement étrangère au gouvernement expose au premier de ces dangers, la lui confier exclusivement fait naître le second. Pour maintenir un juste équilibre, les lois qui ont été abrogées après le 2 décembre 1852, donnaient au pouvoir exécutif une part dans les nominations ou admettaient d'autres combinaisons qui lui maintenaient une légitime influence. Si ce partage était mal réglé, ces lois devaient être modifiées. En n'admettant plus que des choix faits entièrement par le gouvernement, on a consacré un régime qui n'est avantageux ni pour l'État, ni pour le Pouvoir, ni pour les citoyens.

Ces indications générales, relativement aux conseils placés auprès des diverses administrations, suffisent ici. De plus amples détails nous conduiraient trop loin et nous obligeraient à présenter des nomenclatures qui sont mieux à leur place au Bulletin des lois ou dans l'Almanach national. L'occasion d'y revenir se présentera d'ailleurs naturellement à propos de chaque service spécial. Mais il est nécessaire de s'arrêter plus longtemps sur les conseils de préfecture, établis dans chaque département, et surtout sur le Conseil d'Etat, conseil suprême et universel de l'administration.

CHAPITRE V.

LES CONSEILS DE PRÉFECTURE.

La loi du 28 pluviôse an VIII a institué principalement les conseils de préfecture pour le jugement des affaires contentieuses, et même, dans l'origine, ils étaient exclusivement préposés à cet office. Sous ce rapport, on les verra bientôt occuper une place importante parmi les juridictions administratives. Mais les conseils de préfecture ont été investis plus tard de nombreuses attributions purement consultatives, et c'est en cette qualité que nous les considérons en ce moment.

Les membres des conseils de préfecture sont nommés par le chef de l'Etat. Les lois et réglements n'ont mis aucune condition aux choix. Cependant des fonctions qui peuvent exercer sur l'administration une si grande influence, avaient besoin d'être protégées contre l'intrigue et l'ignorance ; trop souvent elles ont été confiées à des hommes que leurs lumières et leurs travaux antérieurs ne désignaient pas suffisamment pour les remplir. Il est pourtant juste de reconnaître qu'en général le personnel a été meilleur à mesure que les attributions des conseils de préfecture se sont étendues.

Dans l'origine, le nombre des membres avait été fixé de 3 à 5. Il ne peut excéder 4, d'après un décret récent. C'est le préfet qui est le président du conseil de préfecture.

Le conseil de préfecture n'a pas le caractère de conseil universel du préfet, et n'occupe pas auprès de ce représentant du pouvoir central, la place assignée au Conseil d'Etat auprès du pouvoir central même. Les cas où il est appelé à émettre un avis sont déterminés d'une manière limitative, mais ces cas sont nombreux et le nombre s'en est successivement accru. L'énumération en serait fort longue : qu'il nous suffise d'indiquer dans quel esprit le législateur les a fixés.

En général, les préfets ont été astreints à consulter le conseil, ou, pour employer les termes ordinaires des lois, à prononcer *en conseil de préfecture*, lorsque des intérêts privés, si l'on peut employer cette expression même à l'égard des départements et des communes, se trouvent engagés dans la décision. C'est une garantie accordée à ces intérêts et elle répond parfaitement au système de notre administration, tel que nous l'avons exposé.

Ainsi, pour ne prendre que les exemples les plus notables, le conseil de préfecture doit donner un avis sur l'approbation des délibérations des conseils généraux et des conseils municipaux qui touchent à la propriété départementale ou communale, ventes, achats, transactions, mains levées d'hypothèques, etc. Dans les cas où le préfet est autorisé à annuler les délibérations de ces conseils, il doit aussi consulter le conseil de préfecture; il ne peut, sans recourir à cet avis, inscrire d'office une dépense obligatoire au budget d'une commune, ordonnancer, en cas de refus du maire, une dépense régulièrement autorisée, ni établir d'office le budget d'un département, si le conseil général ne s'est pas réuni ou s'est séparé sans y avoir pourvu lui-même.

Le conseil de préfecture est encore consulté sur la répartition, par canton, des jurés inscrits sur la liste générale du jury, et du contingent assigné à chaque département pour le recrutement annuel de l'armée.

En matière d'expropriation pour cause d'utilité publique, il donne son avis sur la désignation des propriétés qui doivent être cédées, et sur l'époque où il sera nécessaire d'en prendre possession.

Dans le cas où des propriétaires ou entrepreneurs sont tenus de payer une subvention spéciale, en raison de la dégradation qu'ils causent à un chemin vicinal, s'ils demandent un abonnement, c'est en conseil de préfecture que le préfet statue.

Il est procédé de la même manière, lorsque les propriétaires riverains d'une route déclassée demandent qu'il leur soit réservé un chemin d'exploitation, et que le préfet statue sur cette demande et fixe la largeur du chemin.

Dans certains cas, c'est au gouvernement lui-même que le conseil de préfecture est appelé à donner un avis. Quelquefois, même dans des questions purement administratives, il est investi du droit de décision propre. Ainsi, il prononce sur les autorisations de plaider qui sont demandées par les communes et par certains établissements publics, érigés en personnes civiles.

La participation des conseils de préfecture à l'administration active n'est pas toujours collective. Les membres de ces conseils, pris individuellement, assistent le préfet à différents titres.

Ainsi, un des conseillers de préfecture, désigné par le ministre, remplit les fonctions de secrétaire général dans tous les départements, celui de la Seine excepté. En cas d'absence, d'empêchement ou de décès, les fonctions du préfet sont remplies par un conseiller de préfecture. Habituellement le préfet délègue certaines fonctions à des membres du conseil de préfecture et les charge de procéder d'office aux actes que les maires refusent ou négligent de faire, au mépris d'une loi qui les leur prescrit.

On voit par ces détails quelle utile coopération les conseils de préfecture prêtent aux préfets, même dans des matières pour lesquelles ils n'avaient pas été institués; on y peut apercevoir en même temps que la législation, en ce qui les concerne, n'est pas exempte d'une certaine confusion.

L'époque où ils ont été créés explique comment ils furent d'abord tenus en dehors de l'administration active et appliqués exclusivement au jugement du contentieux. En l'an VIII, les administrations collectives excitaient des méfiances qu'avaient fait naître et que justifiaient les obstacles qu'elles avaient apportés à la marche des affaires; on passait, comme il est d'usage en France, d'un extrême à l'autre, et après les avoir partout introduites, on voulait partout les exclure. Le temps devait dissiper et dissipa, en effet, ces ombrages, et c'est ainsi que les conseils de préfecture ont vu progressivement s'étendre leur domaine, mais ils n'ont point encore été érigés en conseils habituels des préfets. Ceux-ci peuvent bien officieusement profiter de l'expérience et des connaissances des conseillers de préfecture, avec lesquels ils sont tous les jours en rapport, mais ils n'ont pas le droit de les consulter officiellement, hors des cas définis par les lois.

Ce droit, des lois préparées en 1851 par le Conseil d'État et l'Assemblée Législative proposaient de le reconnaître. Ce serait revenir aux vrais principes de l'administration. Plus les préfets exercent des pouvoirs étendus, plus il importe qu'ils aient toujours le droit de s'éclairer. On objecte qu'il pourra arriver que des hommes faibles ou timides se réfugient, dans des moments critiques, derrière le conseil de préfecture et cherchent à diminuer leur responsabilité en la partageant avec lui ; le système actuel a-t-il donc la vertu de donner du courage et de la résolution à ceux qui en manquent? Ne prive-t-il pas d'un modérateur souvent nécessaire, d'un guide toujours utile, ceux dont le zèle n'est pas éclairé par la science des lois et la connaissance des faits, ni l'ardeur contenue par l'expérience des hommes ?

CHAPITRE VI.

LE CONSEIL D'ÉTAT.

Le Conseil d'Etat, créé en l'an VIII, occupe auprès du gouvernement une position semblable à quelques égards à celle de l'ancien Conseil d'Etat de la Monarchie; mais, à part le nom, le siége de ses fonctions et quelques attributions peu nombreuses, il est une institution toute nouvelle.

Avant 1789, le Conseil d'Etat offrait l'image de la confusion qui régnait dans les pouvoirs publics. Il prenait part à la fois à la politique et au gouvernement par son intervention dans les affaires étrangères, dans les finances et le commerce ; à la justice par les réglements de juges, les évocations et les cassations ; à l'administration par la juridiction qu'il exerçait sur les ordonnances des intendants, sur les décisions de la Cour des Aides et de la Cour des Comptes ; mais s'il empiétait sur la justice, la justice à son tour lui disputait ses pouvoirs, et tandis qu'il la dépouillait de contestations purement judiciaires, elle s'emparait dans les parlements, par le moyen des arrêts, des réglements et des ajournements personnels, de l'action administrative.

Ce qui composait alors le Conseil d'Etat n'était que la réunion sous un nom collectif de cinq conseils séparés, constituant autant de corps distincts; les uns investis d'une véritable juridiction, les autres purement consultatifs; ces conseils ne se réunissaient point entre eux pour exercer en commun des attributions conférées au Conseil entier. On y voyait rassemblées la robe, l'église, l'épée, la finance; les affaires les plus considérables y étaient traitées, et cependant, malgré le nombre des fonctions, malgré l'étendue d'un pouvoir qui participait de celui de la monarchie, l'importance du Conseil d'Etat s'effaçait devant celle des parlements. Simple auxiliaire du gouvernement, il ne pouvait, par son opposition, acquérir la popularité que l'opposition obtient toujours en France. Il n'occupe pas une grande place dans l'histoire de notre administration, et n'a guère laissé plus de traces que cette foule de juridictions spéciales et d'institutions secondaires que la royauté a entraînées dans sa chute.

Quand le Conseil d'État fut reconstitué en l'an VIII, les plus profonds changements avaient été apportés à l'organisation politique de la France. Le nouveau Conseil d'Etat trouvait le principe de la séparation des pouvoirs consacré par l'Assemblée Constituante; une Cour de Cassation chargée de maintenir, par l'unité de jurisprudence, l'uniforme application des lois; l'administration entière dépendant du pouvoir central et réclamant une direction homogène et ferme, direction qu'elle pouvait trouver, non dans les dépositaires mobiles de l'autorité, mais seulement dans un corps permanent, lié par ses précédents et ses principes. Depuis 1789, les assemblées politiques avaient imprimé cette direction, mais sans suite, et la révolution du 18 brumaire venait de les dépouiller de leur prépondérance. Dans les assemblées qui les remplaçaient, la discussion était étouffée, la politique sans organes, l'influence sur les affaires publiques nulle. On sentit le besoin de suppléer à leur impuissance, et le Conseil d'Etat fut créé; il reprit ou plutôt il obtint pour la première fois la haute direction administrative, son domaine propre; il devint le bras droit du gouvernement, le gardien des traditions administratives, et comme il n'avait ni les moyens ni le désir d'envahir le domaine de la politique et de créer des embarras au gouvernement, seul entre tous les corps publics, il vit régner dans ses rangs la liberté de discussion.

Sous le Consulat et l'Empire, le Conseil d'Etat est un pouvoir constitutionnel; il rédige les lois, les discute devant le Corps Législatif quand elles y sont portées, les interprète quand elles sont rendues. Les fonctionnaires de l'ordre le plus élevé, traduits devant des commissions choisies dans son sein, sont appelés à lui rendre compte de leur conduite; ses membres, depuis les conseillers d'Etat jusqu'aux simples auditeurs, sont pourvus des missions les plus importantes, administrent les pays conquis, en organisent les finances, en rédigent les codes. Les hommes les plus considérables y sont appelés et tiennent à honneur d'en faire partie. Dominés par ce corps puissant, soumis à sa censure et presque à son contrôle, les ministres n'occupent que le second rang dans la hiérarchie administrative. Ses attributions sont peut-être moins nombreuses que sous l'ancien régime, mais son autorité est supérieure. Il n'a point à lutter contre des parlements investis d'un pouvoir mal défini, contre des provinces invoquant des priviléges exceptionnels; les assemblées politiques sont muettes, le gouvernement n'est arrêté par aucun obstacle, et la nation entière s'est soumise à un homme qui, avant de se placer à sa tête, s'est couvert de gloire sur les champs de bataille, et initié au gouvernement par l'administration de provinces conquises, où il a déployé les plus hautes facultés du législateur, de l'homme d'Etat et du politique. Le Conseil d'Etat est son coopérateur le plus utile, et l'auxiliaire facile du pouvoir absolu, qui chaque jour s'organise plus largement; il est la pépinière de ses hauts fonctionnaires, l'atelier de ses décrets, l'arsenal de sa dictature administrative.

Avec la monarchie constitutionnelle, le rôle du Conseil d'Etat change entièrement. Son autorité diminue, mais point son utilité, ni sa tutélaire influence. Il demeure l'appui du pouvoir et du principe de l'autorité, mais il les fait marcher d'accord avec la liberté qui a reparu. En présence de l'opinion souveraine, de la presse affranchie, du pouvoir parlementaire prédominant, des conseils électifs constitués sur tous les points du territoire, préparer de bonnes lois et en régler sagement l'exécution, empêcher la confusion des pouvoirs, maintenir l'harmonie entre tous les ressorts de la machine administrative, pourvoir à l'exécution complète, régulière, exacte de tous les services publics; tels sont les devoirs, encore pleins d'honneur, qu'il lui est donné de remplir. Il ne se maintient pas sans résistance. Les oppositions politiques croient retrouver le Conseil d'Etat de l'Empire, appui du despotisme, mais parvenues au pouvoir, elles se réconcilient aussitôt avec lui. L'opinion s'éclaire, les travaux du Conseil d'Etat sont mieux connus et l'institution se consolide.

Sous ce régime, le Conseil d'Etat, presque entièrement étranger à la politique, conserve une impartialité qui fait sa force. Des considérations purement personnelles ne lui font point perdre de vue les intérêts permanents de l'administration; il n'a de sacrifices d'opinion à faire ni à la Couronne qui occupe une région supérieure, ni aux ministres qui n'ont qu'une existence passagère. Il n'est pas désigné comme un des pouvoirs de l'Etat par la Charte qui ne le nomme même point, mais il contribue si efficacement à leur marche, qu'il se fait en quelque sorte, au milieu d'eux, sa place par ses services. Dans l'ensemble des travaux administratifs, il est pour les ministres un guide d'autant plus suivi, qu'il sait leur résister; pour les citoyens, un défenseur d'autant plus écouté, qu'il sait leur donner tort. Il tient la balance égale entre tous; il apaise les débats d'attribution qui s'élèvent entre les divers départements ministériels, et introduit ainsi l'unité dans la pluralité. Il s'interpose entre les administrateurs et les administrés; il s'attache, sans jamais conseiller d'indignes concessions, à supprimer les frottements, à rendre la marche du pouvoir plus facile et plus douce : office nécessaire sous un gouvernement qui, reconnaissant le droit de chacun et donnant des organes à tous les intérêts, ne peut accomplir son œuvre qu'à force de ménagements, de conciliation et de respect inflexible pour la loi.

Avec la Constitution de 1848, une transformation presque complète atteint le Conseil d'Etat; son origine est changée, des attributions nouvelles lui sont conférées, il est érigé par la Constitution même en un grand pouvoir de l'Etat.

En remettant le pouvoir législatif à une Assemblée unique sortie du suffrage universel, et le pouvoir exécutif à un Président issu de la même origine, la Constitution de 1848 avait placé le Conseil d'Etat entre ces deux pouvoirs, pour qu'il leur prêtât son appui, les éclairât de ses connaissances, facilitât leurs relations mutuelles et *tempérât*, selon les expressions du rapport, *ce que l'assemblée unique pouvait avoir de trop hardi, ce que le gouvernement pourrait avoir d'arbitraire*. Constitué dans ce but, le Conseil d'Etat suppléait en partie à une seconde chambre, et faisait en partie l'office du Conseil d'Etat de la Monarchie; il était necessairement chargé, sauf des exceptions strictement énumérées par la loi organique, de préparer les lois proposées par le gouvernement; il pouvait être consulté par l'Assemblée sur les projets sortis de l'initiative parlementaire, et la Constitution ne lui conférant aucune autorité, de peur de scinder le pouvoir législatif, lui avait donné pour mission de concourir à l'œuvre législative sans l'arrêter, de guider les pouvoirs publics sans entrer en lutte avec eux, et de procurer la discussion sans combat, la représentation des intérêts sans collision, et l'unité sans despotisme. Outre sa participation aux lois, il exerçait des fonctions politiques dont le caractère se liait à la Constitution elle-même. En plaçant un Président à la tête du pouvoir exécutif, en consacrant ainsi au sommet du gouvernement la règle de l'unité, la Constitution de 1848, qui n'entendait pas accorder à ce magistrat électif et temporaire les attributs mêmes de la royauté, s'était étudiée à restreindre ses attributions, et avait eu recours au Conseil d'Etat dans ce but.

Le Président avait le droit de faire grâce, comme le roi, mais après avoir préalablement consulté le Conseil d'Etat, dont l'avis, purement consultatif, était destiné à l'avertir au moins que le cours de la justice ne devait jamais être arrêté par faveur ou caprice.

Le Président avait le droit de dissoudre les Conseils généraux et les Conseils municipaux; il se pouvait, en effet, que leurs actes eussent attenté aux lois, compromis l'ordre et excédé leurs pouvoirs, mais ces Conseils représentaient les citoyens qui les avaient élus. Leur mandat devait être respecté, leur indépendance garantie. Entre le gouvernement qui s'en plaignait, et le peuple qui les avait nommés, le Conseil d'Etat intervenait comme un arbitre désintéressé. Aucune dissolution ne pouvait être prononcée que s'il y donnait son adhésion.

Le Président avait le droit de révoquer les maires, à titre de délégues du pouvoir exécutif; mais ces fonctionnaires étaient aussi les élus de leurs concitoyens, et les administrateurs de la commune. Les mêmes raisons qui exigeaient l'approbation du Conseil d'Etat pour la dissolution des conseils, la rendaient également nécessaire pour la révocation des maires électifs.

Un dernier pouvoir politique était conféré au Conseil d'Etat. Il appréciait les actes des fonctionnaires publics, y compris les ministres, dont l'examen lui était déféré, soit par l'Assemblée nationale, soit par le Gouvernement. Les résultats de cet examen étaient consignés dans un rapport, destiné à devenir public. Sous une forme de gouvernement qui ouvrait à toutes les discussions le plus vaste champ, où les dépositaires du pouvoir devaient tous et toujours répondre de leurs actes, où aucun d'eux n'était à l'abri des attaques de la presse et de la tribune, il avait paru utile d'instituer cette espèce de tribunal de censure, composé d'hommes graves, mêlés aux affaires, assez pour en connaître les difficultés, pas assez pour céder aux préoccupations personnelles, et incapables de sacrifier la justice à la politique.

Sous l'Empire et sous la Monarchie parlementaire, les membres du Conseil d'Etat étaient nommés par l'empereur ou le roi. Ainsi le voulait la nature de leurs fonctions. Ils étaient révocables; cependant, après cinq ans d'exercice, les conseillers d'Etat de l'Empire acquéraient une sorte d'inamovibilité : ceux de la Royauté ne pouvaient, au moins dans les derniers temps, être révoqués qu'en conseil des ministres, formalité qui les protégeait contre une disgrâce purement arbitraire. Il n'en pouvait plus être de même pour la nomination et la révocation des membres du Conseil d'Etat organisé par la Constitution de 1848. Sa participation aux lois exigeait qu'il fût animé du même esprit que l'Assemblée nationale; le contrôle qu'il exerçait à l'égard du pouvoir exécutif s'opposait à ce que ce pouvoir le nommât. On le fit élire par l'Assemblée nationale elle-même, et seule elle fut autorisée, sur la proposition du Président de la République, à révoquer un conseiller d'Etat.

Tel était le Conseil d'Etat, organisé en 1849. Ce système prêtait à des objections; il pouvait introduire dans la composition du personnel une trop grande mobilité, et l'on était fondé à regretter qu'en matière législative le Conseil d'Etat n'intervînt que pour donner de simples avis. Mais la Constitution, qui n'avait voulu qu'une chambre unique, s'opposait à ce qu'aucun corps eût l'autorité d'une seconde chambre, et le Conseil d'Etat, purement consultatif, n'en était que plus obligé de conquérir, par ses lumières et sa sagesse, une autorité morale qui suppléât à l'autorité réelle dont il était dépourvu. On pouvait espérer d'ailleurs que le bon esprit des assemblées assurerait à ses membres la stabilité nécessaire à une compagnie où les traditions devraient être maintenues et respectées. Ces espérances ne furent point démenties par l'événement. En effet, nonobstant les circonstances qui, à l'égard de fonctionnaires longtemps attachés à la Monarchie, pouvaient inspirer des défiances à l'Assemblée Constituante, elle élut un grand nombre de membres du nouveau Conseil parmi les plus distingués de l'ancien. Les choix de l'Assemblée Législative, sauf quelques regrettables exclusions, furent également dictés par les seules vues du bien public. Dans ses fonctions, le Conseil d'Etat se montra pénétré d'un grand esprit de modération et de prudence, interprète fidèle de la Constitution, dégagé de tout esprit de parti ; ses travaux législatifs furent nombreux et approfondis ; les projets les plus importants sortirent de ses délibérations, remarquables par la solidité, la science pratique, et par une rédaction claire, correcte et méthodique. Dans ses attributions politiques, il maintint avec un zèle égal les droits du pouvoir exécutif et ceux des conseils et des agents électifs sur lesquels il fut appelé à prononcer. Enfin, comme conseil administratif, il ne modifia la jurisprudence de ses prédécesseurs que quand les nouvelles institutions lui en imposaient la loi. Il avait ainsi acquis une place très-élevée dans la confiance de l'Assemblée et dans l'opinion publique.

Il ne pouvait survivre à la Constitution de 1848. Celle de 1852 qui s'est proposée de faire revivre l'organisation politique de l'an VIII, moins le tribunat, l'a établi sur des bases toutes nouvelles. Le Conseil d'Etat dans ce régime, imité d'un passé presque oublié, est devenu l'auxiliaire, et, sous quelques rapports, l'organe du Président de la République. C'est le Président qui pourvoit seul à sa composition, qui nomme et révoque ses membres. La loi n'admet ni l'inamovibilité après un temps d'exercice, comme sous l'Empire, ni la délibération préalable et l'avis conforme du conseil des ministres, comme sous la monarchie de Juillet : le droit de nomination et de révocation appartient sans condition ni partage au seul Président de la République.

Le Conseil d'Etat est, plus encore que sous la Constitution de 1848, un corps politique ; mais il n'est appelé, en aucun cas, à limiter les droits du pouvoir exécutif; sa mission est plus tôt de les étendre, en lui prêtant son appui, en le couvrant dans des actes que le pouvoir exécutif ne pourrait faire seul ou directement, sans engager outre mesure sa responsabilité. Il prépare les lois qui sont soumises au Corps Législatif. Sous la Constitution de 1848, un certain nombre de lois, d'après leur caractère exclusivement politique ou leur urgence, et les lois financières en particulier, arrivaient directement à l'Assemblée Législative, sans délibération préalable du Conseil d'Etat, dont l'avis n'engageait en aucune façon, ni l'Assemblée, ni le Gouvernement. Aujourd'hui, toute loi, sans exception et quel qu'en soit l'objet, passe d'abord par le Conseil d'Etat : lois financières, lois politiques, lois de travaux publics, aucune ne lui est soustraite. Quels sont ses droits à cet égard ? Quand il a rejeté une loi, peut-elle encore être présentée au Corps Législatif ? Quand il l'a adoptée, le Président peut-il la modifier ? Questions graves et délicates, car si le Président n'est pas tenu de suivre l'avis du Conseil d'Etat, celui-ci cesse d'être un des rouages obligés de la machine législative ; il n'est plus un pouvoir, il descend au rang de simple conseil, comme sous la monarchie ; on ne peut plus prendre dans son sein des commissaires pour soutenir une opinion qui n'est point la sienne, et, comme les ministres n'ont pas entrée au Corps Législatif, le Gouvernement y est dépourvu d'organes. Que si, au contraire, l'avis du Conseil d'Etat lie le Président, le Gouvernement, une fois qu'il a exercé son initiative, s'absorbe dans le

Conseil d'Etat, il lui est subordonné, et se trouve autorisé à en exiger une adhésion systématique, ou obligé d'en modifier le personnel, pour le mettre d'accord avec ses vues et détruire les résistances qui l'empêcheraient de les réaliser. En effet, l'esprit se refuse à supposer que le Président ne change pas les membres d'un Conseil d'Etat qui entraverait sa politique et le gênerait dans l'exercice du pouvoir dont il est déclaré seul responsable. C'est pourquoi même toute latitude lui a été laissée pour les nominations et les révocations. De là, une soumission ou une mobilité inévitable qui nuit à l'indépendance du Conseil d'Etat et l'expose à passer aux regards toujours soupçonneux du public, quand il délibère sur les affaires administratives et sur le contentieux, non plus pour un corps jouissant d'une vraie liberté, mais pour un instrument politique qui ne pourrait être indocile, sans détruire l'équilibre des pouvoirs et troubler le système constitutionnel.

C'est surtout à l'égard des amendements adoptés par les commissions législatives que le droit conféré au Conseil d'Etat est considérable et implique la nécessité d'un accord obligé entre lui et le pouvoir exécutif. En effet, la Constitution l'érige en juge suprême de ces amendements et semble lui conférer à cet égard un pouvoir propre, direct, entier. S'il se prononce contre les amendements, il les écarte péremptoirement et il ne dépend plus ni du gouvernement de les accepter, ni de l'Assemblée d'en délibérer. Supposez que la commission législative soit d'avis, par exemple, de réduire l'effectif de l'armée, que le gouvernement se rende aux raisons exposées, il dépendra du Conseil d'Etat seul de s'y opposer. Il est évident que pour résoudre cette difficulté, de même que le Roi introduisait dans la Chambre des Pairs des membres nouveaux pour en modifier la majorité, de même le Président se trouvera dans la nécessité d'altérer le personnel du Conseil d'Etat, afin que la double volonté du pouvoir législatif et du gouvernement ne s'arrête pas devant l'opposition de ce corps amovible.

Il n'entre pas dans notre plan de juger ce système du point de vue constitutionnel et politique, nous ne le considérons que dans ses rapports avec les intérêts administratifs, et il nous est impossible de dissimuler les craintes que nous fait concevoir, à l'égard du Conseil d'Etat, une situation si nouvelle et dont aucune Constitution n'avait encore donné l'exemple.

D'après le décret organique, les affaires de haute police administrative sont soumises au Conseil d'Etat. Il est ainsi appelé à apprécier la conduite des fonctionnaires dont les actes sont déférés à sa connaissance par le Président de la République. Déjà, comme on vient de le voir, la Constitution de 1848 avait admis cette juridiction censoriale; elle y ajoutait la publicité des avis qui s'y rapportaient, et permettait à l'Assemblée de déférer elle-même au Conseil d'Etat la conduite des fonctionnaires publics, y compris les ministres. Mais le nouveau système constitutionnel résistait à ce que le Corps Législatif restât en possession de ce droit.

Outre ces pouvoirs dont le caractère est politique, le Conseil d'Etat a conservé les attributions qui depuis l'an VIII n'ont jamais, à travers tous les changements, cessé d'appartenir à ce grand corps. Ce sont celles qui se rapportent le plus directement à notre sujet. A toutes les époques et sous tous les régimes, le Conseil d'Etat a été, et il est demeuré sous la Constitution actuelle, le plus haut conseil de l'administration : il l'éclaire, la guide, la contrôle parfois, maintient les principes qui doivent présider à l'application des lois, est consulté sur les décisions les plus importantes que le Président de la République et les ministres prennent dans les affaires qui leur sont soumises, délibère sur les réglements d'administration publique et résout toutes les difficultés qui s'élèvent en matière administrative. Il prononce aussi sur le Contentieux, attribution toute spéciale et dont nous parlerons séparément.

Dans ses travaux purement administratifs, il suit des règles qui tiennent à la nature même de son institution.

Il est le conseil du gouvernement. En conséquence, consulté par lui, il lui doit toujours un avis. L'indépendance de son opinion reste entière, il répond selon sa conscience, mais il est tenu de répondre. Que s'il pensait qu'il vaudrait mieux que le gouvernement ne l'interrogeât point, soit parce que la même question serait soumise à une autre autorité avec laquelle il ne conviendrait pas qu'il se mît en dissentiment, soit parce qu'elle pourrait être l'objet d'une décision au Contentieux, soit par tout autre motif, il en réfère et expose ses doutes; mais si le gouvernement insiste, le Conseil d'Etat doit se rendre.

Il n'est point investi du droit d'initiative. En conséquence, il peut bien, à l'occasion d'une affaire déférée à son examen, traiter une question accessoire et connexe, signaler une faute commise, rappeler une règle méconnue, mais il n'a pas le droit de se saisir d'office d'une affaire ou d'une question qui ne lui serait pas soumise.

Il est préposé au service de l'Etat; en conséquence, le gouvernement seul peut le consulter; bien que, quand les affaires qu'il examine lui en fournissent l'occasion, il soutienne et défende les intérêts privés qu'il trouve appuyés sur le bon droit, les citoyens ne sont pas autorisés à le mettre en mouvement; il n'a pas à statuer sur les réclamations qui lui arriveraient de cette source.

Il forme un conseil administratif intérieur; en conséquence, ses séances se tiennent à huis-clos et ses avis ne peuvent être publiés que du consentement du ministre qui les a demandés. La publicité dénaturerait la discussion, donnerait à la critique les couleurs de l'opposition et priverait les communications qui s'échangent sans cesse entre lui et le gouvernement, de la confiance, et, si l'on peut ainsi dire, de l'intimité qui les rend libres, inoffensives et sincères.

Ces diverses règles ont toujours été admises, bien qu'elles ne soient écrites ni dans les lois, ni dans les réglements, et elles sont applicables au Conseil d'Etat actuel comme à ceux qui l'on précédé.

On vient de voir quelles sont les diverses attributions du Conseil d'Etat. Disons en quelques mots de quels éléments il se compose et comment il exerce ses pouvoirs.

La composition du Conseil d'Etat n'a pas moins varié que ses fonctions. Sous le Consulat, il ne renfermait que des conseillers d'Etat au nombre de trente environ. L'Empire porta ce chiffre au-delà de quarante, y ajouta des maîtres de requêtes dont le nombre fut toujours inférieur à vingt, créa les auditeurs qui s'élevèrent successivement de 11 à plus de 200. Le traitement des conseillers d'Etat fut de 25,000 fr., celui des présidents de section de 30,000 fr.

Avec la Restauration, les conseillers d'Etat et les maîtres des requêtes furent maintenus, mais les nombres réduits ainsi que les traitements. Trente conseillers d'Etat, recevant 16,000 fr., et quarante maîtres des requêtes remplacèrent l'immense personnel de l'Empire. Les auditeurs ne furent rétablis qu'en 1825, sans traitement. Après 1830, de nouvelles réductions atteignirent le nombre et les traitements des conseillers d'Etat et des maîtres des requêtes. Le conseil d'Etat était divisé en comités correspondants aux divers départements ministériels. Il avait pour président le ministre de la justice.

Quand la Constitution de 1848 eut étendu les attributions, il parut nécessaire d'augmenter proportionnellement la partie du personnel sur qui devait surtout peser ce surcroît d'occupations. Le nombre des conseillers d'Etat fut porté à quarante; mais le nombre des maîtres des requêtes, ainsi que celui des auditeurs descendit à 24. Les traitements furent réduits comme ils l'avaient été après 1830; il fut accordé 2,000 fr. par an aux auditeurs.

Ces proportions ont été changées après la Constitution de 1852. La loi organique crée 40 à 50 conseillers d'Etat, 40 maîtres des requêtes et 40 auditeurs, ces deux dernières catégories divisées chacune en deux classes. Les traitements des conseillers d'Etat ont été portés à 25,000 par la Constitution même, ceux des présidents de section à 35,000, ceux enfin des maîtres des requêtes de 1re classe à 10,000. Les auditeurs de seconde classe ne reçoivent aucun traitement.

Indépendamment des membres rétribués du Conseil d'Etat, lesquels en composent le service ordinaire, la Restauration avait créé et le Gouvernement de Juillet maintenu des conseillers d'Etat et des maîtres des requêtes en service extraordinaire. De grands abus, surtout après 1830, s'étaient introduits dans ce service. Ces dénominations, la plupart purement honorifiques, avaient été prodiguées sans compte ni mesure, pour prix des services les plus étrangers à l'administration, pour réparations de disgrâces, quelquefois trop méritées : on en avait fait un moyen de gouvernement. Une partie du service extraordinaire était autorisée à prendre part aux délibérations, et sa présence, malgré d'insuffisantes précautions, avait, dans des occasions extraordinaires, l'inconvénient de fausser la majorité, en permettant qu'elle se composât de voix appelées exprès et pour le besoin du jour. La loi du 29 juillet 1845 diminua mais ne corrigea pas entièrement ce vice de l'organisation. Après 1848, le service extraordinaire fut supprimé. Dans le nouveau Conseil d'Etat, il est rétabli en partie. Le décret organique admet 20 conseillers d'Etat de cette catégorie. Ils peuvent être convoqués par un ordre spécial du Président de la République, et ils ont voix délibérative dans les assemblées générales où ils sont appelés. Il est regrettable que la loi ait ainsi fait retour vers un ordre de choses qui avait soulevé des plaintes légitimes. Même dans un corps purement consultatif, il est essentiel que l'esprit de la majorité ne puisse jamais être altéré par un élément étranger. La jurisprudence peut y être changée, et les décisions rendues par une assemblée où sont entrés des membres qui ne participent pas habituellement à ses délibérations, n'ont pas la même autorité que les autres. Il n'en est pas de même des conseillers d'Etat, hors section, que le décret a créés, à l'imitation de ce qui se passait sous l'Empire. Il a toujours été utile au Conseil de profiter des lumières des chefs des principaux services administratifs. Il ne l'est pas moins d'appeler à ses délibérations les magistrats de l'ordre judiciaire qui, par une fausse application du principe de la séparation des pouvoirs, étaient, depuis 1830, systématiquement exclus même du service extraordinaire. C'est donc avec raison qu'on a introduit dans le nouveau Conseil d'Etat, quinze conseillers d'Etat, en service ordinaire, mais hors section, qui doivent être pris parmi les personnes pourvues de hautes fonctions publiques, même dans l'ordre judiciaire. Ils ne diffèrent des autres membres qu'en ce qu'ils n'appartiennent à aucune section ; ils ont le droit de prendre part à toutes les assemblées générales, et leur présence est de nature à ajouter au poids et à la gravité des délibérations.

Suivons maintenant ce personnel dans la distribution qui en est faite pour l'expédition des affaires. On a vu que sous la royauté, il se divisait en comités. La loi de 1849 établit trois sections principales : la section de législation, la section d'administration, la section du contentieux. Toutes les fonctions politiques étaient réservées à la première, avec le travail de préparation des lois. La seconde, comme son titre l'indique, s'occupait exclusivement de l'administration. Nous reviendrons sur la troisième. Toutes les affaires importantes, notamment les lois et les réglements d'administration publique, étaient portées à l'assemblée générale, mais la section d'administration et les comités qui la composaient, délibéraient seuls, dans la plupart des cas, sur les questions de leur ressort; et bien que le Conseil d'État obéît tout entier à la même impulsion, cette division avait pour résultat de maintenir, dans une certaine mesure, en dehors de la politique, l'examen des affaires administratives. La section d'administration, dans ce mode de répartition, offrait une image assez exacte du Conseil d'État de la royauté.

La préparation des lois appartenait presque exclusivement à la section de législation qui en faisait rapport à l'assemblée générale. Une commission était nommée pour la première élaboration. Deux particularités méritent une mention; en premier lieu, ces commissions procédaient à des enquêtes, lorsqu'elles y étaient autorisées par la section. Il a été usé plusieurs fois de ce droit et toujours avec une grande utilité. Ces enquêtes, imprimées, distribuées au Conseil, communiquées au gouvernement, jetaient les plus vives lumières sur les questions, donnaient aux intérêts en cause une occasion de se faire entendre et contribuaient à simplifier la discussion, en l'entourant d'éclaircissements qui l'empêchaient de s'égarer. Rien n'était plus propre à prévenir les objections et dans le Conseil d'Etat et dans l'Assemblée législative elle-même. Un autre usage s'était introduit, par application d'une disposition formelle de la loi du 3 mars 1849. Les commissions et le Conseil d'État étaient autorisés à conviers à leurs délibérations pour y assister et y prendre part, avec voix consultative, les membres de l'Institut et d'autres corps savants, les magistrats, les administrateurs et les autres citoyens dont les connaissances spéciales pouvaient être utilement mises à contribution. Ainsi, sur chaque sujet, l'on entendait les personnages les plus compétents, et le Conseil d'État n'était jamais exposé à commettre des erreurs, faute de renseignements suffisants. La loi sur le nouveau Conseil d'État ne reproduit pas cette disposition et ne fait aucune mention des enquêtes; de son silence nous voudrions bien pouvoir conclure qu'il n'est pas interdit au Conseil de recourir à ces moyens d'information; en effet, les attributions considérables dont il est investi en matière législative, rendent une instruction approfondie bien plus nécessaire pour lui que pour l'ancien conseil, appelé seulement à émettre des avis pour une assemblée qui pouvait s'en écarter et procéder elle-même à des enquêtes.

En ce moment, le Conseil d'État est divisé en cinq sections, outre celle du contentieux. L'étude attentive des comptes statistiques qui relatent le nombre des affaires portées devant les anciens comités, donne lieu de douter que ces cinq sections soient commandées par les besoins du service. D'un autre côté, les décrets qui ont remis aux préfets la décision d'un grand nombre d'affaires, déférées jusque là au gouvernement, auront pour résultat de réduire notablement le travail du Conseil d'Etat en matière administrative. La création de cinq sections sera-t-elle justifiée par les travaux législatifs? C'est ce que l'expérience seule pourra faire voir.

Les projets de loi ne sont plus préparés par une même section, comme dans le Conseil d'État de 1849. Ils sont transmis à celle des sections à laquelle il appartient, d'après leur objet, d'en connaître; puis, l'Assemblée générale en délibère. Les formes suivies précédemment offraient des avantages réels. La section de législation, exclusivement appliquée à un travail si spécial, et qui exige tant de recherches pour rassembler les précédents, tant de soins pour la rédaction, des vues si homogènes pour que toutes les lois répondent aux mêmes pensées, y avait contracté des habitudes et acquis une expérience qui simplifiait les difficultés et abrégeait les délibérations. Elle s'empressait d'ailleurs de s'adjoindre pour chaque loi, parmi les membres des autres sections, ceux que des connaissances spéciales mettaient à même de lui prêter un utile concours. Il aurait donc été désirable que le nouveau Conseil suivit les mêmes errements; mais le nombre bien plus grand des projets dont l'examen lui est aujourd'hui déféré, a sans doute rendu necessaire une autre répartition.

Comme le Conseil d'État est substitué aux ministres pour la proposition des lois au Corps Législatif, et discute même le budget, tous les documents administratifs doivent être mis à sa disposition, et il a besoin d'être initié aux affaires qui peuvent devenir l'objet d'un débat. Il a donc le droit de demander tous les renseignements propres à l'éclairer, et ses décisions n'auront d'autorité qu'autant qu'elles reposeront sur une connaissance parfaite des détails. Il peut en résulter quelques difficultés dans la pratique; mais le Conseil d'État ayant pris la place des ministres pour la discussion, il doit en quelque sorte l'occuper aussi pour la recherche et l'étude des pièces à produire.

Le Conseil d'État dépend tellement du gouvernement, même en ce qui touche les lois à l'égard desquelles la Constitution semble l'investir d'une pleine autorité, que les commissaires chargés de défendre son avis sont nommés, non par lui, mais par le Président de la République, et parlent au nom du gouvernement; ils remplissent l'office autrefois réservé aux ministres et aux commissaires que ceux-ci faisaient nommer par le roi. Sous ce rapport, ils occupent une position bien différente de celle des conseillers d'État du Consulat et de l'Empire qui, devant un Corps Législatif muet, n'étaient point appelés à s'engager dans une discussion. Ils doivent être prêts à répondre aux interpellations, à débattre les objections; et, à vrai dire, devant le Corps Législatif, le conseiller d'État disparaît en quelque sorte pour ne laisser voir que l'organe et le délégué du pouvoir exécutif, délégué souvent bien embarrassé, pour le dire en passant, car il sera appelé à s'expliquer sur des actes auxquels il n'aura pas concouru et sur des résolutions dont il ne connaîtra qu'indirectement l'objet et la nature, si même il ne les ignore pas entièrement.

Telle est la forme dans laquelle le nouveau Conseil d'État remplit les fonctions dont il a été investi par la Constitution de 1852 · fonctions considérables, et qui ont donné à cette institution une importance qu'elle n'avait pas, même sous l'Empire.

Ce qui vient d'être exposé nous conduit à rechercher s'il est utile à l'administration que le Conseil d'État joue un rôle politique. Sans doute, il en devient plus grand, il occupe davantage l'opinion publique; mais on peut dire qu'il perd en indépendance tout ce qu'il gagne en autorité officielle, et l'administration peut y recevoir de fâcheuses atteintes. La meilleure administration est celle qui se tient en dehors de toute préoccupation de partis; qui voit les affaires et non les personnes, le service public et non les dépositaires actuels du pouvoir. On peut théoriquement, dans un même agent, séparer les diverses fonctions qu'il exerce, et le supposer dépendant pour la politique, indépendant pour l'administration. L'expérience et la connaissance des hommes contredisent cette distinction, purement spéculative. En administration, les concessions faites à la politique sont toujours dommageables à la chose publique, ou contraires, sinon à la lettre, du moins à l'esprit de la loi. Ceux qui tiennent le pouvoir ne sont que trop enclins à cette faiblesse. Les conseils placés à leurs côtés ont pour mission de les en préserver, et le Conseil d'État est celui de qui il importe le plus d'obtenir une constante défense de la loi et de la règle contre l'arbitraire et le caprice. Sous ce rapport, c'est du Conseil d'État de la monarchie constitutionnelle que l'on pouvait attendre l'appui le plus ferme. Quoique nommés par le roi, sur la proposition des ministres, ses membres, plus permanents que les ministres, n'avaient rien à espérer ni à craindre de leur part, et par la continuité des services se composaient des doctrines et, si l'on peut ainsi dire, une jurisprudence, entièrement indépendantes des opinions du jour et des hommes qui les représentaient accidentellement au pouvoir. Quiconque étudierait avec attention la série des avis donnés par ce Conseil d'État y trouverait un attachement aux principes, une fidélité aux règles légales qui ne se démentit jamais.

On avait sujet de reprocher au dernier Conseil d'État d'être engagé dans les liens de la politique; mais l'influence qu'elle pouvait exercer sur lui était trop éloignée et partait de trop haut pour réagir sur la direction des affaires administratives. Nommés pour six ans, les conseillers d'État jouissaient, pendant ce temps, d'une véritable inamovibilité. Leur réélection ne dépendait jamais de l'Assemblée sous les yeux de laquelle ils avaient rempli leurs fonctions; elle était remise à une Assemblée nouvelle, et devait être le prix de ces mérites solides, de ces qualités durables, de cette assiduité au devoir qui triomphent des préventions, et auxquels l'esprit de parti lui-même rend toujours hommage. Les conseillers d'État n'étaient donc pas exposés à faire des sacrifices d'opinions ou de principes à l'intérêt de leur avenir. Dans la réalité, la politique ne se mêlait qu'au travail législatif; et là encore, par la nature des choses, elle demeurait toujours dans la région élevée qui compose le domaine du législateur. Elle se tenait en dehors de l'administration proprement dite. Aussi, la jurisprudence du Conseil d'État ne se sépara point de celle de son devancier, et les affaires furent conduites par lui dans le même esprit que sous le régime précédent, esprit qui n'avait rien que le régime républicain dût répudier, tant la monarchie constitutionnelle avait déjà adopté les principes de liberté et d'égalité dont la République se proposait d'assurer l'avénement définitif.

Espérons qu'il n'en sera pas autrement du nouveau Conseil d'État. Les traditions qui reposent sur une longue et uniforme application des lois opposeront une barrière aux envahissements de la politique. On ne peut pourtant pas s'empêcher de remarquer qu'un corps habituellement engagé dans toutes les affaires du gouvernement, composé de membres à qui aucune protection n'est accordée contre une révocation entièrement discrétionnaire, et placé sous l'autorité immédiate du Président de la République, seul personnage politiquement responsable, d'après la Constitution, n'offre pas les mêmes garanties que ceux dont il est le successeur.

CHAPITRE VII.

DE LA SURVEILLANCE.

La surveillance et le contrôle sont de l'essence des gouvernements démocratiques. La démocratie est soupçonneuse : disposition favorable quand elle a seulement pour conséquence d'empêcher les dépositaires du pouvoir d'en faire un emploi criminel ou abusif ; redoutable, quand elle cède aux passions et dégénère en persécution et en violence. Aussi, placer les agents de l'État sous une surveillance qui, autant que possible, leur épargne même le soupçon, c'est servir tout ensemble l'intérêt public et leur propre intérêt ; car c'est relever leur caractère et assurer leur sécurité.

La surveillance administrative s'exerce de deux manières : premièrement, au moyen de procédés propres à permettre, soit au public, soit au gouvernement et à ses agents, de connaître tous les actes des administrateurs et de vérifier jusqu'à quel point ils sont d'accord avec la loi et avec les règles d'un bon service ; en second lieu, au moyen d'inspections spéciales qui pénètrent dans tous les détails de la gestion.

A part l'administration financière, où le contrôle a été constitué avec des précautions spéciales, qui doivent être exposées séparément, le pouvoir central n'est soumis à aucune inspection. Il n'a pour frein que sa responsabilité, et plus cette responsabilité est sérieuse, plus il y a de garanties pour les citoyens. Avec le régime parlementaire, sous le feu de la tribune et de la presse, si l'on peut ainsi parler, elle était entière, incessante, illimitée. On pouvait la considérer comme excessive plutôt que comme insuffisante ; mais, en pareille matière, l'excès est un défaut sur lequel on peut aisément passer. Ce n'est pas l'excès qui est à craindre en ce moment, on en conviendra. Le gouvernement n'est plus tenu qu'à la publication de rapports annuels, de documents généraux, d'états de situation, à l'aide desquels on puisse apprécier l'ensemble de ses actes, mais la publicité en est fort restreinte, l'intelligence quelquefois difficile et la discussion non sans périls, pour la presse periodique au moins.

Quant à l'ensemble de leur administration, les fonctionnaires que nous avons désignés comme dépositaires généraux de la puissance publique, c'est-à-dire les préfets, sous-préfets et maires, ne sont pas non plus soumis à l'inspection, sauf celle qu'une institution récente paraît remettre aux agents supérieurs du ministère de la police, dont nous parlerons plus tard. Seulement, au moyen de leur correspondance, où se révèle leur activité, l'intelligence, les lumières, la capacité qu'ils ont occasion de déployer, leur habilité à traiter avec les hommes, cette science si délicate et si nécessaire de l'administrateur, ils se trouvent à tout instant placés sous les regards de leurs supérieurs respectifs. Leurs fautes restent rarement ignorées ; elles sont relevées dans les plaintes des parties intéressées, dans les rapports d'autres agents, dans les recours formés en cas de violation des lois, et le gouvernement en est tôt ou tard informé. Ainsi averti, il apprécie les torts et en juge l'importance. Sa surveillance peut-elle à l'égard de ces agents s'exercer d'une manière plus directe? Cela serait sans doute utile, mais par quels moyens? On a quelquefois proposé de créer des inspecteurs de l'administration départementale, mais cette idée n'a jamais été mise à exécution. Sans parler de la difficulté de trouver des hommes assez instruits, assez élevés par leur position, pour remplir convenablement des fonctions si importantes, comment inspecter tous les services d'une préfecture? Quelques-uns, dont l'objet est défini et qui imposent des devoirs pour ainsi dire matériels, peuvent seuls être l'objet de cette mesure et on la leur applique. Mais les autres? l'inspecteur se fera-t-il remettre tous les dossiers, enfouis dans les cartons? interrogera-t-il le préfet? lancera-t-il des monitoires, comme on faisait jadis, pour éveiller toutes les réclamations que les citoyens auraient à élever? Les fonctions d'un préfet embrassent une foule d'objets; elles consistent dans la direction et l'impulsion autant que dans l'action même, elles exigent des qualités qu'aucune inspection ne constatera, la fermeté sans rudesse, les bons procédés sans molle complaisance, l'exactitude, l'amour du travail, la connaissance du droit. Tout cela résiste à l'inspection, ou plutôt le seul inspecteur, s'il est capable, c'est le ministre qui peut conférer avec les préfets, qui reçoit leur correspondance, et les voit tous les jours à l'œuvre. Peut-être seulement conviendrait-il d'assujettir les préfets à fournir l'état des affaires dont ils ont été saisis, des décisions qu'ils ont prises, du temps employé à les préparer. Il pourrait en resulter un bon stimulant, mais les résultats seraient-ils assez avantageux pour compenser un énorme surcroît de travail; un tel contrôle ne s'adresserait-il pas moins encore au préfet qu'à ses bureaux, et faut-il donner un nouvel aliment à la statistique, cette excellente chose qui a déjà produit tant d'inconvénients?

L'inspection s'applique à tous les services qui en sont susceptibles, et qui, soit par l'importance des valeurs qui y sont engagées, soit par la précision des règles dont le législateur a voulu les entourer, soit par la sollicitude qu'inspirent les personnes auxquelles ils s'appliquent, réclament une attention plus sérieuse.

Voici l'énumération des principaux services sur lesquels elle s'exerce.

La marine a un contrôle central et des inspections générales du génie civil, des travaux maritimes, du matériel de l'artillerie et de l'infanterie de la marine. Le service de santé est aussi l'objet d'une inspection générale.

A la guerre, des officiers généraux sont chargés chaque année, de procéder à l'inspection de toutes les armes; ils parcourent les divisions territoriales qui leur sont assignées, passent des revues, examinent les parties diverses de l'administration militaire et rendent compte au ministre du résultat de leurs observations.

Les prisons et les établissements de bienfaisance ont leurs inspecteurs généraux qui les visitent, s'assurent de l'observation des réglements, entendent les réclamations, et se tiennent au courant de tout ce qui concerne tant l'Etat que les individus.

Les travaux des routes, des ponts, des canaux de l'Etat, sont visités tous les ans par les inspecteurs divisionnaires des Ponts-et-Chaussées entre lesquels tout le territoire est partagé. Les inspecteurs divisionnaires se rendent sur les chantiers, constatent l'état d'avancement des entreprises en cours d'exécution, la quotité et l'emploi des dépenses faites, les travaux de réparation et d'entretien, entrent en communication avec les ingénieurs et transmettent leurs rapports, sur lesquels ils délibèrent ensuite, s'il y a lieu, avec le Conseil général des Ponts-et-Chaussées. Les travaux des départements sont également inspectés par d'autres représentants du gouvernement.

Des inspecteurs généraux parcourent les mines concédées à l'industrie privée, et vérifient si l'exploitation est de nature à répondre aux besoins des consommateurs, à ménager la richesse minérale et à ne pas compromettre la sûreté publique.

L'instruction publique est soumise à une surveillance qui embrasse à la fois les établissements de l'État et ceux qui sont ouverts par des particuliers. A cette surveillance sont préposés des inspecteurs généraux pour l'instruction supérieure et l'instruction secondaire, des inspecteurs supérieurs pour l'instruction primaire, et, dans chaque académie, des inspecteurs locaux qui ne perdent jamais de vue les maisons où les générations nouvelles sont préparées à la vie sociale.

Enfin, tous les services financiers sont surveillés soit par les inspecteurs généraux des finances, soit par des inspecteurs, des contrôleurs, des vérificateurs répartis autour de tous les agents de perception et sans cesse occupés à vérifier leurs caisses, à examiner leurs livres et à s'assurer que les deniers publics sont fidèlement gérés.

Aucune inspection n'est utile et efficace qu'autant qu'elle se renferme dans un cercle limité, qu'elle porte sur des objets précis et a pour but de constater des faits matériels et déterminés. L'expérience a démontré cette vérité et elle a servi de base à l'organisation des diverses inspections qui viennent d'être énumérées. Les avantages qu'elles procurent, en prévenant les abus et en entretenant l'attention, ont complétement démontré leur nécessité.

C'est ainsi que par le double secours des rapports, de la correspondance et des comptes rendus d'une part, et de l'inspection d'autre part, s'exerce sur toute l'administration la surveillance qui maintient la règle, défend les intérêts de l'Etat et protége en même temps le public contre l'arbitraire et l'abus.

CHAPITRE VIII.

LES TRIBUNAUX ADMINISTRATIFS.

§ 1er *Le contentieux administratif.*

La définition du contentieux administratif n'a été insérée dans aucun monument de la législation, et à vrai dire elle est peu susceptible de trouver place dans le texte limité d'un article de loi.

Les opinions les plus erronées sur la véritable nature du contentieux administratif ont été exposées par des publicistes, par des jurisconsultes fort éclairés; ils n'y voient qu'un assemblage de contestations distinctes, disparates, réunies par le caprice des juristes sous une qualification commune, et soustraites violemment à l'autorité des juridictions du droit commun. Selon eux, les tribunaux administratifs ne sont qu'un démembrement de la justice ordinaire, opéré par l'esprit révolutionnaire ou par le despotisme, au détriment des droits privés et de la liberté des citoyens. Ils ne font consister le véritable contentieux administratif, dégagé de ces emprunts, que dans le réglement de simples intérêts sur lesquels l'administration doit exercer une pleine autorité; intérêts qu'elle pèse, si elle veut, avec un soin spécial, qu'elle défère par condescendance à des conseils pour avoir leur avis, mais qui, en réalité, ne relèvent que d'elle et dépendent de son jugement libre et absolu.

A l'occasion du livre par lequel M. Macarel a ouvert la série de ses travaux si clairs, si méthodiques, si substantiels sur le droit administratif, un publiciste éminent a publié, en 1828, dans la *Revue française*, un article fort remarqué où il soutient cette opinion. Le contentieux administratif ne doit comprendre, à l'en croire, que « les réclamations élevées sur le mérite, la justice, l'opportunité d'une mesure prise par le gouvernement, *discrétionnairement* et dans la limite de ses pouvoirs. » Il attribue au contentieux judiciaire « toute plainte qui se fonde sur les termes exprès d'une loi, d'un décret, d'une ordonnance, d'un arrêté; toute question dont la solution se trouve écrite d'avance dans un texte, tellement que, les faits étant vérifiés, il ne reste plus qu'à voir ce que porte le texte invoqué, jusqu'à quel point il s'applique ou ne s'applique point. »

Toute cette théorie repose sur une confusion, sur une appréciation erronée des éléments dont se compose réellement le contentieux administratif. Il est vrai que plusieurs contestations qui, par leur nature, appartiendraient aux tribunaux, et que d'autres qui ne mettent en jeu que de simples intérêts, s'y trouvent comprises en vertu de lois spéciales; mais les exemples de ce genre, sur lesquels nous reviendrons, ne constituent que des exceptions, et si en général on ne peut fonder un principe sur une exception, c'est surtout lorsqu'il s'agit de l'étude et de l'application de notre législation administrative. Elle contient de nombreuses anomalies et se compose de lois faites à des époques différentes, sous l'influence de principes opposés, sous des formes de gouvernement diverses, au moins par leur esprit. Les rédacteurs, les commissions, les rapporteurs, les législateurs successifs ont cédé à des théories, obéi à des systèmes qui ne concordaient pas toujours ensemble, fort zélés, par exemple, dans le réglement des compétences, les uns pour l'autorité judiciaire, les autres pour l'autorité administrative, et faisant pencher la balance d'un côté ou de l'autre, beaucoup moins en vertu de doctrines fixes et arrêtées, que par entraînement ou par préjugé.

Le contentieux administratif, en principe et abstraction faite de dispositions purement exceptionnelles, n'est ni un contentieux judiciaire, dérobé aux tribunaux civils, ni le réglement discrétionnaire de simples intérêts, détourné de l'administration pure.

Il diffère du contentieux judiciaire en ce qu'il ne s'applique qu'à des questions de l'ordre administratif, qu'il est réglé par des lois particulières et soumis à des principes et à des conditions qui lui sont propres. Comme le contentieux judiciaire, il se compose de procès, mais ces procès ont un caractère spécial, de même que le contentieux commercial, quand on le distingue des procès civils.

Il diffère du réglement discrétionnaire des simples intérêts en ce qu'il ne se produit que quand un droit est invoqué.

Son domaine est immense; il comprend toutes les lois administratives; toutes, en effet, lui apportent leur tribut et concourent à le composer. C'est la conséquence même du pouvoir administratif et des lois qui le régissent; pour le démontrer, il faut entrer dans quelques développements.

Régler les intérêts publics et tout en les faisant prévaloir sur les intérêts privés, concilier leurs exigences respectives, autant que le comportent les circonstances et les nécessités sociales : telle est la mission de l'administration. Pour remplir cette mission, l'administration a besoin d'air et d'espace; la liberté est sa vie; elle n'est pas un instrument aveugle et fatal. Quand la loi l'enferme dans des liens étroits qui gênent tous ses mouvements et la privent d'essor, il peut y avoir encore des agents qui se décorent du titre d'administrateurs, mais il n'y a plus d'administration. Ce système, comme nous l'avons vu (1), grâce au bon sens du pays, n'a pas prévalu en France. L'administration y jouit d'une latitude, non pas excessive, ainsi que le prétendent quelques publicistes, mais étendue et qui lui laisse un certain champ à parcourir. Nos législateurs en ont fait un serviteur intelligent et doué d'indépendance,

(1) Voir le chapitre de *l'Administration dans ses rapports avec le pouvoir législatif.*

et non un esclave garrotté par des prescriptions inflexibles; mais ils ont pris leurs sûretés et ne lui ont concédé aucun droit sans y ajouter une condition, aucune liberté sans en marquer la limite.

Tantôt la loi désigne l'autorité qui devra prononcer sur les questions qu'elle défère à l'administration; ainsi, elle exige que la décision soit rendue par un arrêté de préfet ou de ministre, par un acte du chef de l'Etat; en déléguant le pouvoir, elle nomme l'autorité qu'elle en rend dépositaire.

Tantôt elle exige que l'instruction des affaires soit entourée de certaines garanties. Ainsi, elle ordonne des expertises, impose l'obligation de prendre l'avis d'un conseil qu'elle indique; prescrit la communication des pièces aux parties intéressées, exige que celles-ci soient entendues et les autorise à se défendre.

Tantôt enfin elle ne remet à l'administration qu'un pouvoir limité. Elle la charge de statuer, mais en lui imposant certaines restrictions, qu'elle lui interdit de méconnaître; ainsi, elle l'autorise à inscrire d'office des dépenses au budget d'une commune, mais elle ne le lui permet que quand il s'agit de dépenses obligatoires; elle l'autorise à déterminer l'emplacement d'un cimetière, mais elle fixe les distances qui devront être maintenues entre cet emplacement et les habitations.

Il est même des cas dans lesquels l'administration, bien que préposée à la dispensation de certains droits, n'est investie d'aucun pouvoir discrétionnaire. Ainsi, elle est chargée de délivrer les brevets d'invention, mais elle ne peut en refuser, sauf des exceptions clairement définies, à quiconque consigne le prix fixé et accomplit des formalités déterminées.

En certains cas, la puissance de l'administration est limitée, non par la loi, mais par des réglements ou par des engagements particuliers. Les réglements d'administration publique ont la force et l'autorité de la loi; ils procèdent comme elle, et comme elle limitent les pouvoirs qu'ils transmettent. Les engagements particuliers résultent des traités que l'administration passe avec des tiers pour les fournitures de l'État, pour l'exécution des services publics. Des contrats sont souscrits, des conditions stipulées, des termes de paiement convenus. Il en résulte un lien de droit, auquel l'administration ne peut se soustraire. Dans les clauses même des marchés se trouve parfois un mélange d'arbitraire et de droit. L'administration stipule par exemple qu'elle désignera les carrières où s'approvisionnera l'entrepreneur d'une chaussée en pierres. Elle se réserve ainsi un pouvoir discrétionnaire qu'elle n'aurait pas eu si l'entrepreneur était resté maître du choix.

Le pouvoir de l'administration se trouve ainsi limité et défini; elle tient en quelque façon en ses mains deux sortes d'autorités, l'une discrétionnaire, l'autre réglée; l'une intelligente, l'autre passive; l'une libre et soumise dans son exercice à toutes les vicissitudes des temps et des lieux, l'autre contrainte et dominée par la loi, le réglement ou le contrat qui la régit.

Tant que l'administration ne suscite aucune réclamation, il est indifférent que ses mesures appartiennent à son autorité discrétionnaire ou à ce qu'on peut appeler son autorité réglée. L'une et l'autre sont exercées par elle au même titre, quoiqu'à des conditions différentes et rentrent également dans son domaine légal. Elle accomplit indistinctement ses fonctions complexes.

Mais au moment où des réclamations s'élèvent, il devient nécessaire de savoir à quel ordre d'autorité appartiennent les actes attaqués, et si l'on impute à l'administration d'avoir blessé des interêts ou porté atteinte à des droits. Dans le premier cas, les réclamations sont purement administratives; elles relèvent de ce qu'on désigne sous le titre de juridiction gracieuse, pour indiquer que toute concession est purement chose de grâce et de bon vouloir. Dans le second cas, les réclamations appartiennent au contentieux administratif.

Ainsi, le contentieux administratif se compose de toutes les réclamations fondées sur la violation des obligations imposées à l'administration par les lois et réglements qui la régissent ou par les contrats qu'elle souscrit; ainsi, toute loi qui établit une compétence, qui trace une forme d'instruction ou qui pose une règle de décision, peut donner ouverture à un débat contentieux, s'il est allégué que la compétence soit intervertie, la forme inobservée ou la règle enfreinte. Tout contrat passé par l'administration a le même effet, si le sens ou l'exécution en sont contestés. L'ensemble de ces débats, considérés en masse, constitue le contentieux de l'administration; il se compose donc d'une nature particulière de contestations, bien distinctes, comme on le voit, du contentieux judiciaire et de l'administration pure.

Il a souvent été question de dresser la nomenclature des affaires contentieuses, mais ce travail serait impossible. Il faudrait prendre une à une toutes les lois administratives, pour rechercher dans chacune les dispositions qui confèrent des droits aux citoyens et pour en attribuer la connaissance à telle ou telle juridiction administrative; en supposant que cette recherche ne fût pas vaine, la loi qui en consacrerait les résultats deviendrait presque aussitôt incomplète, toute loi administrative ajoutant de nouvelles pierres à l'édifice du contentieux administratif. Il serait donc impossible de faire la liste des affaires qui lui appartiennent. Elles sont innombrables, mobiles, incessantes; ce n'est point en vertu d'un texte de loi, parce qu'il aura, pour ainsi dire, plu à un législateur d'en disposer ainsi, qu'elles ressortissent au contentieux, mais bien par leur nature propre : aucune loi spéciale n'a dû intervenir pour les y classer, il en faudrait une pour les en distraire; elles composent entre elles un ensemble légal, un corps de droit; les lois et les principes généraux qui les concernent forment le droit commun de l'administration, comme le code civil est celui des intérêts privés et des transactions ordinaires des citoyens.

La véritable définition du contentieux administratif se trouve dans la jurisprudence du Conseil d'État qui, depuis cinquante ans, exerce la haute juridiction administrative, et c'est cette longue et scrupuleuse élaboration qui a rassemblé tous les éléments dont il se compose.

Le Conseil d'État s'est toujours renfermé dans les deux caractères qui constituent exclusivement le contentieux administratif ; jamais, sauf les dispositions exceptionnelles qui en décidaient autrement en termes exprès, il n'a admis de recours, s'il ne s'agissait pas d'une réclamation fondée sur un droit et si ce droit ne dépendait pas de l'action administrative.

Ainsi, il a toujours repoussé toute prétention fondée sur un simple intérêt, l'a renvoyée devant l'administration pure et a refusé d'en connaître par la voie contentieuse.

Il a soigneusement rendu aux tribunaux toute question de droit commun ou dans laquelle des intérêts privés étaient seuls engagés. Dans les affaires contentieuses dont il était saisi régulièrement, il a distrait tous les incidents qui n'avaient point un caractère administratif et s'est abstenu de les juger.

Dans les actes du gouvernement, il a distingué ceux qui tenaient spécialement au pouvoir administratif, des actes qui remontaient aux autres attributions du pouvoir exécutif.

Ainsi, il a refusé de connaître de discussions relatives à des traités ou à des négociations diplomatiques, laissant au gouvernement seul le réglement des intérêts qui pouvaient affecter nos relations internationales.

Il a refusé de connaître de discussions relatives à des réglements financiers, laissant au pouvoir législatif son droit d'examen et sa juridiction politique sur ces matières.

Il a refusé de connaître de discussions relatives à des mesures de haute police prises par les ministres dans un intérêt de sûreté publique, laissant à la responsabilité politique son jeu libre et entier.

La jurisprudence a ainsi renfermé le contentieux administratif dans des limites nettement fixées et en a distrait tout ce qui ne devait pas en faire partie.

Cependant, il est vrai, comme nous l'avons dit, que des lois exceptionnelles y ont compris des affaires qui, par leur nature, ressortissaient à l'autorité judiciaire, et, dans le nombre, pour choisir l'exemple le plus frappant, les contestations sur les ventes de domaines nationaux. Ces questions tenaient au droit de propriété et relevaient des juridictions civiles. C'est par une transposition de la loi, par un déclassement, selon l'expression de M. Chauveau Adolphe, dans son studieux travail sur *la compétence et la juridiction administratives,* que le jugement en a été remis à l'administration. Des intérêts politiques ont dicté ce déclassement dont les événements ultérieurs ont démontré la sagesse et l'utilité. Les contestations relatives aux domaines engagés, celles qui surviennent après les dessèchements entre les propriétaires intéressés, ont été également comprises dans le contentieux administratif, bien qu'elles dépendissent en beaucoup de cas du contentieux judiciaire.

D'autres affaires, qui, par leur nature, paraîtraient appartenir à l'administration pure ou qui touchent à l'exercice des droits politiques, ont été placées dans la compétence des juridictions administratives.

Ces diverses espèces appartiennent donc, *en fait*, si l'on peut ainsi parler, au contentieux administratif, mais elles ne le constituent point et ne doivent pas servir à le caractériser *en droit*. Le législateur pourra leur conserver cette qualification d'emprunt, les maintenir dans cette catégorie exceptionnelle : c'est une question qui s'engagera à l'occasion des lois spéciales relatives à chaque matière. Quant au contentieux administratif en lui-même, il existe indépendamment de ces accroissements irréguliers, qui ne s'y lient que par une sorte de juxtaposition, et avec lesquels il ne doit pas être confondu.

Tel est donc le contentieux administratif; comme on le voit, la politique proprement dite, les mesures diplomatiques, les actes de gouvernement lui sont étrangers, aussi bien que les questions judiciaires ou purement administratives. Les contestations soulevées à l'occasion d'un droit, résultant soit des lois qui régissent l'administration, soit des contrats qu'elle souscrit, tel en est l'objet normal et exclusif.

Cette définition donnée, et l'importance qu'elle présente servira d'excuse à la longueur de ces développements, il s'agit de savoir dans quelle forme il doit être statué sur cet ordre de contestations.

Des hommes, considérables, et entre autres une commission de l'ancienne chambre des pairs qui avait pour organe M. Portalis, dont le nom, le caractère et le talent font autorité, ont exprimé l'opinion que le gouvernement lui-même, avec le concours du Conseil d'Etat à titre consultatif, et sauf certaines garanties, doit prononcer sur le contentieux administratif. Cette doctrine nous paraît contraire aux vrais principes.

Il y a, nous ne dirons pas dans telle ou telle des Constitutions qui se sont si malheureusement succédé en France depuis 60 ans, mais dans les entrailles même de notre droit public, un principe placé au-dessus de la contradiction. C'est celui qui assure une sanction, une garantie, qui, pour employer la langue du palais, ouvre une action à tout citoyen invoquant un droit. Ce principe appartient à tous les temps et à tous les lieux. Il forme une des conditions fondamentales d'un état social régulier, et la base même sur laquelle la justice repose. Le nier, c'est proclamer le règne de la force et rétrograder vers la barbarie.

Entre citoyens, nul ne conteste qu'il y ait lieu de déférer aux juridictions établies toute difficulté qui donne lieu à l'examen du texte d'une loi ou d'une convention, à l'effet d'en déterminer le sens et d'en donner l'interprétation, non arbitraire et facultative, mais formelle et doctrinale, toute difficulté encore qui oblige à constater des faits pour les rapprocher d'une loi ou d'une convention, à l'effet d'en régler les conséquences.

Pourquoi la règle admise sans exception dans tous les cas où les citoyens sont en débat les uns avec les autres, ne le serait-elle pas quand un citoyen est en débat avec l'Etat? Loin de la repousser dans ce cas, il semble qu'il y ait une raison particulière de l'admettre, car au citoyen qui a l'Etat lui-même pour adversaire, il faut une protection particulière contre un adversaire si puissant.

Mais, dit-on, en pareille matière, juger c'est encore administrer. Cette proposition a fait fortune et on l'a souvent répétée. Notre réponse est simple, et pourra sembler naïve. En cette matière comme en toute autre, dirons-nous, juger c'est juger. Nous reconnaissons que l'Etat, dans les contestations dont se compose le contentieux administratif, n'est point une partie dans le sens ordinaire et usuel de ce mot. Il est, ainsi qu'on l'a dit, « le pouvoir public agissant comme conservateur de l'ordre social et non comme propriétaire de ses domaines, ou comme exerçant des actions civiles. » Mais l'administration qui le représente en est-elle moins tenue d'obéir aux lois et d'exécuter les contrats qu'elle a passés ? Ces lois, ces conventions ont les unes et les autres pour objet de restreindre ou de régler son action, d'introduire des garanties contre ses abus, des précautions contre ses erreurs. Comment l'admettre à décider elle-même quels devoirs elles lui prescrivent, quelles barrières elles lui opposent? Le sentiment qui a dicté les dispositions restrictives de la loi ou les clauses du contrat est incompatible avec la confiance qui en laisserait l'administration seule appréciatrice. Il n'y a qu'une autorité étrangère et impartiale, c'est-à-dire une juridiction véritable, qui puisse prononcer.

Il n'est pas exact de prétendre que les questions qui touchent au pouvoir social ne puissent être déférées à des juges. Notre législation contient une foule d'exemples contraires ; tous les procès relatifs au domaine et à l'enregistrement, aux douanes, aux contributions indirectes, sont soumis aux tribunaux judiciaires ; les réglements de police reçoivent d'eux leur sanction pénale. Les plus grandes questions de l'ordre public sont impliquées dans l'administration de la justice criminelle.

Quand les pouvoirs discrétionnaires de l'administration sont seuls en cause, il est juste, il est nécessaire qu'elle statue elle-même sur les difficultés auxquelles l'exercice de ces pouvoirs donne lieu. Elle était juge, juge sans condition et sans appel. Les réclamations ne sont qu'une sorte de supplique, la demande d'un plus ample examen, un appel de Philippe à Philippe lui-même ; l'administration, maîtresse de sa décision, pouvait admettre ou rejeter, autoriser ou défendre, faire ou ne pas faire. La plainte qui s'élève ne saurait anéantir sa liberté d'action et faire naître un droit qui n'existait pas.

Mais quand il s'agit des pouvoirs limités et définis de l'administration, ce n'est plus à son bon vouloir qu'il est fait appel, mais à la loi elle-même, et la loi ne peut avoir pour interprète et pour vengeur qu'une juridiction.

Sous le régime parlementaire, on prétendait que le jugement des affaires contentieuses rentrait dans le domaine de la responsabilité ministérielle. Le gouvernement prononce, disait-on, mais il est responsable. Si les citoyens n'ont pas la garantie que procure une juridiction, ils ont celle qui résulte de cette responsabilité. Même alors, on répondait, avec raison, que le principe de la responsabilité ne pouvait s'appliquer à une appréciation juridique. En effet, voilà un ministre qui a donné tel sens à la loi, à la stipulation d'un contrat. Vous prétendez le mettre en accusation ; vous vous contentez même, si l'on veut, de l'interpeller à la tribune, pour lui en demander compte. « J'ai ainsi prononcé, répondra-t-il, en qualité de juge, en vertu du pouvoir que vous m'avez donné. Si vous m'imputez une prévarication, punissez-moi comme on punit le juge lui-même qui a prévariqué. Si vous me reprochez une erreur, je maintiens mon opinion contre la vôtre. Qui videra ce dissentiment? Me fussé-je trompé d'ailleurs, c'est la triste condition du juge, qui est homme, et ne devient jamais responsable d'une erreur commise de bonne foi. » On sentait si bien que le ministre serait autorisé à tenir ce langage que, dans tous les projets de loi rédigés pour régler la responsabilité des ministres, les décisions en matière contentieuse étaient déclarées non susceptibles de jamais y donner lieu.

Les objections se pressaient en foule pour condamner ce système. Si le ministre était responsable, il fallait qu'il pût au moins exposer les raisons qui l'avaient dirigé. Mais quelle monstrueuse confusion de pouvoirs! Les Chambres, appelées à connaître de questions d'intérêt privé, de procès particuliers, devenaient de véritables tribunaux, sans débat contradictoire, sans examen de pièces, sans aucune des garanties d'une justice réglée; elles descendaient de leur haute sphère, pour prononcer sur des clauses de marché, sur des réglements de prix, sur des interprétations de textes; enfin, il pouvait arriver qu'elles ne fussent pas d'accord, et que l'une approuvât, quand l'autre blâmerait.

Ce n'est pas tout encore. En admettant leur intervention, quel pouvait être l'effet de leur décision? Le jugement porté par le gouvernement devait subsister: c'est un principe en matière contentieuse; si, par exemple, le trésor avait été déclaré libéré d'une créance réclamée contre lui, cette déclaration formait un droit acquis à l'Etat. Que le ministre fût blâmé, renversé si l'on veut, le citoyen n'en était pas moins ruiné peut-être. Il fallait, pour ne pas blesser les règles les plus élémentaires de l'équité, admettre que l'arrêt rendu au contentieux serait rapporté : principe très-dangereux à introduire dans notre droit administratif. Mais si c'était la partie privée qui avait gagné son procès, comment la condamner à payer les sommes dont elle avait obtenu la décharge ?

Ce système n'était donc pas moins impraticable que contraire aux principes. Cependant il ne manquait pas tout-à-fait d'efficacité. Comme on appelait le Conseil d'Etat à donner d'abord son avis, les ministres en y adhérant mettaient leur responsabilité à couvert, et par conséquent il fallait de grandes et puissantes considérations pour les engager à s'en écarter; en fait, le Conseil d'Etat restait le vrai juge; et, dans le droit réservé au gouvernement, on pouvait ne voir qu'une satisfaction donnée à des théories qui, pour être fausses, ne s'en montraient pas moins exigeantes.

Mais ce qu'il y avait de spécieux dans le principe de la responsabilité politique des ministres, appliqué au jugement des affaires contentieuses, a cessé d'exister en même temps que cette responsabilité. Celle qui pèse aujourd'hui sur le seul Président de la République et dont nous avons eu déjà plusieurs fois occasion d'indiquer la nature et la portée, ne peut pas évidemment s'appliquer à l'objet qui nous occupe. Le Président une fois constitué juge du contentieux, ses décisions ne pourraient être rapportées même par lui, et les parties qui auraient à s'en plaindre seraient privées de toutes voies de recours, même politique. Elles n'auraient pas même le moyen de réclamer auprès du sénat, autorisé seulement, par l'art. 29 de la Constitution, à annuler les actes inconstitutionnels, car le jugement le plus inique pourra ne pas offrir et n'offrira pas ce caractère, dans la plupart des cas.

On prétend que les lois n'ont jamais admis le principe de la juridiction en matière administrative. C'est une erreur. Sans parler de toutes les branches du contentieux administratif qui sont déférées aux tribunaux, on peut affirmer que la législation nouvelle, dès son origine, s'est proposée de soumettre toute l'administration à ce principe.

En 1790, dans le sein de l'Assemblée constituante qui, ayant proclamé le principe de la séparation des pouvoirs, ne pouvait concevoir l'idée d'y porter atteinte, le comité chargé de préparer la loi sur l'organisation judiciaire, demandait qu'on établît dans chaque département un tribunal d'administration « qui jugerait, d'après des lois précises et des formes déterminées, les affaires contentieuses qui peuvent s'élever à l'occasion de l'impôt ou relativement à l'administration. » Cette proposition fut rejetée, mais par des vues d'économie et par la crainte de couvrir la France de juges, d'accabler le peuple de frais et de soulever encore d'obscures questions de compétence; les réclamations des particuliers en matière de contributions directes, de travaux publics, d'indemnités pour terrains pris et fouillés et autres, furent renvoyées aux administrations départementales, jugeant en dernier ressort. Ces administrations différaient, à beaucoup d'égards, des préfets qui les ont remplacées ; elles étaient collectives et sortaient de l'élection. Elles se trouvaient ainsi constituées en juridiction, sans aucun mélange de la responsabilité ministérielle.

Lorsqu'en l'an VIII, le gouvernement réorganisa l'administration, les conseils de préfecture furent créés pour statuer sur la plus grande partie du contentieux administratif et notamment sur les réclamations que la loi du 4 septembre 1790 avait renvoyées aux administrations départementales. C'était reprendre le projet soumis à l'Assemblée Constituante en 1790. L'orateur du gouvernement expliquait alors que le projet de loi proposait d'introduire l'unité dans l'administration et la pluralité dans les conseils de préfecture, parce que « administrer est le fait d'un seul et *juger* le fait de plusieurs. » La loi créait donc une véritable juridiction qui, si elle ne comprenait pas tout le contentieux administratif, devait au moins statuer sur un grand nombre des affaires dont il se compose, sur des affaires qu'on a prétendu, en cas de recours, priver de juges véritables et déférer au chef de l'État lui-même, sous la garantie ministérielle.

A la même époque, était établi le Conseil d'État. La Constitution de l'an VIII l'avait appelé à « *résoudre* les difficultés qui s'élèvent en matière administrative. » L'arrêté des consuls du 5 nivôse an VIII décida qu'il *prononcerait* « sur les affaires contentieuses dont la décision était précédemment remise aux ministres. »

Ces textes sont formels ; les conseils de préfecture n'ont pas cessé de statuer directement, comme les autres tribunaux ; et quand on a imaginé de ne plus considérer le Conseil d'Etat, jugeant les affaires contentieuses, que comme un corps consultatif, il en est résulté, par une singulière bizarrerie, que les garanties juridictionnelles, accordées pleinement en premier ressort, ont été refusées à ceux qui exerçaient un recours devant le corps institué pour en connaître.

On n'avait pas même le triste prétexte d'invoquer l'intérêt de l'Etat, argument toujours dangereux et trop souvent employé pour pallier l'injustice. En effet, il n'y a pas plus de profit pour l'Etat que pour les citoyens, à ce que le contentieux administratif soit enlevé à une juridiction, pour passer dans la sphère du pouvoir discrétionnaire.

Quant à l'État, on se tromperait singulièrement si l'on s'imaginait qu'il trouve un grand profit dans l'arbitraire qu'on prétend lui réserver. En ce qui concerne les marchés qu'il passe, plus il se donne libre carrière, plus il subit des conditions onéreuses pour le trésor : il achète à beaux deniers comptants la faculté de faire la loi à ceux qui traitent avec lui; après l'avoir payée fort cher, il peut rarement en user : la voix impérieuse de la justice, des obstacles de tous genres lui lient les mains et l'empêchent d'exercer tout son droit; il a supporté les charges et ne recueille point les bénéfices. Pour ce qui est de l'application des lois administratives, que gagne-t-il à s'en attribuer le réglement suprême et quels dangers lui fait courir une juridiction instituée pour en connaître ? On dirait que les juridictions abusent toujours et que les ministres ont le privilége exclusif de faire bien. La proposition contraire serait plus voisine de la vérité. Si l'on comparait l'ensemble des décisions rendues par les ministres avec celles du Conseil d'Etat, par exemple, on trouverait certainement les bonnes maximes de gouvernement, les règles de l'administration, les intérêts financiers de l'Etat plus constamment, plus fidèlement défendus par les dernières, et il ne serait pas difficile d'en dire les raisons. Le gouvernement est souvent entraîné à faire de larges concessions aux intérêts privés, et dans l'état de nos mœurs et de nos habitudes politiques, avec le besoin qu'éprouvent certains hommes d'Etat de se créer des appuis à tout prix, les intérêts publics sont mieux gardés par une juridiction qui a ses précédents, qui agit au grand jour, qui est tenue de s'astreindre à des principes fixes, que par des ministres trop souvent exposés aux intraitables prétentions des cupidités privées et des vanités personnelles.

Si l'Etat est mal défendu par ce système, il est bien clair que les citoyens n'y trouvent aucun avantage. Leur premier besoin dans leurs relations d'intérêt, dans leurs affaires, c'est l'absence d'arbitraire, la sécurité, la justice en un mot. N'eussent-ils à redouter qu'une décision inique sur cent, l'inquiétude s'empare de tous, et un régime qui ne garantit pas tous les droits porte le cachet du despotisme.

Mais le système de la juridiction soulève à son tour de graves objections. On témoigne des craintes sur les abus que peut commettre une juridiction indépendante. On la voit à l'avance se mettant au-dessus de tous les pouvoirs publics, envahissant les droits du gouvernement, ceux mêmes du Corps Législatif, constituant un nouveau pouvoir dans l'Etat, compromettant à la fois l'intérêt social, la fortune publique et la liberté des citoyens ; on la compare aux éphores de Sparte.

C'est supposer à plaisir des dangers imaginaires. On a vu que le contentieux administratif ne peut affecter ni les négociations diplomatiques, ni les mesures de sûreté publique, ni l'action législative. Il ne peut jamais donner lieu à des arrêts de réglement. De bonne foi, pour citer les juridictions dont l'autorité sur certaines matières administratives n'a jamais été contestée, la Cour des comptes jugeant souverainement tous les comptables de deniers publics, les tribunaux civils statuant sur le domaine de l'Etat et sur l'enregistrement, les tribunaux correctionnels tenant entre leurs mains l'exécution des lois sur les douanes et sur les contributions indirectes, les cours criminelles statuant sur la définition et la compétence dans des matières où l'ordre public tout entier est engagé, n'offriraient-ils pas de bien autres dangers, s'il fallait céder à cet esprit de suspicion qui suppose toute juridiction prête à violer les lois, à méconnaître l'intérêt général et à troubler l'ordre social ? Ces dangers, d'ailleurs, ce n'est pas en supprimant la juridiction, mais en se mettant en garde contre ses envahissements, qu'on doit les prévenir, et ce qui a été fait avec succès pour les juridictions civiles peut l'être également pour les juridictions administratives.

Nous n'acceptons donc aucune des raisons qui ont été invoquées contre le principe de la juridiction administrative, mais, ce principe admis, à qui la juridiction sera-t-elle conférée ?

Quelques logiciens absolus ont proposé de renvoyer

aux tribunaux ordinaires le contentieux administratif. C'était l'opinion de l'homme d'État illustre auquel on attribue l'article de la *Revue française* de 1828, et elle se présente naturellement à l'esprit, quand une fois la juridiction est admise ; mais elle ne résiste pas à l'examen. Rien n'est plus simple, en effet, que le raisonnement en vertu duquel on soutient que, si un jugement doit être rendu, il est du ressort de l'autorité instituée par les lois pour rendre des jugements, mais aussi rien n'est plus contraire aux données de l'expérience.

Les affaires administratives comportent une justice réglée comme les affaires judiciaires, mais elles sont placées dans des conditions qui ne permettent pas de les déférer aux mêmes juges.

Dans les affaires de droit civil ordinaire, les parties en présence, procédant au même titre, ont droit aux mêmes avantages, et la balance ne peut jamais pencher pour l'une aux dépens de l'autre. Dans les affaires administratives, l'intérêt public réclame certaines facilités, certains tempéraments qui, sans altérer le droit, sont de nature à en modifier l'application. Un jour, le premier président d'une cour royale refusait d'accorder un tour de faveur à une cause de l'État ; il s'agissait de l'expropriation d'une maison faisant saillie sur la voie publique. « Cette maison, laissée debout, dit-il solennellement, attestera qu'en France la justice est égale pour tous. » Voilà l'esprit de l'autorité judiciaire. Devant un tribunal administratif, la gêne éprouvée par la circulation publique eût déterminé l'examen de la contestation avant toute autre. Voilà l'esprit de la juridiction administrative. Un particulier qui n'exécute pas un marché doit à l'entrepreneur une indemnité proportionnée au gain dont il le prive; le Code civil l'établit ainsi. L'administration qui rompt un tel marché ne doit d'indemnité qu'en raison de la perte éprouvée. C'est la règle de la jurisprudence administrative. A moins que le droit ne s'y oppose, elle tient que l'État, c'est-à-dire la collection de tous les citoyens, et le trésor public, c'est-à-dire l'ensemble de tous les contribuables, doivent passer avant le citoyen ou le contribuable isolés, défendant un intérêt individuel.

Les lois administratives sont entièrement distinctes des lois civiles; elles exigent des études particulières et sont fondées sur des principes généraux d'un autre ordre. Pour les appliquer avec discernement et selon leur esprit, il ne suffit point d'avoir suivi le barreau, fréquenté les études d'avoué, suivi les audiences des tribunaux; il faut encore être initié aux nécessités des affaires publiques et y avoir mis la main.

Ces différences rendent les tribunaux judiciaires peu propres au jugement des affaires administratives. Ce qui est leur qualité dans les contestations privées est ici leur défaut. L'État n'est à leurs yeux qu'un être abstrait qui les touche moins que le citoyen contre lequel il plaide. Trop souvent le premier leur paraît un oppresseur et l'autre une victime. On l'a bien vu quand ils étaient chargés de régler les indemnités dues, en cas d'expropriation pour cause d'utilité publique. Pourtant il convient d'excepter le premier de tous, la Cour de cassation. Elle est l'énergique et intelligent soutien des intérêts de l'État, mais elle doit cette vertu au grand nombre de ses membres qui ont passé par les affaires publiques, et à l'élévation d'une position qui ouvre à l'esprit un plus vaste horizon. Du reste, elle n'a pas trop de son autorité, de sa constance et de son courage, pour réprimer les tendances contraires des juridictions qu'elle domine.

Des raisons d'un autre ordre s'opposent à ce que la justice civile connaisse du contentieux administratif.

Les procédures judiciaires entraînent des frais et des lenteurs que supporteraient difficilement les litiges administratifs; ceux-ci exigent généralement une solution prompte et l'on ne pourrait les soumettre à des instructions coûteuses sans nuire à la fois au trésor et aux particuliers.

Les tribunaux civils sont nombreux, et par suite ils occupent un territoire restreint; chaque arrondissement possède un tribunal, plusieurs Cours d'appel se partagent la juridiction souveraine. Les affaires administratives, celles, par exemple, qui concernent les fournitures aux armées, les grands travaux publics, les desséchements, etc., embrassent souvent de vastes circonscriptions qui ne concordent point avec les ressorts judiciaires. Le contentieux de l'administration a besoin d'être centralisé comme le gouvernement lui-même, et déféré, au moins sur l'appel, à un tribunal unique.

Enfin, et cette considération est une des plus graves, si le contentieux administratif était déféré à l'autorité judiciaire, les limites qui le séparent de l'administration pure seraient exposées à de fréquentes violations. Le respect n'en pourrait être assuré qu'au moyen de conflits sans cesse répétés, dont la fréquence établirait des luttes fâcheuses entre l'administration et l'autorité judiciaire, et provoquerait des plaintes nombreuses:

Les tribunaux civils ne doivent donc pas être chargés du jugement du contentieux administratif.

De ces observations, dont l'étendue s'explique par la gravité du sujet, résulte la nécessité de créer, pour le jugement du contentieux administratif, à tous les degrés, des juridictions spéciales, organisées de manière à protéger les citoyens contre l'arbitraire, et l'État contre des entreprises qui seraient de nature à entraver son action.

Ces principes posés, parcourons, en commencant par les moins élevées, la série des juridictions administratives établies par les lois; on verra, par cet exposé, jusqu'à quel point elles répondent aux conditions du problème.

§ 2. — *Juridictions administratives inférieures.*

Ces juridictions peuvent être divisées en deux catégories : celles qui statuent en dernier ressort et celles qui ne prononcent qu'à charge d'appel; nous parlerons d'abord des premières.

1° *Juridictions qui prononcent en dernier ressort.*

Nous nous bornerons ici à en faire la nomenclature; quand nous présenterons le tableau des branches de service auxquelles elles sont attachées, nous serons naturellement amenés à exposer leur composition, leurs formes de procéder et leurs attributions propres, et l'on comprendra mieux alors leur objet et leur mécanisme.

Ces juridictions sont : 1° la Cour des comptes; 2° le conseil supérieur de l'instruction publique; 3° les jurys de révision de la garde nationale; 4° les conseils de révision institués par la loi du recrutement.

Des commissions formées par le gouvernement pour procéder à certaines liquidations, ont aussi reçu le pouvoir de prononcer en dernier ressort. Celle à qui était remise la liquidation de l'indemnité de Saint-Domingue se trouvait dans ce cas. Leur existence était temporaire, et toutes, si nous ne nous trompons, ont aujourd'hui accompli leur tâche.

2° Juridictions qui prononcent à charge d'appel.

La principale de ces juridictions, par son organisation régulière et le nombre des affaires dont elle connaît, est celle des conseils de préfecture.

Ces conseils ont été institués en l'an VIII, par cette loi, dont nous avons déjà parlé, qui créa les préfets, et se servant avec une admirable habileté des institutions même que l'Assemblée Constituante avait fondées, y fit entrer l'ordre, le mouvement et une sage division des pouvoirs.

Dès l'origine, l'Assemblée Constituante avait compris et adopté les deux principes que nous nous sommes attaché à établir, à savoir la nécessité de donner des juges au contentieux administratif et l'impossibilité d'en attribuer la connaissance aux tribunaux ordinaires. On vient de voir dans quelles circonstances le jugement d'une partie du contentieux avait été remis aux directoires de département et de district. Comme ces directoires étaient en même temps chargés de l'administration, il en résultait, entre celle-ci et le contentieux, une confusion contraire aux règles d'une bonne justice ; la substitution des administrations centrales aux directoires, en l'an III, laissa subsister cette confusion, mais la création des conseils de préfecture eut pour effet d'y mettre un terme.

Les attributions des conseils de préfecture sont très-nombreuses. D'après la loi de l'an VIII, ils avaient été chargés de statuer sur toutes les contestations en matière de contributions directes, de travaux publics et de grande voirie. Depuis, les lois ont successivement augmenté leurs pouvoirs.

Pour mieux déterminer encore la nature du contentieux administratif, et comme une sorte de démonstration de ce qui en a été dit plus haut, donnons la nomenclature des affaires qui ressortissent aux conseils de préfecture. L'utilité de cette énumération en fera pardonner l'aridité.

Par assimilation aux contributions directes, les conseils de préfecture prononcent sur les réclamations contentieuses qui se rapportent : aux taxes pour travaux de curage des canaux et rivières non navigables et pour l'entretien des digues et ouvrages d'art qui y correspondent ; aux taxes pour travaux de salubrité et de desséchement, et pour l'assèchement des mines ; au droit des pauvres sur les billets d'entrée dans les spectacles et dans les lieux de réunion et de fêtes où l'on est admis en payant ; aux redevances sur les mines ; aux prestations et subventions spéciales pour l'entretien des chemins vicinaux ; aux taxes pour le pavage des rues, pour la vérification des poids et mesures, pour les dépenses des bourses et chambres de commerce, pour la rétribution des médecins inspecteurs, soit des établissements d'eaux minérales naturelles, soit des bains, fabriques et dépôts d'eaux minérales ; aux droits établis pour frais de visites chez les pharmaciens, droguistes et épiciers ; aux taxes d'arrosage et à la rétribution des instituteurs primaires.

En matière de travaux publics et de marchés de fournitures, ils connaissent : des contestations, entre les administrations et les entrepreneurs, sur le sens et l'exécution des clauses de leurs marchés ; des contestations, entre les particuliers et l'administration ou les entrepreneurs qui la représentent, pour tous les torts et dommages résultant de l'exécution des travaux (autres toutefois que ceux qui entraînent la dépossession des immeubles) et notamment pour les dommages résultant des occupations temporaires de terrains, des fouilles et des extractions de matériaux ; des contestations relatives à la confection des travaux pour le curage des canaux et rivières non navigables et pour l'entretien des digues et ouvrages d'art qui y correspondent ; des contestations entre l'administration et les riverains des fleuves et rivières, concernant l'indemnité due pour l'établissement du chemin de halage ; des contestations relatives à l'exécution des travaux d'assèchement des mines ; des demandes d'indemnités à payer par les propriétaires ou extracteurs de mines, à raison des recherches ou travaux antérieurs à l'acte de concession ; des contestations sur les marchés concernant la grande voirie et sur les marchés de fournitures passés par les préfets.

En matière de domaines nationaux, on sait qu'ils avaient été chargés de statuer sur toutes les questions, même celles de propriété, qui pouvaient s'élever à l'occasion des ventes de biens nationaux. Cette attribution, purement politique et qui fut exercée par les conseils de préfecture et par le Conseil d'Etat avec autant d'impartialité que de prudence, s'est éteinte avec les contestations qui en étaient l'objet. Toutefois, dans l'état actuel de la législation et de la jurisprudence, les conseils de préfecture prononcent, à l'occasion et par interprétation des adjudications administratives : sur les difficultés relatives aux ventes provenant du domaine de l'Etat, sauf les questions de propriété et de droit commun; sur les contestations relatives à la validité et aux effets des remboursements de rentes appartenant à l'Etat. Ils connaissent en outre : des contestations qui s'élèvent entre l'Etat qui propose et les communautés d'habitants qui refusent le rachat du droit de pâturage dans les forêts nationales; des contestations entre l'administration des forêts et les usagers sur l'exercice du droit de ces derniers; des difficultes qui s'élèvent entre l'administration et les adjudicataires de coupes de bois appartenant à l'État, à l'occasion du réarpentage et du récolement; des difficultés qui s'élèvent entre l'État et les communes, quant à la propriété des sources d'eaux minérales; des difficultés, entre l'État et les fermiers des sources d'eaux minérales qui lui appartiennent, pour défaut de paiement des fermages ou inexécution des clauses du bail; des difficultés enfin relatives à la domanialité des bacs et passages d'eau, et des contestations entre l'administration et les fermiers de ces bacs et bateaux.

En ce qui touche les communes et les établissements publics, les conseils de préfecture connaissent : des anticipations commises sur les chemins vicinaux ; des difficultés, entre les communes et les propriétaires d'anciennes halles, quant au droit de location et d'acquisition des bâtiments ; des contestations relatives au partage des biens communaux et de leurs fruits, aux usurpations de ces biens, à l'exception du cas où le particulier qu'on prétend usurpateur soutient être propriétaire ; des difficultés relatives aux ventes de biens communaux faites en vertu de la loi du 20 mars 1813 ; des contestations entre l'administration forestière et les communes ou établissements publics, lorsqu'il s'agit de convertir en bois et d'aménager des terrains en pâturage ; des contestations entre les fabriques et soit le nouveau titulaire, soit l'ancien, ou les héritiers de l'ancien titulaire d'une cure, relativement au compte ou à la répartition des revenus de la cure ; des contestations entre les départements et les hospices, au sujet des indemnités qui peuvent être réclamées de ces établissements pour l'entretien des asiles d'aliénés ; des contestations auxquelles donne lieu l'administration des monts-de-piété.

Enfin, la loi charge les conseils de préfecture de la répression de certaines contraventions qui peuvent compromettre le domaine public ou la sûreté des citoyens ; à ce titre, ils connaissent des contraventions aux lois et réglements concernant : la police de la grande voirie relativement aux routes, fleuves, canaux et ports maritimes de commerce; la police du roulage, la police de la grande voirie dans la capitale; la conservation des travaux de dessèchement, des digues contre les torrents, rivières et fleuves, et des ouvrages à la mer; la police des carrières et tourbières; les servitudes imposées à la propriété, autour des places de guerre et des postes militaires, pour la défense de l'État; la police des chemins de fer.

Comme on le voit par cette longue énumération, les conseils de préfecture sont appelés à juger, pour reproduire l'expression de l'orateur du gouvernement qui présentait la loi de l'an VIII, un nombre considérable de véritables procès; des questions de propriété leur sont déférées; ils ont même le droit, en certains cas, de prononcer des peines pécuniaires. Cependant ils n'exercent point une juridiction universelle et ne peuvent connaître que des affaires qui leur sont spécialement attribuées. Ils ne tiennent point dans l'ordre administratif la place qu'occupent, par exemple, les tribunaux de première instance dans l'ordre civil. La loi a toujours été ainsi interprétée, et ses termes sont d'accord avec cette doctrine. On peut douter toutefois que les législateurs de l'an VIII l'entendissent ainsi, et si tout le contentieux administratif, sans exception, n'est point de nature à leur être attribué, il y aurait lieu, en réservant ce qui, par des considérations particulières, doit ressortir à une autre juridiction, de les appeler à connaître de toutes les affaires qui n'auraient pas été comprises dans cette réserve. Il en résulterait une grande simplification dans les règles de compétence et plus d'harmonie dans le système général. Comme nous l'avons expliqué, le contentieux administratif comprend toutes les contestations que soulèvent les lois administratives, et ces lois qui n'ont pas même toujours prévu les litiges qu'elles feraient naître, n'ont désigné aucun juge pour en connaître. De là de nombreuses complications qui parfois n'embarrassent pas moins le juge que le justiciable. On les ferait disparaître par cette attribution d'une juridiction générale.

Le conseil de préfecture est présidé par le préfet qui même a voix prépondérante en cas de partage. Dans le projet de loi adopté par le Conseil d'État en 1850, et dont l'Assemblée Législative avait été saisie, se trouvait un article qui retirait au préfet cette prérogative, dont l'usage l'appelle souvent à statuer comme juge sur des actes qu'il a faits comme administrateur. Pour le jugement des affaires contentieuses, les conseils de préfecture auraient été présidés par un de leurs membres auquel le Président de la République aurait conféré le titre de président, et la prépondérance de sa voix en cas de partage n'etait pas maintenue. Cette réforme effaçait, dans les conseils de préfecture, le dernier vestige de la confusion longtemps maintenue entre l'administration active et le contentieux.

Jusqu'ici la loi n'a point rendu publiques les séances des conseils de préfecture. Cependant, plusieurs de ces conseils ont admis la publicité. En 1830, elle a été introduite, dans celui de l'Isère, par M. de Gasparin qui en était préfet. Ailleurs, on permet aux parties de se présenter et de se faire assister d'un conseil. Depuis que les séances du Conseil d'État, juridiction supérieure, sont publiques, il est difficile que celles des conseils de préfecture ne le deviennent point à leur tour, sauf pour le jugement des affaires qui, par leur nature et le peu d'importance des intérêts qu'elles embrassent, ne rendent point cette garantie nécessaire et seraient exposées, si on l'admettait indistinctement, à des lenteurs préjudiciables au service public.

On peut assimiler aux conseils de préfecture les commissions syndicales formées en vertu de la loi du 16 septembre 1807, pour le jugement des difficultés qui s'élèvent à l'occasion d'entreprises de desséchements et d'autres travaux publics. Ces commissions, composées de sept membres nommés par le chef de l'État, exercent en effet une juridiction entièrement semblable à celle des conseils de préfecture.

Dans les colonies, les fonctions de ces conseils sont remplies par une partie du conseil privé, avec adjonction de magistrats.

Les conseils de préfecture, les commissions syndicales, les conseils privés des colonies sont, comme on le voit, de véritables corps de justice administrative, organisés à l'image des corps judiciaires et possédant tous les attributs de la juridiction véritable. Leurs décisions sont exécutoires et emportent hypothèque. Mais ils n'exercent que des attributions définies et ce n'est point à eux qu'est confiée la plénitude de juridiction. Dans l'état actuel de la législation, cette juridiction pleine et universelle appartient aux agents mêmes de l'administration, pour les matières qui n'ont pas été déférées à des tribunaux administratifs proprement dits.

Dans quelques cas très-rares, les préfets ont le droit de rendre des décisions. Cependant, ils ne le possèdent aussi qu'en vertu d'un pouvoir spécial et pour des cas expressément déterminés. Ils étaient notamment appelés à prononcer sur certaines difficultés relatives à la formation des listes électorales, mais les nouvelles lois sur cette matière leur ont retiré cette attribution, et les circonstances où ils ont conservé une autorité juridictionnelle sont si peu nombreuses, les lois tendent si constamment d'ailleurs à leur refuser cette autorité, qu'il n'en est question ici, si l'on peut ainsi dire, que pour mémoire.

C'est aux ministres qu'appartient la juridiction administrative universelle de premier ressort; c'est à eux que ressortissent, quand elles ne sont pas expressément déférées à un autre juge, toutes les difficultés qui se rattachent à l'application des lois administratives; c'est à eux surtout qu'est attribuée la décision des litiges que soulèvent les affaires de leurs départements respectifs.

On peut s'étonner à bon droit que le principe de la séparation entre l'administration active et le jugement du contentieux, consacré par la législation générale et appliqué dans un grand nombre de cas, soit ainsi méconnu. Cependant, la juridiction laissée aux ministres s'explique par deux raisons, l'une historique, l'autre pratique.

L'Assemblée Constituante, désireuse d'assurer partout le droit commun et pleine de défiances contre les juridictions si nombreuses du régime qu'elle renversait, avait fait disparaître les Chambres des Comptes, les Cours des Aides et des Monnaies, les Bureaux des Finances, les Amirautés, les Siéges de la Table de Marbre et de la Connétablie qui connaissaient précédemment des diverses branches du contentieux administratif; mais, en supprimant les juges, elle n'avait pas supprimé les procès, et ces procès, elle ne pouvait les renvoyer devant les tribunaux ordinaires, sans violer le principe de la séparation des pouvoirs, sur lequel reposait la nouvelle organisation politique de la France. Elle les partagea entre les directoires de département et de district qu'elle érigeait, comme on l'a vu plus haut, en juges du contentieux, les ministres que la loi du 25 mai 1791 substituait à l'ancien Conseil d'Etat, et ses propres comités à qui elle renvoya toutes les questions relatives à la liquidation des dettes de l'Etat, à la trésorerie et à l'apurement des dettes des comptables, questions dont elle se réservait d'ailleurs la décision définitive.

Cette organisation, qui avait plutôt le caractère d'un expédient que d'une solution de principe, confondait ou l'action avec le jugement ou le pouvoir administratif avec le pouvoir législatif. Sous la Convention, la confusion de ces deux pouvoirs devint encore plus profonde. Les comités de la Convention se saisirent, en même temps que de l'administration presque entière, du jugement du contentieux.

La Constitution de l'an III, impatiente surtout de retirer aux assemblées politiques les pouvoirs qu'elles avaient usurpés, transféra le jugement du contentieux aux ministres, en les chargeant de prononcer sur les actes des administrations de département qu'elle instituait, et sur les réclamations que soulèveraient leurs propres actes.

Comme il arrive trop souvent, on n'évitait un excès qu'en tombant dans l'excès opposé L'administration échappait au joug des assemblées, mais elle acquérait une omnipotence abusive, et le gouvernement du Directoire en démontra bientôt les périls. Il était réservé à la Constitution de l'an VIII et aux lois ou arrêtés qui en firent l'application, de consacrer un régime plus régulier. En même temps que les conseils de préfecture étaient créés pour le jugement du contentieux en matière de contributions, de travaux publics, etc., le Conseil d'État était appelé à résoudre *les difficultés qui s'élèveraient en matière administrative* et *à prononcer sur les affaires contentieuses dont la décision était précédemment remise aux ministres.*

On pouvait inférer de la double création des conseils de préfecture et du Conseil d'État, que désormais le jugement du contentieux administratif était retiré soit aux préfets, soit aux ministres, et il est permis de croire que théoriquement c'était la pensée des législateurs de cette époque ; mais d'une part la juridiction des conseils de préfecture était circonscrite à certaines affaires nommément indiquées ; d'autre part, l'attribution conférée au Conseil d'État ne fut considérée que comme un droit de recours qui n'abolissait point le droit conféré au ministre de statuer en premier ressort.

Cette interprétation n'était peut-être pas tout-à-fait conforme au texte de l'arrêté qui définissait les pouvoirs du Conseil d'État, mais on ne peut contester qu'elle ne fût à la fois favorable à l'administration et aux citoyens engagés devant elle dans une contestation contentieuse. Si, prenant à la lettre les termes de l'arrêté, on avait déclaré qu'en aucun cas les ministres n'étaient plus investis du droit de juger, il en serait résulté que tout débat contentieux, pour obtenir une solution, devait être porté devant le Conseil d'État, et, dans ce système, ou les affaires seraient restées indéfiniment indécises, ou les parties auraient été condamnées dans tous les cas à procéder devant une juridiction qui pouvait être lente et coûteuse.

On a donc admis que le Conseil d'État n'est qu'un tribunal d'appel et les ministres sont demeurés juges en premier ressort. Les citoyens n'en éprouvent aucun dommage puisqu'ils peuvent toujours recourir au Conseil d'État, et ils y trouvent l'avantage d'un premier examen, simple, souvent rapide, exempt de frais, confié à un ministre qui, bien qu'il ait souvent à prononcer sur ses propres actes, n'apporte point à cette fonction la partialité qu'on est trop ordinairement disposé à soupçonner. L'administration de son côté peut ainsi, tant qu'elle n'a pas statué définitivement comme juge, se réformer elle-même, et toutes les fois que ses décisions sont acceptées, éviter l'appareil d'une procédure contentieuse.

Cependant, il ne nous paraît pas que les ministres doivent conserver le droit de juger toutes les affaires sur lesquelles ils ont aujourd'hui juridiction. Ces affaires sont de deux sortes. Les unes touchent à la branche même du service public dont le ministre est chargé, et à l'égard de laquelle il exerce un pouvoir propre et direct. Les autres se rapportent aux arrêtés pris par les préfets et qui sont déférés au ministre, interposé entre le préfet et le Conseil d'État.

A l'égard des premières, aucune raison ne s'oppose à ce que les ministres continuent d'en connaître ; mais on a demandé si les secondes, en cas de réclamation contre l'arrêté du préfet, ne devaient pas plutôt être déférées au conseil de préfecture qu'au ministre.

Pour conserver la compétence actuelle des ministres, on allègue qu'elle maintient mieux la subordination des préfets à leur égard et leur droit de surveillance sur tous les actes de ces fonctionnaires subordonnés, qu'elle s'exerce avec simplicité et économie, qu'elle entretient plus d'unité dans l'application des lois et des règles de l'administration, et qu'enfin soumettre d'une manière générale les arrêtés des préfets à la juridiction des conseils de préfecture, ce serait donner à ceux-ci un droit de contrôle et de réforme qui les placerait au-dessus du magistrat dont ils doivent être seulement les auxiliaires, si ce n'est les instruments.

On répond que donner compétence en ce cas aux conseils de préfecture, c'est revenir à la véritable pensée de la loi de l'an VIII ; que, quand le préfet a prononcé, si l'on oblige la partie à recourir au ministre, on la soumet à des lenteurs inutiles et à un déplacement quelquefois très-gênant ; que la première condition d'une bonne justice est dans le rapprochement du justiciable et du juge ; que la juridiction donnée au conseil de préfecture n'implique aucune supériorité à l'égard du préfet ; qu'il importe de diminuer le nombre des cas où les citoyens sont obligés de recourir directement au pouvoir central, et qu'enfin l'unité dans l'application des lois résultera de la jurisprudence du Conseil d'État qui, dans tous les systèmes, est le juge définitif.

Ces raisons nous paraissent décisives.

§ 3ᵉ. — *Juridiction administrative supérieure. — Conseil d'État.*

Au-dessus de ces juridictions diverses, il est nécessaire qu'il s'en trouve une entre les mains de qui repose la haute justice administrative.

Régler souverainement la compétence respective de l'autorité judiciaire et de l'autorité administrative; faire rentrer dans leur sphère les agents administratifs qui en seraient sortis; réformer les décisions de premier et de dernier ressort, qui contiendraient un excès de pouvoir, et celles mêmes, en certains cas, quand elles seraient rendues en dernier ressort, qui violent la loi; remplir ainsi, dans l'ordre administratif, l'office de la Cour de cassation ; à ce titre, maintenir l'observation de la loi ; renfermer toutes les autorités dans le cercle qui leur est tracé, et assurer l'unité de jurisprudence ;

D'autre part, remplir les fonctions de tribunal d'appel, à l'égard des juridictions qui ne prononcent qu'en premier ressort :

Tel est l'office réservé à la juridiction supérieure.

Quelle sera-t-elle? Nous avons déjà dit que le Conseil d'État avait été désigné à cet effet par la Constitution de l'an VIII, mais il a exercé ses fonctions sous des formes et avec une autorité qui ont plusieurs fois varié. Le contentieux fut d'abord porté directement devant le Conseil d'État qui en délibérait et dont les décisions, d'après un usage contraire au texte de la Constitution, étaient soumises à la sanction de l'Empereur. On ne cite aucun exemple du refus de cette sanction, et, en aucun cas, l'Empereur n'aurait songé, en se substituant au Conseil d'État, à changer sa décision. En 1806, un comité spécial fut établi pour instruire les affaires contentieuses, et préparer la décision qui devait être soumise au Conseil d'État. Dans la réalité, ce fut ce comité qui devint le vrai juge du contentieux, le Conseil d'Etat n'en connaissant en quelque sorte que pour la forme. L'ordonnance du 29 juin 1814 maintint ce comité et décida que ses avis, *rédigés en forme d'arrêt ou de jugement*, ne seraient définitivement arrêtés qu'après avoir été rapportés et délibérés dans le Conseil d'Etat ou après avoir reçu la sanction directe du roi. En même temps, par une réminiscence de l'ancien régime, familière à cette époque, il était admis que les affaires du contentieux administratif qui se lieraient à des vues d'intérêt général, pourraient être évoquées au conseil des ministres. Ce régime fut modifié, après les Cent-Jours, par l'ordonnance du 23 août 1815, d'après laquelle les avis du comité du contentieux, rédigés en forme d'ordonnance, devaient être délibérés et arrêtés en Conseil d'Etat. Tout en donnant à la décision du Conseil d'Etat la forme d'ordonnances, et en exigeant ainsi la signature royale et le contre-seing ministériel, sans doute parce qu'en certains cas, des ordonnances royales même étaient annulées, on n'indiquait aucunement ni que la sanction pût être refusée, ni que la décision pût être modifiée en tout ou en partie. Le fait fut conforme au droit. Aucune décision du Conseil d'Etat ne fut jamais altérée ; toutes reçurent la sanction. On prétend seulement qu'en une ou deux occasions, cette sanction ne fut donnée qu'après un long retard et avec hésitation.

Après la Révolution de juillet, de nouvelles garanties furent accordées aux justiciables. En 1831, les séances du Conseil d'Etat, jugeant le contentieux, devinrent publiques, les avocats des parties purent présenter des observations orales, on érigea pour y répondre un ministère public. Toutes les formes et toutes les garanties de la justice ordinaire étaient ainsi introduites devant la juridiction suprême.

Cependant, à l'occasion de la loi qui se préparait pour organiser le Conseil d'Etat, s'était engagée une longue et vive discussion sur le mode de jugement des affaires du contentieux administratif. C'est celle que nous avons essayé de retracer plus haut. Les uns voulaient une juridiction propre et entièrement conforme à celle des tribunaux ordinaires ; deux commissions de la Chambre des députés s'étaient prononcées dans ce sens. Les autres soutenaient que le contentieux administratif devait rentrer dans le domaine de la responsabilité ministérielle; ils admettaient toutes les garanties déjà établies devant le Conseil d'Etat : instruction contradictoire, plaidoiries, publicité, mais ils subordonnaient sa décision à l'approbation royale. C'était l'opinion de la majorité de la Chambre des pairs.

Un expédient, à titre de transaction, finit par prévaloir. La loi du 19 juillet 1845 autorisa le gouvernement à s'écarter de l'avis du Conseil d'Etat, mais, comme on l'a déjà vu, elle disposa que, dans ce cas, l'ordonnance ne pourrait être rendue que de l'avis du Conseil des ministres, et serait insérée au *Moniteur* et au *Bulletin des lois*. Quoique cette solution ne fût pas conforme aux principes, si nous les avons exposés sous leur véritable jour, les inconvénients en étaient en grande partie corrigés par les précautions prises. L'intervention obligée et l'avis conforme du Conseil des ministres, l'insertion au *Moniteur* et au *Bulletin des lois* qui avertissait l'opinion et les pouvoirs parlementaires, tout donnait à l'acte extraordinaire qui aurait modifié l'avis du Conseil d'Etat, le caractère d'une mesure de haute politique, autorisée seulement dans des cas assez extraordinaires pour justifier cette dérogation au droit commun, et il était probable, comme l'avaient déclaré les ministres, que le gouvernement ne recourrait jamais à ce remède extrême, réservé pour des circonstances qui ne se présenteraient point.

La Constitution de 1848 et la loi du 3 mars 1849 ne s'arrêtèrent pas à cet expédient, et consacrèrent le principe de la juridiction propre et directe à l'égard du contentieux administratif.

Pour régler les attributions respectives des deux autorités judiciaire et administrative, le Tribunal des Conflits fut fondé; d'un autre côté, une section du Conseil d'État fut investie du droit de juger le contentieux. Ses décisions eurent la même force et la même autorité que celles des cours et tribunaux ordinaires.

On prit en même temps les garanties nécessaires pour prévenir ses entreprises.

Le choix de ces garanties était une des difficultés les plus ardues du système de la juridiction directe. Un tribunal administratif, autorisé à rendre des décisions souveraines, aura, disait-on, le pouvoir d'envahir ou l'autorité judiciaire ou l'administration elle-même, et l'on ne doit l'établir qu'en le soumettant à des recours qui préviennent ce danger. Pour répondre à ces craintes, on avait proposé de donner au gouvernement, sous sa responsabilité, le droit de revendiquer les affaires qui ne lui paraîtraient point de la compétence de la juridiction administrative, et de soumettre la question au Conseil d'État tout entier, qui, dans ce cas, n'émettrait qu'un simple avis. Mais alors la juridiction, que devenait-elle? Exposée à être incessamment dessaisie, ne perdait-elle pas son attribut essentiel, et n'y avait-il pas lieu de craindre que le gouvernement n'exerçât le droit de revendication dans les cas mêmes où, l'autre système admis, il aurait refusé sa sanction à la décision du Conseil d'État. En définitive, il n'y avait rien de changé, disait-on, si ce n'est la forme, rendue plus lente et plus compliquée.

L'établissement du Tribunal des Conflits avait fourni un moyen de résoudre cette difficulté. La loi décida que ce tribunal serait appelé à statuer, à la demande du ministre de la justice, sur les revendications auxquelles donneraient lieu les affaires qui, portées devant la section du contentieux, n'appartiendraient pas au contentieux administratif.

Ces revendications pouvaient avoir deux causes. Elles

pouvaient d'abord être fondées sur ce que l'affaire soumise à la section était du ressort de l'autorité judiciaire. Dans ce cas, le débat engageait un véritable conflit d'attributions entre l'autorité judiciaire et l'autorité administrative. Le Tribunal des Conflits ne sortait point de ses fonctions ordinaires, et c'était une heureuse innovation d'avoir étendu à l'autorité administrative le droit de revendication qui, jusqu'alors, ne pouvait s'exercer que contre l'autorité judiciaire.

La revendication pouvait en second lieu être fondée sur ce que la question déférée à la section du contentieux, appartenait à l'administration pure. Dans ce cas, il s'agissait particulièrement des prérogatives du Gouvernement, et si l'on pouvait dire que le Tribunal des Conflits, par sa composition, n'offrait pas tous les éléments désirables dans une appréciation souvent politique, il y avait lieu de remarquer qu'il renfermait dans son sein et des conseillers d'État, hommes d'administration, et des conseillers à la cour de cassation qui ne se préteraient pas aux envahissements du Conseil d'État sur les attributions du Gouvernement, et qu'enfin le ministre même, auteur de la revendication, présiderait le tribunal. On ne pouvait donc concevoir aucune inquiétude.

Il ne s'est pas présenté d'occasion d'apprécier sous ce rapport le Tribunal des Conflits, mais, quant à la section du contentieux, elle a pleinement répondu aux espérances du législateur. Les justiciables, en présence d'un tribunal véritable, se sentaient en possession de toutes les garanties auxquelles ils ont droit, et l'administration n'eut jamais lieu de regretter qu'on lui eût retiré un droit qui inquiétait les citoyens et dont elle n'usait point.

Dans le décret qui a organisé le nouveau Conseil d'État, on paraît avoir eu en vue de revenir au système de la loi du 3 juillet 1845 ; mais les vices de cette loi, loin d'être corrigés, ont été considérablement aggravés.

Les affaires contentieuses continuent d'être déférées au Conseil d'Etat qui les instruit et propose les décrets portant décision. D'après la loi de 1845, le Conseil d'Etat tout entier en délibérait. C'est avec raison, à notre avis, qu'elles ne sont plus portées devant l'assemblée générale ; elles y trouvaient des juges trop nombreux et pas toujours assez préparés ; mais comment se compose l'assemblée restreinte, qui doit donner son avis ? D'après la loi nouvelle, elle comprend d'abord les membres de la section du contentieux, puis deux membres de chacune des cinq autres sections, lesquels sont désignés, tous les deux ans, par le Président de la République. Il est à craindre que ce renouvellement n'introduise une grande mobilité dans la jurisprudence, et que les justiciables, si aisés à concevoir des soupçons, ne trouvent pas, dans des Conseillers d'Etat qui peuvent être ainsi écartés ou maintenus tous les deux ans, une suffisante indépendance de position. D'un autre côté, le président du Conseil d'Etat préside l'assemblée du contentieux, droit que la loi de 1845 n'avait pas accordé au ministre chargé de la présidence du Conseil d'Etat ; et en cas de partage sa voix est prépondérante, ce qui est contraire aux règles de tous les corps judiciaires, et ne se trouvait pas dans la loi de 1845 : ajoutons enfin que le nouveau Conseil d'Etat est un corps essentiellement politique, caractère qui, comme nous l'avons déjà fait remarquer (1), établit entre lui et le Conseil d'Etat organisé en 1845, une différence profonde, notamment à l'égard de sa participation au jugement des affaires contentieuses.

Quant au pouvoir dont il est investi à cet égard, il est bien inférieur à celui même qui appartenait à l'ancien Conseil d'Etat; celui-ci, il est vrai, pouvait voir ses décisions modifiées par le pouvoir exécutif, mais il devait intervenir, comme on l'a vu, un avis conforme du conseil des ministres. Cet avis n'est plus exigé; il serait d'ailleurs inconciliable avec le système de la Constitution de 1852. La solution définitive dépend donc du Président de la République tout seul. On a bien maintenu la formalité de l'insertion de la décision au *Moniteur* et au *Bulletin des lois*, mais est-il besoin de répéter que cette formalité, qui avait une grande portée sous un régime de publicité et de responsabilité, est aujourd'hui sans valeur? Il est donc exact d'affirmer qu'en réalité, sous l'empire de la Constitution et du décret organique, le contentieux administratif entier, les conflits, les réglements de compétence, le maintien ou l'annulation des décisions de toutes les autorités administratives, relèvent sans exception du Président de la République.

Pour apprécier les conséquences de ce système, il suffit, à l'appui de ce qui a été dit précédemment sur le contentieux administratif, de montrer, par la nature des juridictions contre les décisions desquelles des

(1) V. le chapitre du *Conseil d'Etat*, page 98 *et suivantes*.

pourvois sont dirigés, et par celle des affaires, quelles sont les contestations dont le Conseil d'Etat est saisi. Les documents suivants sont empruntés au compte statistique des travaux du Conseil d'Etat, comprenant la période quinquennale de 1840 à 1844, la dernière pour laquelle ce compte ait été rendu.

Pendant cette période, on a déféré au Conseil d'Etat 82 décrets impériaux ou ordonnances royales, 327 décisions ministérielles, 2,889 arrêtés de conseils de préfecture, 117 arrêtés de préfets, 4 décisions de conseils privés des colonies et 14 décisions de diverses juridictions.

Pour le détail de ces nombreuses affaires, il faut se reporter au compte statistique lui-même. Nous nous contenterons d'indiquer l'espèce de celles qui se sont présentées en plus grand nombre.

Sur les 82 pourvois dirigés contre des décrets ou des ordonnances, 30 étaient relatifs à des liquidations de pensions, 16 à des contestations sur des cours d'eau et 7 à des questions domaniales.

Sur les 327 pourvois dirigés contre des décisions ministérielles, 88 concernaient des pensions, 54 des marchés de fournitures, 27 la grande ou la petite voirie.

Sur les 2,889 pourvois dirigés contre des arrêtés de conseils de préfecture, 1,189 se portaient sur des difficultés en matière de contributions, 885 à la grande ou à la petite voirie, et 129 à des questions de travaux publics.

Sur les 117 pourvois dirigés contre des arrêtés de préfets, 51 avaient pour objet des difficultés relatives à l'inscription sur les listes électorales municipales, 20 à des ateliers insalubres.

Enfin sur les 4 décisions attaquées de conseils privés des colonies, 3 se rapportaient à des marchés de fournitures.

Les pourvois dont nous ne pouvons pas indiquer l'objet, ne sont pas d'une autre nature. Dans tous se trouvent engagés des intérêts précis, définis, purement matériels et étrangers à la politique et au gouvernement.

Telles sont les contestations que la loi actuelle charge le Conseil d'Etat d'instruire seulement, et dont en définitive elle remet le jugement au Président de la République.

Nous venons d'esquisser les traits généraux de notre organisation administrative ; résumons-en les principes en quelques mots :

Par la centralisation, l'administration possède la direction suprême de tous les services publics qui lui sont confiés ; c'est sa force et en même temps le péril qu'elle fait naître. Selon les principes qui la régissent, elle est despotique ou favorable à la liberté, tutélaire ou oppressive.

L'unité des agents d'exécution lui prête une force irrésistible, mais il faut que ces agents demeurent avant tout les serviteurs de la loi et ne puissent jamais être, non-seulement contraints, mais autorisés à la violer.

Des conseils l'éclairent, mais il faut que ces conseils jouissent d'indépendance, pas assez pour lui créer des obstacles, assez pour lui communiquer des lumières et la mettre en garde contre l'erreur et la passion.

La surveillance la contient dans le devoir, mais il faut qu'elle s'exerce à tous les degrés et qu'aucune partie du service n'y échappe.

Les juridictions réparent ses erreurs, mais il faut qu'elles soient investies du droit de juger et l'administration ne peut être son propre juge.

Dans ces termes, l'administration est simple et une, puissante et point tyrannique, indépendante mais hors d'état de s'abandonner à l'arbitraire, et les droits de la puissance publique s'exercent sans porter atteinte à ceux des citoyens.

Ce que nous avons exposé permet d'apprécier jusqu'à quel point l'administration française répond aujourd'hui à ces conditions.

Pour accomplir ses fonctions, l'administration a sous ses ordres une foule d'agents dont elle dispose; elle est même chargée de pourvoir à des emplois qui ne dépendent pas d'elle;

D'un autre côté, elle doit suivre, dans ses actes, des formes qui sont déterminées par les lois et réglements, ou qu'elle s'est elle-même imposées.

On ne la connaîtrait qu'imparfaitement, si l'on ne savait à quelles conditions et de quelle manière les dépositaires de la puissance publique, à ses divers degrés, entrent au service de l'État; quels sont leurs droits et leurs devoirs. Il n'est pas moins nécessaire de savoir suivant quels procédés l'administration remplit sa mission et à quelles règles ses actes sont soumis.

Les deux titres suivants ont pour objet de présenter ce double exposé.

TITRE TROISIÈME.

LES FONCTIONNAIRES PUBLICS.

Les fonctionnaires publics, en donnant à ce titre son acception la plus large, sont les dispensateurs ou les instruments de la force sociale. La loi trouve en eux des intelligences qui la fécondent, l'interprètent ou l'appliquent. Par leur entremise, la justice se rend, l'instruction se propage, la police est observée, l'impôt perçu, la fortune publique administrée, la richesse nationale accrue; la sûreté, la dignité, la grandeur du pays sont maintenues et garanties. Ils occupent tous les degrés de l'échelle sociale; ils résident sur toutes les parties du territoire et y représentent sous ses aspects multiples la puissance publique. Ils sont les rouages qui reçoivent le mouvement et le transmettent à la machine de l'État, les canaux par lesquels passent les bienfaits d'un gouvernement stable et régulier, les forces animées qui donnent la vie aux résolutions abstraites des grands pouvoirs. Ils tiennent une grande place dans toute organisation politique. Les plus chers intérêts du pays reposent entre leurs mains; leurs fautes peuvent tarir les sources de la prospérité publique, et leurs talents les vivifier.

Partout leur condition préoccupe vivement les hommes d'Etat et les gouvernements. Toutefois les autres pays nous offrent peu d'exemples applicables à la nature de nos institutions et conformes au génie de la France. La démocratie des États-Unis, si défiante envers l'autorité publique, si prompte, dans sa mobilité capricieuse, à sacrifier le petit nombre des agents non électifs aux exigences des majorités, ne peut offrir des modèles compatibles avec notre système de centralisation, avec notre respect délicat des situations privées. Le régime de la Russie, où l'administration est constituée à l'image de l'armée, où les agents civils sont assimilés aux officiers quant aux titres et aux grades, ne convient qu'à un gouvernement absolu dans lequel l'esprit militaire prédomine. En Angleterre, le défaut d'unité, la diversité des fonctions, n'ont rendu possibles que quelques règles fort rares, applicables à certains services seulement, et à peine en rapport avec le nombre fort restreint des fonctionnaires des trois royaumes. Les seuls gouvernements allemands, et en particulier la Prusse et le Wurtemberg, empressés d'opposer aux agitations de la liberté politique les bienfaits d'une administration vigilante et éclairée, ont placé les fonctionnaires publics sous un régime de garanties qui mérite d'etre étudié dans toutes ses parties et imité dans plusieurs.

En France, toutes les fois que des organes des besoins publics ont pu se faire entendre, leur sollicitude s'est portée sur les fonctionnaires. Les Ordonnances d'Orléans, de Moulins et de Blois, provoquées par les plaintes des Etats généraux, contiennent de nombreuses dispositions relatives aux emplois publics, et prescrivent des mesures, trop souvent éludées, contre de criants abus. L'Assemblée Constituante établit elle-même des règles d'ordre et de bonne administration que l'usage et les lois ont désormais consacrées ; chacun des gouvernements qui lui succèdent suit, à l'égard des fonctionnaires, son esprit et sa nature propres. L'Empire introduit dans quelques services les garanties que comporte une autorité non contestée, et s'abandonne dans les autres à l'arbitraire qui est l'âme du despotisme. La Restauration se livre à des mesures de réaction familières aux pouvoirs inquiets et en lutte avec l'opinion.

Le Gouvernement de Juillet respecte les personnes, relève les traitements les plus faibles, organise les services. La Constitution de 1848 proclame de nouveau l'admissibilité de tous les citoyens aux fonctions publiques, sans autre condition que celle du mérite et des services rendus. Une loi (5 juillet 1850), qui n'est pas encore exécutée, exige que des réglements d'administration publique déterminent dans les divers services de l'État, les conditions d'admission et d'avancement.

C'est ainsi que la condition des fonctionnaires se lie étroitement à la politique même des gouvernements ; elle n'a pas des relations moins intimes avec l'administration dont elle peut servir à faire connaître le caractère et les tendances. Les règles relatives aux fonctionnaires font donc nécessairement partie des études qui ont l'administration pour objet.

CHAPITRE PREMIER.

NOMENCLATURE GÉNÉRALE DES FONCTIONNAIRES PUBLICS.

Avant d'exposer les systèmes, recherchons les diverses branches dont se compose la grande famille des fonctionnaires. A défaut d'une nomenclature complète dont le gouvernement lui-même possède à peine les éléments, et qui se modifierait peut-être pendant que nous la dresserions, faisons au moins le dénombrement des services publics les plus importants. Les autres s'y rattacheront en quelque sorte d'eux-mêmes et par voie d'assimilation.

Trois branches du service de l'État se présentent les premières et appellent d'abord l'attention par une organisation régulière et une destination précise. Nous voulons parler du clergé, de la magistrature et de l'Université. La religion catholique a 40,800 ministres rétribués sur les fonds du trésor public. La communion protestante entend la parole de 755 pasteurs; le culte juif a 114 rabbins ou ministres officiants.— Notre système judiciaire, qui rapproche partout le juge du justiciable et place les garanties d'une bonne justice dans le nombre des juridictions et des membres qui y sont attachés, en proportion de l'importance de chacune, donne au personnel de la magistrature un développement qu'il n'a reçu dans aucun autre pays. La cour de cassation compte 56 membres, les cours d'appel 937, les tribunaux de première instance 2,498 titulaires et 1,178 suppléants. Les juges de paix sont au nombre de 2,847, assistés chacun de 2 suppléants.

220 tribunaux spéciaux non rétribués connaissent des affaires de commerce et renferment 1,002 juges titulaires et 660 suppléants. 4,238 greffiers et commis sont rétribués par l'État dans tous les siéges de judicature. Le nombre total des membres des cours et tribunaux est de 14,872, celui des citoyens contribuant à divers titres à l'administration de la justice de 19,110, dont 10,576 ayant part au budget. Cette nomenclature ne comprend pas encore un certain nombre de commis de greffes qui ne sont pas salariés par le trésor; elle ne comprend pas non plus les conseils de prud'hommes au nombre de plus de 60, les juridictions administratives et les tribunaux militaires et maritimes. — L'État dispense l'instruction dans les établissements qui lui appartiennent, et il la surveille dans les autres. L'Université, si l'on peut encore employer ce titre, préposée à cette double fonction, se compose du personnel administratif et, à ses divers degrés, de professeurs et d'instituteurs. Plus de 150 membres du conseil supérieur, recteurs et inspecteurs, exercent les attributions administratives. L'instruction supérieure dans les facultés est donnée par 360 professeurs; l'instruction secondaire dans les lycées occupe plus de 1,000 proviseurs, censeurs et professeurs. Les principaux et régents des colléges communaux étaient au nombre de près de 2,000 avant les changements que l'application de la loi du 15 mars 1850 a introduits dans ces colléges, dont un grand nombre a cessé d'exister. Des établissements scientifiques ou littéraires spéciaux, au premier rang desquels se trouvent le Collége de France et le Muséum d'histoire naturelle, emploient

en outre un personnel de 495 membres, et les Facultés, Académies et autres établissements universitaires possèdent, en dehors du professorat, plus de 800 employés ou agents. Enfin, l'instruction primaire est répandue par plus de 36,000 instituteurs communaux et surveillée par 200 inspecteurs ou sous-inspecteurs. Ainsi le personnel de l'instruction publique dépasse 40,000 fonctionnaires ou agents, non compris les écoles spéciales attachées à quelques départements ministériels pour préparer aux services publics, et des agents d'un ordre inférieur qui échappent à toute énumération.

Avec ces auxiliaires, l'Etat accomplit des devoirs du premier ordre, mais sa tâche est loin d'être remplie. Il lui faut pourvoir à ses intérêts directs, entretenir au dehors des relations permanentes avec les autres nations, assurer une protection à ceux de ses enfants qui se sont éloignés du sol de la patrie, favoriser le commerce extérieur, faire respecter sur tous les points du globe le nom et les couleurs de la France, préserver le territoire de toute agression et maintenir la paix intérieure contre les attentats des factions. Il s'appuie, pour répondre à ces nécessités, sur le corps diplomatique et consulaire, sur la flotte et sur l'armée. La France est représentée à l'étranger par 32 ambassadeurs, ou ministres plénipotentiaires, 50 secrétaires d'ambassade et de légation, 24 consuls généraux, 87 consuls, 14 chanceliers de missions diplomatiques, 39 drogmans et interprètes, et plus de 60 chanceliers de consulats. L'effectif de la flotte et de l'armée dépend chaque année de la loi des finances. D'après le budget de 1845, pour ne parler que des officiers, le cadre de la marine en comprenait 1,742, celui de l'armée de terre 18,035. La flotte et les arsenaux emploient en outre près de 6 000 agents militaires ou civils, et les services administratifs de l'armée de terre un nombre à peu près égal.

Les autres catégories de fonctionnaires appartiennent à l'administration proprement dite, qui se partage entre quatre services principaux et distincts : 1° l'administration communale et départementale, dont on a récemment détaché la police générale, bien qu'elle touche de si près au gouvernement des départements et des communes ; 2° la direction des intérêts de l'agriculture, des manufactures et du commerce, direction purement morale, principalement destinée à donner une impulsion scientifique ou intellectuelle, ou à répandre des encouragements pécuniaires, et qui, s'exerçant dans une sphère où doit règner l'indépendance, ne revêt les formes de l'autorité que quand l'intérêt général le commande; 3° les travaux publics; 4 enfin, les finances. — L'administration communale et départementale est entre les mains de 86 préfets, 7 secrétaires généraux, 278 sous-préfets, 328 conseillers de préfecture, et 37,000 maires environ, lesquels sont assistés chacun d'un adjoint au moins. Des commissaires de police, dont le nombre s'élevait, avant 1848, à environ 800 et a été considérablement étendu, sont placés sous la double autorité du maire et du préfet. Les agents attachés aux établissements agricoles ou industriels qui appartiennent à l'Etat sont au nombre de 700 environ. — Les travaux publics sont exécutés ou dirigés par les corps des ponts-et-chaussées et des mines. Aux ponts-et-chaussées appartiennent 679 ingénieurs de tous grades, depuis les inspecteurs généraux jusqu'aux élèves, 1,800 conducteurs embrigadés, et en outre un nombre de conducteurs non embrigadés qui se modifie d'après les besoins du service. Le corps des mines se compose de 112 ingénieurs et de 75 gardes-mines; 161 officiers et maîtres de port, et 17 inspecteurs de la navigation sont préposés à la surveillance des ports et des rivières.

Le service le plus nombreux, le plus complexe, le plus considérable est celui des finances. Les bureaux de l'administration centrale réunissent plusieurs centaines d'employés; dans chaque département, une longue série de délégués pourvoit au recouvrement du revenu de l'Etat. Chaque nature d'impôt est confiée à une administration spéciale. Plusieurs de ces administrations ont des milliers d'agents. Les contributions directes en occupent 1,030 pour l'assiette de l'impôt et 7,523 pour la perception, l'enregistrement et le timbre 3,608, les forêts 3,433, les douanes 2,956 pour le service administratif et 26,559 pour le service actif, les contributions indirectes 9,139, et enfin les postes 6,694. La Monnaie compte 143 employés. Si l'on ajoute 8,676 facteurs ruraux, 1,000 agents de bureaux de distribution des lettres, et 8,840 receveurs buralistes des contributions indirectes, le personnel des finances se compose de plus de 80,000 agents (1). Toutes les opérations financières sont ré-

(1) Ces nombres ont été relevés en 1845, mais ils n'ont pas dû être sensiblement modifiés depuis cette époque, et les derniers documents administratifs, le budget notamment, beaucoup moins

glées et apurées par la cour des comptes, composée de plus de 100 membres. Ce service entier est placé sous l'autorité suprême du ministre des finances. Véritable potentat, il a son sénat dans la réunion de chefs habiles et expérimentés, sa justice dans la cour des comptes, son armée dans les douanes et dans la foule de ses employés, et, dans les recettes et les dépenses qu'il dirige ou surveille, le plus riche trésor de l'Europe.

Les administrations centrales occupent un personnel très-nombreux : près de 3,000 employés de tous rangs y sont réunis, plus de 600 serviteurs et hommes à gages en dépendent. Le nombre des employés est environ de 100 à la justice, 130 à l'instruction publique, 60 aux cultes, 90 aux affaires étrangères, 230 à la marine, 460 à la guerre, 234 à l'intérieur, 138 à la division du commerce et de l'agriculture, 143 aux travaux publics et 1,600 aux finances. Les bureaux de la police et du ministère d'Etat ont également leur personnel central. Les administrations départementales et communales, les régies financières et d'autres services entretiennent aussi des bureaux qui exercent des fonctions analogues dans les départements ou dans des ressorts spéciaux.

Ainsi, plus de 250,000 ecclésiastiques, magistrats, lettrés ou savants, diplomates, ingénieurs, administrateurs, employés, agents de toute nature et de tous grades couvrent le territoire de la France et sont attachés

explicites que précédemment, ne nous fournissent point les nombres actuels.

au service public. Pour dresser une liste complète de tous ceux qui, en France, occupent des fonctions et touchent à ce titre un salaire, il faudrait ajouter beaucoup d'emplois de l'Etat qui ne figurent pas dans notre récapitulation, et ceux qui dépendent des départements et des communes. Les compter serait impossible et cette impossibilité a été constatée dans une circonstance qu'il est curieux de rappeler. L'article 22 de la loi de finances de 1849 exigeait du gouvernement la «publication d'un état détaillé de tous les emplois rétribués par l'Etat, les départements et les communes. » Cette prescription n'a pas reçu d'exécution. Le gouvernement a demandé à en être affranchi, par le motif que la publication ordonnée « n'exigerait pas moins de 50 volumes in-4°, de 600 pages, et entraînerait, en frais de personnel et de matériel, une dépense de plus de 500,000 fr., » et l'article de la loi de 1849 a été rapporté.

Au premier aperçu, on s'étonne, à bon droit, de ce nombre presque illimité de fonctionnaires publics. Il s'explique pourtant par l'extension du système de la centralisation, par l'entretien d'une armée nombreuse, d'une flotte imposante, par les necessités de la perception de l'impôt. Certainement, la réduction de la flotte et de l'armée aurait pour conséquence immédiate la suppression d'un grand nombre d'emplois, en supposant toutefois que l'organisation de la réserve n'exigeât point la conservation des cadres d'officiers. Il n'en serait pas de même des réformes administratives qui restreindraient la centralisation dans des bornes plus étroites; elles auraient à la vérité pour résultat d'effacer du budget les traitements des fonctionnaires qui cesseraient d'être rétribués par le trésor public, mais leurs fonctions ne seraient pas supprimées, en tant que correspondant à un service nécessaire. C'est ainsi que quand des chemins de fer, exploités un instant par l'Etat, ont été concédés à l'industrie privée, les dépenses de leur personnel, en cessant de figurer au budget, ont passé à la charge des compagnies. Seulement on peut penser que les compagnies, y regardant de plus près, et plus directement intéressées à l'économie, n'auront pas toléré des emplois inutiles ou des salaires excessifs. C'est ainsi encore qu'aux États-Unis, M. de Tocqueville a compté dans chaque commune au moins dix-neuf fonctionnaires publics. Sans doute plusieurs d'entre eux remplissent des fonctions confiées en France au gouvernement.

Quant à la perception des impôts, les produits dépendent notablement du nombre des agents préposés à la surveillance et à la recette. Il y a des économies ruineuses et des dépenses lucratives. On en a fait l'expérience en 1848, époque où des réductions peu réfléchies ont occasionné au trésor des pertes réelles. Une bonne administration s'attache à ne point augmenter les frais par la superfluité des emplois, à ne point compromettre la recette par leur trop petit nombre.

Cependant, s'il ne faut point partager les exagérations de ceux qui croient possible d'introduire dans le nombre des fonctionnaires des réductions très-considérables, il ne faut pas non plus méconnaître qu'il est des suppressions dont le service public ne souffrirait point et qui allégeraient sensiblement les charges du budget. Bon nombre d'emplois ne sont crées que pour développer l'influence du gouvernement, et pour donner à des protégés en crédit le moyen de vivre aux dépens de l'Etat. Bon nombre de familles ne songent à élever leurs enfants que pour les fonctions publiques. La manie des places est une lèpre qui dévore la société, appauvrit le budget et abâtardit les caractères, en éloignant les citoyens des carrières qui exigeraient des efforts et feraient courir des risques. Cette maladie n'est pourtant pas aussi nouvelle que quelques-uns l'imaginent. En parcourant les annales du passé, on la voit régner à toutes les époques. Elle n'est pas non plus exclusivement propre à la France, et l'aristocratie anglaise n'en est pas elle-même entièrement exempte. Si, dans la Grande-Bretagne, le défaut de centralisation a rendu très-rares les emplois publics sur le continent, le gouvernement de l'Inde et de riches colonies procure de larges débouchés à tous les cadets de noble origine, que la loi des substitutions prive d'une part dans l'héritage paternel.

Les administrations centrales sont celles où il paraîtrait le plus facile de réduire le nombre des emplois. Chaque ministre y introduit ses créatures, et il n'est pas une organisation destinée à prévenir cet abus qui, presque aussitôt qu'elle a paru, n'ait été altérée et modifiée par des nominations qu'elle devait empêcher (1).

(1) On en a vu récemment un exemple frappant. Un ministre de l'intérieur avait supprimé dans son département les fonctions de secrétaire général et, par suite de l'économie qui en résultait,

Des fonctions mal définies et qui peuvent difficilement l'être avec précision, des nominations dépendant entièrement du ministre, un travail commode et des devoirs légers, l'avantage si recherché de vivre à Paris, que de raisons pour expliquer combien ces abus ont été encouragés et se sont perpétués, en dépit de toutes les mesures prises pour y mettre un terme !

L'ordre judiciaire comporte aussi de notables réductions dans son personnel. Sans examiner ici le principe du juge unique, admis dans la plupart des juridictions anglaises, et tout en maintenant ces tribunaux multiples qui sont entrés dans nos mœurs et conviennent mieux à notre caractère et à de longues habitudes, on ne saurait contester qu'il serait possible de supprimer beaucoup de corps judiciaires que la facilité des communications, à l'aide des chemins de fer et des routes devenues si nombreuses et si perfectionnées, a rendus inutiles. Dans presque toutes les localités, on dépense aujourd'hui moins de temps et d'argent à franchir un espace de trente ou quarante lieues, qu'il n'en fallait pour le quart ou le tiers de cette distance, à l'époque de la première organisation judiciaire. La plupart des tribunaux sont fort peu occupés, et cette oisiveté affaiblit leur zèle au lieu de l'exciter, en le privant des occasions de s'exercer. Il y aurait, à la vérité, à lutter contre des résistances locales. Toute ville en possession d'un tribunal ou d'une cour d'appel, en obtient des avantages réels et met son

il avait élevé un certain nombre de traitements. Le premier act de son successeur a été de rétablir l'emploi supprimé.

honneur à n'en pas être privée. Mais un gouvernement qui serait assez fort pour vaincre ces résistances, servirait à la fois l'Etat par l'allégement du budget, et les justiciables, ainsi que les corps judiciaires eux-mêmes, par la plus grande facilité d'appeler des hommes éminents à des fonctions mieux rétribuées et plus considérables.

Enfin, dans les diverses branches du service, d'autres réductions pourraient se faire. C'est l'œuvre réservée à un corps législatif qui, outre le droit de pénétrer dans les profondeurs du budget et d'en scruter les détails, aurait celui d'en émonder les dépenses parasites.

CHAPITRE II.

CONDITIONS D'APTITUDE. — NOVICIAT. — RÈGLES D'ADMISSION.

L'État, par la nomination d'un fonctionnaire, contracte des engagements, délègue une portion de son pouvoir et accepte une solidarité au moins morale. Son choix peut être soumis à des conditions. Ces conditions sont diverses; elles se rapportent à l'âge, à l'état civil, au caractère moral, à la capacité. Il n'en est aucune qui concerne la naissance ou la condition sociale. Tous les Français sont également admissibles aux emplois civils et militaires, et ce principe est une des conquêtes les plus précieuses de notre révolution. A part un très-petit nombre de services, tels par exemple que l'inspection générale des finances, où ceux qui sollicitent leur admission doivent, en vertu de réglements probablement tombés en désuétude, justifier d'un certain revenu, on n'impose plus aux candidats aucune condition de fortune personnelle; mais cette règle, comme nous le verrons à l'occasion des salaires, ne peut pas être toujours rigoureusement appliquée. — Les emplois ne sont ni héréditaires, ni transmissibles à prix d'argent. Le même principe s'y oppose péremptoirement. Cependant, par une faveur naturelle, et sans déroger aux conditions spéciales d'aptitude, dans plusieurs administrations et notamment dans le service consulaire, les fils des fonctionnaires sont choisis de préférence. D'un autre côté, les greffiers des cours et tribunaux ont le droit de céder leur office, en vertu de la loi de 1816, qui les a confondus, par erreur, avec les titulaires de charges privées. A part cette exception, aucun emploi ne peut être vendu : un marché de ce genre devait être, pour qui l'aurait conclu, un titre d'exclusion.

La condition de l'âge se modifie selon la nature des emplois. Les surnuméraires et les candidats qui aspirent aux postes inférieurs pour gravir ensuite les degrés plus élevés, doivent être encore dans la période de la vie où l'instruction s'acquiert aisément, où l'esprit se façonne sans peine à une direction spéciale : ils ne sont admis en général que de dix-huit ou vingt à vingt-cinq ou trente ans. Les fonctions qui exigent la vigueur physique et qui comportent un service actif, ne doivent pas être conférées à l'âge où les forces sont exposées à décliner dans un temps assez rapproché. Celles où la maturité et l'expérience sont des titres nécessaires, ne s'ouvrent au contraire qu'aux hommes dont l'esprit est déjà formé par l'exercice de la pensée, l'habitude du monde et la pratique des affaires. En général, l'Etat doit refuser de s'associer ceux qui ne peuvent lui promettre de longs services : autrement, il se voit obligé de les congédier avant qu'une retraite soit acquise à leurs vieux jours, ou de conserver dans les emplois des agents qui ne lui apportent plus qu'une intelligence usée et un corps débile.

Dans la plupart des fonctions, la qualité de Français est impérieusement exigée. Il est juste que les émoluments payés par l'État reviennent à ceux qui participent à toutes les charges publiques; pour exercer l'influence et l'autorité que confèrent certains emplois, il faut être uni au pays par les liens de l'origine, de l'éducation, de la famille, et posséder tous les droits du citoyen. Seulement des étrangers pourraient être admis dans quelques emplois inférieurs, exception dont on a fait profiter des proscrits que les événements politiques avaient chassés de leur patrie et à qui la France accordait une généreuse hospitalité. Des savants étrangers ont aussi occupé des emplois de l'enseignement. Jamais la science et le génie n'ont eu besoin de lettres de naturalité dans un pays qui met sa gloire à les honorer. Outre la qualité de Français, les aspirants doivent posséder la complète jouissance de leurs droits civils. Ceux qui en auraient perdu, ne fût-ce qu'une partie, par suite de jugement, ne pourraient être admis. La même exclusion devrait atteindre un failli. Même dans les plus humbles postes, l'honneur de servir l'État ne peut être conféré à qui n'a pas le droit de marcher la tête levée.

Les femmes ne sont admises que dans l'administration des postes, et ne peuvent occuper que les directions dont le revenu est inférieur à 2,000 francs. Il en est aussi qu'on emploie dans les bureaux du timbre et de l'Imprimerie Royale, mais à titre d'ouvrières plutôt que de fonctionnaires.

La probité, les bonnes mœurs, la droiture du caractère, sont les plus vulgaires et les plus indispensables qualités du fonctionnaire. Quiconque aspire à ce titre, doit prouver qu'il en est digne. Plusieurs réglements expriment cette obligation, tous la supposent. Quant aux preuves à produire, elles ne peuvent être définies, sauf pour quelques postes subalternes, où elles consistent en certificats, témoins souvent trompeurs. Dans toutes les administrations, ceux qui font ou préparent les nominations doivent se livrer, à cet égard, aux investigations les plus scrupuleuses et les plus sévères. Jusqu'à quel point les opinions des candidats doivent-elles être interrogées et prises en considération? c'est une question qui, à d'autres époques, a beaucoup agité les esprits. Dans l'ancien régime, on recherchait le culte ou la croyance des candidats ; on ne pourrait aujourd'hui se livrer à une telle recherche, sans retourner en arrière, au-delà de 1789, sans violer les principes les plus élémentaires du droit public, fondé par la révolution, savoir : la liberté des cultes et l'égale admissibilité de tous les citoyens aux emplois. La recherche des opinions doit être aussi interdite dans les temps ordinaires et pour la plupart des emplois. La conscience du fonctionnaire n'est pas moins inviolable que celle du simple citoyen. Cependant il est des époques et des emplois qui ne permettent point cette indifférence absolue. Après des commotions politiques, il convient, comme le demandaient les états-généraux de 1483, de choisir des hommes « étrangers aux troubles qui ont agité l'État. » Quand le pouvoir n'est pas assis, quand les partis sont encore en armes, il serait imprudent de confier à des mains ennemies une part d'autorité. Il en est de même en tous temps de certains emplois essentiellement politiques et dont les titulaires doivent reproduire, fidèlement et sans altération, la pensée, les tendances et l'esprit du gouvernement.

Ces conditions générales d'âge, d'état civil, de moralité privée, ne constituent qu'une aptitude commune et ne peuvent conférer aucun titre, si elles ne trouvent un complément nécessaire dans des garanties plus spéciales et plus directes : c'est surtout à l'entrée de la carrière que ces garanties doivent se placer. Un fonctionnaire public, de quelque ordre qu'il soit, n'acquiert pas en un jour toutes les qualités requises : les plus habiles se forment de longue main, par l'étude qui donne les connaissances générales, par la pratique qui donne l'expérience relative. Au début de toutes les professions, se trouve l'apprentissage, et les hommes qui se vouent au service public en sont moins dispensés que d'autres. Il est du devoir de l'État d'imposer à tous ceux qui lui proposent leur concours, l'obligation de s'y préparer de bonne heure. Il est de son intérêt de les y préparer lui-même dans certaines branches de l'administration, qui exigent une capacité plus déterminée et mieux définie. Les diverses mesures prises dans ce double but constituent ce qu'on peut appeler, en termes généraux, le noviciat des services publics, noviciat dont les conditions et les formes sont aussi nombreuses que variées. Dans certains services, l'État adopte dès leur première jeunesse les sujets qui se montrent dignes de sa confiance; il leur donne, dans des *écoles* spéciales, l'instruction nécessaire, les initie à ses principes, à ses doctrines d'administration, et se les assimile, pour ainsi dire, par une éducation prolongée. Dans d'autres, il subordonne l'admission des jeunes aspirants, soit à un *concours* ou à un *examen*, soit à la production de *diplômes* universitaires ou scientifiques; ou bien il supplée à l'instruction antérieure par un *stage*. Il en est dans lesquels aucune règle ne limite les *choix*. Quelquefois plusieurs de ces modes sont combinés ensemble. Nous les examinerons successivement.

Les *écoles* spéciales sont les plus fertiles pépinières des services publics. Une loi du 13 juin 1850 accorde, dans celle de ces écoles où l'on payait pension, des bourses et des demi-bourses aux jeunes gens qui justifiaient de l'insuffisance de leurs ressources. Nulle institution n'est plus libérale et plus démocratique. Trois grands services se recrutent dans le sein des écoles spéciales : les armées de terre et de mer, les ponts-et-chaussées et les mines, et l'instruction publique. Au premier rang apparaît l'Ecole Polytechnique, dont la renommée est européenne, et qui, par de savantes études, prépare des officiers pour l'artillerie, pour le génie et pour une partie de l'état-major, et des ingénieurs pour les constructions navales, les ponts-et-chaussées et les mines. Des écoles d'application, destinées à compléter le service théorique et à commencer l'expérience pratique des élèves sortis des rangs de l'école polytechnique, sont ouvertes à Metz pour l'artillerie et le génie, à Lorient pour le génie maritime, à Paris pour l'état-major, pour les ponts-et-chaussées et les mines. A l'école de Saint-Cyr, exclusivement militaire, s'instruisent des officiers pour l'infanterie, la cavalerie et une partie de l'état-major. Les régiments de l'armée reçoivent à la or tie ceux qui entrent dans l'infanterie. Enfin l'école navale forme des officiers de mer : il en sort aussi de l'Ecole Polytechnique. Des règles communes régissent toutes ces écoles : on y est admis et l'on passe ensuite dans les emplois, par la voie du concours ; des examens répétés assignent à chaque élève son rang, et décident de sa carrière ultérieure. C'est la seule porte pour entrer dans ceux des emplois d'officiers que les lois sur l'avancement militaire n'ont point réservés aux sous-officiers, et dans tous les emplois des mines. Pendant longtemps le corps des Ponts-et-Chaussées s'est aussi recruté exclusivement parmi les élèves des écoles spéciales. Une loi du 30 novembre 1850 a appelé les conducteurs embrigadés ayant plus de dix années de service à y entrer, jusqu'à concurrence du sixième au plus des nouveaux sujets à admettre, et à la suite de concours et d'examens publics.

Les écoles procurent à l'Etat ses serviteurs les plus dignes. La carrière s'y ouvre sous la direction de maîtres éminents, sous l'impression durable d'une forte discipline, et les postes les moins élevés sont déjà le prix du travail et la récompense de longs efforts.

Les jeunes gens qui se destinent à l'art d'enseigner les lettres et les sciences sont initiés à cette noble fonction dans l'Ecole Normale; ils y passent trois années. L'admission est aussi le résultat d'un concours; mais le ministre dresse préalablement, sur les notes des recteurs, la liste des candidats admis à concourir, précaution salutaire quand elle n'a pour objet d'apprécier que les qualités morales des aspirants, qualités si nécessaires dans le sacerdoce civil auquel ils consacrent leur vie. Indépendamment des examens de l'école, les élèves doivent prendre des grades universitaires pendant le cours des études. Ils sont pourvus d'une chaire à leur sortie, mais sans droit exclusif aux emplois de l'Université. Pour professer dans un lycée, il leur faut encore obtenir au concours le titre d'agrégé, et des candidats étrangers à l'Ecole Normale peuvent le leur disputer. C'est un point sur lequel cette école diffère des écoles militaires. L'instruction primaire a aussi ses écoles normales, placées dans les départements, et où se forment les instituteurs communaux.

D'autres écoles correspondent à des services d'une moindre importance. 1° L'Ecole Forestière de Nancy est ouverte aux jeunes gens qui veulent entrer dans le service des forêts. Les examens d'admission se font dans la même forme que ceux de l'Ecole Polytechnique ; mais les jeunes gens ne sont admis à concourir que sur une lettre du directeur général. 2° Une école spéciale a été fondée au Pin, en 1840, pour le service des haras; les élèves en sont nommés au concours après que le ministre les a autorisés à se présenter. 3° L'Ecole des Chartes délivre des brevets d'archiviste paléographe à ceux de ses élèves admis au concours qui, après deux années d'études, ont répondu aux examens d'une manière satisfaisante. 4° L'*Ecole des Jeunes de langues*, qui reçoit des élèves de huit à douze ans, c'est-à-dire à l'âge où l'étude des langues et des idiomes étrangers est rapide et facile, prépare des interprètes et des drogmans pour les échelles du Levant. 5° Enfin l'école vétérinaire d'Alfort prépare aux emplois de vétérinaires de l'armée un certain nombre d'élèves militaires, à la nomination du ministre de la guerre, sans concours.

Dans les écoles spéciales, le concours se combine ordinairement avec l'instruction qui s'y acquiert. Les plus sûres garanties de capacité sont ainsi réunies. Le concours a pour objet de désigner le plus capable ; l'*examen* tend seulement à constater une capacité absolue d'un degré suffisant : il tend à devenir la condition générale de l'admission aux emplois. La loi de 1845 faisait subir un examen aux auditeurs au Conseil d'Etat ; celle de 1849 les nommait au concours, mesure excellente et qui avait produit les meilleurs résultats. Les examens et les concours ont été également supprimés par le décret organique de 1852. Les élèves consuls sont soumis à l'examen depuis 1833 ; les administrations centrales dans leurs réglements l'admettent généralement (1). Dans les administrations

(1) En Angleterre, les conditions d'admission dans les services financiers sont déterminées par des ordres des conseils supérieurs de chaque administration. L'obligation de subir un examen est commune à tous les candidats. La chambre des communes a ordonné en 1843 l'impression de toutes les décisions prises à ce sujet.

de la guerre et du commerce, après l'examen, des listes sont dressées par ordre de mérite, mesure très-analogue au concours. Ce n'est qu'après des examens, quelquefois renouvelés à plusieurs reprises, qu'on est admis dans les services des douanes, de l'enregistrement, des contributions directes ou indirectes et des tabacs, et qu'on peut être nommé élève inspecteur des télégraphes (1) ou conducteur auxiliaire des ponts-et-chaussées (2).

Un examen a toujours précédé la délivrance des *diplômes* littéraires ou scientifiques, et par conséquent

(1) Les élèves de l'École Polytechnique déclarés admissibles dans les services publics sont dispensés de l'examen.

(2) Un réglement d'administration publique du 27 mars 1851, avait soumis à un examen préalable les candidats aux emplois de commissaires et sous-commissaires de la surveillance administrative des chemins de fer. Une commission, entièrement composée d'agents du gouvernement, procédait à l'examen et dressait la liste des admissibles, par ordre de mérite. Cette liste n'engageait en aucune façon le ministre; elle l'engageait d'autant moins que les pièces relatives à la moralité des candidats lui étaient transmises et que, par conséquent, il avait le droit et le devoir de les apprécier. Le réglement du 27 mars 1851 a été rapporté par un autre décret du 22 mars 1852, comme contenant une atteinte aux prérogatives du pouvoir ministériel, en ce que les commissions d'examen en avaient reçu le droit de déclarer l'admissibilité, sans contrôle préalable du ministre. Cette théorie nous paraît tout-à-fait inexacte. Le droit du ministre demeurait entier; seulement, il s'exerçait après l'examen. En quoi consistent les prérogatives du pouvoir ministériel invoquées par le décret du 22 mars 1852? Aucune loi, aucun réglement ne les définit, et la Constitution de 1852, loin de les étendre, paraît s'être surtout proposé de les réduire. Le décret du 22 mars est regrettable sous un autre rapport. Quoiqu'il ne critique qu'une seule disposition du réglement, il l'abroge tout entier, et rapporte ainsi plusieurs autres dispositions qui ne pouvaient donner lieu à aucune objection et tendaient seulement à introduire une hiérarchie et des règles d'avancement dans un service livré jusqu'alors au plus pur arbitraire. La carrière est de nouveau ouverte aux abus.

ils attestent aussi une certaine capacité. Dans quelques cas, ces diplômes sont la condition de l'admission au concours ou à l'examen; dans d'autres, ils constituent seulement un titre de préférence; souvent ils suppléent à toute autre constatation. Le diplôme de licencié en droit est exigé pour l'admission dans la magistrature; il est demandé aux chefs de bureau, sous-chefs et rédacteurs de la justice et des cultes, aux surnuméraires des affaires étrangères, aux adjoints à l'inspection générale des finances, aux professeurs des langues orientales vivantes; celui de bachelier ès-lettres, aux expéditionnaires de la direction des cultes, aux employés des bureaux de l'instruction publique et de la marine, aux surnuméraires de l'enregistrement, aux élèves de l'École forestière et de l'École des Chartes, et aux élèves chirurgiens militaires. Il faut justifier du diplôme de vétérinaire en titre ou de certificats équivalents pour les emplois d'instruction à l'école d'Alfort, du diplôme d'aptitude de l'école des haras pour devenir officier des haras. Les prix remportés dans les écoles de droit donnent le premier rang pour obtenir le brevet de surnuméraire de l'enregistrement.

Dans la plupart des services, l'administration admet les candidats à faire leur apprentissage sous ses yeux et sous sa direction. Ce *stage* s'accomplit sous des dénominations diverses. Les jeunes gens, qui se préparent ainsi pour les emplois, reçoivent le titre d'élèves, d'auditeurs, de surnuméraires, d'attachés, d'aspirants ou d'auxiliaires. Des noms différents désignent souvent une même situation, sans que rien explique la variété de ces qualifications. Le service des consulats, celui des télégraphes, celui des chirurgiens militaires, ont des élèves sans avoir d'écoles spéciales ; le Conseil d'État a des auditeurs; les administrations centrales et les régies financières ont des surnuméraires. Le département des finances y a ajouté, par une superfétation assez singulière, des aspirants au surnumérariat. Des attachés ont été créés au ministère de l'intérieur pour les emplois des départements, et au ministère des affaires étrangères pour les bureaux et les ambassades. Le titre d'auxiliaire a été adopté dans le personnel des conducteurs des ponts-et-chaussées, dans le service de santé militaire, dans l'intendance militaire et au dépôt de la guerre; il désigne aussi, dans quelques administrations, des employés accidentels, créés pour les besoins extraordinaires. Tantôt, et par exemple dans les régies financières, le surnumérariat est un préalable nécessaire à l'obtention des emplois, et sauf le cas de renvoi pour défaut de zèle ou de capacité, il ouvre des droits certains ; tantôt, il n'est ni une condition, ni un titre. Dans l'administration des postes, aucun employé n'est admis qu'après un essai de trois mois. La durée du stage, sous quelque dénomination qu'il s'accomplisse, est subordonnée au mérite des candidats et au nombre des vacances. Autrefois les auditeurs au Conseil d'État étaient rayés au bout de six ans, s'ils n'avaient pas été appelés à un emploi en titre; cette disposition, fruit de l'expérience, a été abrogée par le décret de 1852. Les surnuméraires ne peuvent être placés qu'après six mois d'exercice dans les bureaux des travaux publics, qu'après deux ans au ministère de l'intérieur et dans le service de perception de contributions directes. Le stage des magistrats de l'ordre judiciaire consiste seulement dans l'exercice nominal ou réel de la profession d'avocat pendant deux ans ; pour d'autres fonctionnaires, il résulte des services déjà rendus à un titre différent. Les bureaux de la marine sont ouverts à ceux qui ont servi trois ans dans une autre branche de ce département, ceux des travaux publics aux ingénieurs des ponts-et-chaussées et des mines, aux conducteurs, garde-mines et inspecteurs de la navigation ; ceux de l'intérieur, à tous les fonctionnaires de ce département ; ceux enfin de l'instruction publique, à tous les membres de l'Université (1). Les personnes qui ont servi sept ans dans l'administration, ou dont l'emploi a été supprimé, peuvent être appelées aux places de percepteurs, sans surnumérariat.

Parmi tous les moyens d'admission, le concours offre les garanties les plus réelles ; quand il se joint à des études dans une école spéciale, il ne laisse rien à désirer : mais tous les services ne comportent pas la création d'une école. L'examen n'est pas toujours sérieux : l'administration se réserve le droit de désigner les juges, les questions et les candidats ; c'est trop d'arbitraire à la fois. La faveur et le népotisme peuvent se glisser dans les nominations à l'aide de l'exa-

(1) Nous continuons d'indiquer les règles admises avant 1848 dans les administrations centrales. Cependant plusieurs ministères, entre autres, ceux de l'intérieur et de la marine, ont été soumis à de nouvelles règles, par de simples décrets. Mais ces actes, déjà modifiés dans l'application et contenant très-peu de dispositions, ne paraissent pas destinés à une longue durée, surtout si l'on exécute la loi du 5 juillet 1850, qui exige des réglements d'administration publique.

men, loin qu'il les exclue. Les diplômes s'obtiennent souvent avec une grande facilité, et l'on a pu remarquer que parfois ils ne se rapportent que fort indirectement à l'objet des fonctions pour lesquelles ils sont exigés. Enfin, le stage favorise une double équivoque, si l'on peut ainsi s'exprimer. On y admet aisément et sans preuve, parce qu'il n'est qu'un essai, et l'on nomme ensuite aux emplois ceux qui l'ont accompli, parce qu'ils y ont consacré déjà un temps plus ou moins long et des travaux plus ou moins suivis, dont on s'empresse de leur tenir compte. Nous convenons pourtant que le concours a l'inconvénient de constater exclusivement la capacité scientifique et de laisser de côté les raisons morales d'aptitude. Nous souhaiterions qu'il ne fût adopté qu'avec le droit conféré à l'administration, comme elle l'exerce déjà pour l'École Normale et l'École Forestière, de dresser préalablement la liste de ceux qui y seraient admis, ou bien que, si le système des examens prévalait, des dispositions formelles en déterminassent impérativement les formes et les conditions, de manière à les rendre sérieux et décisifs.

Au total, la carrière des armes, celles des ponts-et-chaussées, des mines et de l'enseignement sont les seules dans lesquelles un noviciat complet ait été organisé par la loi. Dans les administrations financières, les jeunes candidats sont choisis avec soin et soumis à des épreuves, mais aucune disposition légale n'a assuré de la fixité aux règles établies. Dans le chaos des réglements arrêtés par chaque ministre, dans ceux que chaque régie des finances a composés d'après les données successives de l'expérience, on ne trouve ni unité ni ensemble. On s'aperçoit aisément qu'aucune pensée directrice n'a présidé à ces mesures. Il serait désirable que cette confusion disparût : elle nuit au service et blesse nos habitudes de régularité et de simplicité. Enfin, la diplomatie et l'administration proprement dite sont restées en dehors de toutes les règles établies dans les autres services ; l'entrée de la magistrature elle-même n'est garantie par aucune précaution suffisante. Disons quelques mots sur ces lacunes.

La vénalité des offices de judicature, si pernicieuse à beaucoup d'égards, avait au moins le mérite de constituer des familles de magistrats, en qui se perpétuaient avec la toge les plus saintes traditions de science, de sagesse et d'amour de la justice. La révolution de 1789 supprima la vénalité, institua le régime électif, et brisa ainsi toute carrière dans cet ordre de fonctions. Après avoir ressaisi le droit de pourvoir à tous les emplois de magistrature, l'Empereur considéra la création d'un noviciat comme le couronnement du nouvel établissement judiciaire. En 1808, il institua des juges auditeurs auprès des cours, et voulut qu'ils fussent nommés sur des listes de candidats présentées par ces cours elles-mêmes, et composées d'avocats attachés au barreau depuis deux ans au moins. Ce souvenir des antiques prérogatives des parlements, chargés jadis de faire des présentations analogues, aurait dû plaire à la Restauration ; cependant elle s'en écarta complétement, lorsqu'elle étendit l'institution des juges auditeurs aux tribunaux de première instance. Aucune condition ne fut attachée aux nominations, et les choix ne tardèrent point à prouver qu'un esprit exclusif et partial présidait à la composition des corps judiciaires. L'opinion s'en était émue; aussi, quand éclata la révolution de juillet, l'institution même des juges auditeurs fut emportée. En ce moment, il n'existe aucun séminaire pour les augustes et sévères devoirs de la magistrature; on a cherché à combler cette lacune en conférant aux jeunes aspirants, à titre de début, l'emploi de juge suppléant, créé dans d'autres vues et pour d'autres besoins, et constitué dans des conditions incompatibles avec cette destination d'emprunt. Les juges suppléants jouissent de l'inamovibilité qui ne doit point appartenir à une position d'épreuve, ils ne peuvent être nommés qu'à vingt-cinq ans; tandis que l'emploi de substitut, réservé à leur avancement, peut être obtenu à vingt-un ans. La nomination des juges suppléants n'est d'ailleurs soumise à aucune autre condition que le diplôme de licencié en droit et deux années de barreau, plus souvent oisives que laborieuses. Dans ces derniers temps, un autre noviciat paraît avoir été établi; nous voulons parler des avocats attachés à certains parquets et désignés ainsi dans quelques actes de nomination. Nous ne pouvons discuter un titre qui n'est reconnu par aucune décision de l'autorité publique, qui n'existe pas légalement et n'est même pas admis dans tous les parquets. Dans cet état de confusion, nous n'hésitons pas à dire que l'avenir de la magistrature est compromis, et que si elle maintient intacte sa vieille réputation de droiture et d'impartialité, rien ne se fait pour que les lumières y restent toujours à l'unisson des mœurs. Il est urgent d'y pourvoir, en constituant un noviciat judiciaire. Que les jeunes gens destinés à la magistrature reprennent le titre d'auditeurs, nous n'y faisons aucune objection; mais il ne faut pas que leur nomination soit livrée à la volonté discrétionnaire du gouvernement. Là est la condition virtuelle du rétablissement de l'institution. On a dit que les auditeurs de la Restauration avaient péri dans le mouvement de 1830, parce que, bien qu'inamovibles, ils pouvaient, par le caprice d'un ministre, être transférés d'un siége à un autre. C'est une erreur; cet inconvénient était grave, mais secondaire. Les auditeurs ont succombé sous le principe d'égalité et de libre concurrence, consacré une fois encore par la révolution de 1830. Ils étaient des privilégiés; à la faveur d'un titre modeste, certaines familles avaient envahi les siéges de la magistrature, et trop souvent l'indépendance de la fortune et l'honnêteté des mœurs, seules conditions dont on se préoccupât, étaient les compagnes d'un esprit médiocre et imbu de préjugés. A Dieu ne plaise que nous frappions d'un ostracisme, aussi absurde qu'injuste, aucune classe de citoyens : toutes doivent être admises au partage des emplois, et toutes y ont les mêmes droits. Si pourtant il fallait choisir entre la capacité et la naissance, nous avouons que la capacité aurait nos préférences; mais cette alternative n'existe point. Ceux qu'on veut favoriser, en supprimant toute garantie, se présenteront souvent dans la lice avec des armes mieux trempées que celles de leurs rivaux. La fortune et la naissance ont des avantages naturels et inévitables; la fortune donne le loisir, la liberté d'esprit, et procure ordinairement les bienfaits d'une instruction supérieure. Un nom honoré, même dans l'enceinte limitée d'une province ou d'une ville, est entouré d'un prestige dont la démocratie elle-même ne se défend point : des règles d'admission même sévères n'entraîneront donc aucune exclusion regrettable ; mais elles ne permettront pas à des influences de famille ou d'argent de s'exercer au profit de la médiocrité paresseuse ou de l'ignorance insolente. Que la capacité soit donc le premier titre à l'admission, si elle ne peut pas être le seul. Faisons concourir ensemble les garanties morales et les garanties intellectuelles. Ne sacrifions pas plus la science aux mœurs que les mœurs à la science, et que nul ne soit admis au redoutable emploi de rendre la justice, s'il n'a fait ses preuves, non par la production d'un vain diplôme, mais en personne ; non par un interrogatoire fugitif, mais par des travaux répétés. Nous ne pouvons pas emprunter des exemples à l'Angleterre, où le petit nombre des juges et l'énormité des salaires permettent au gouvernement de disputer au barreau ses plus illustres membres ; mais l'Allemagne a depuis longtemps tracé la route : les aspirants à la carrière de la magistrature y subissent successivement des examens théoriques, un stage et des épreuves pratiques (1). Ce n'est point ici le lieu d'entrer dans des détails d'exécution ; le jour où on le voudra sérieusement, il sera facile d'organiser le noviciat judiciaire sur des

(1) Voir un article très-intéressant sur l'enseignement et le noviciat aux fonctions publiques en Allemagne, publié par M. Ed. Laboulaye dans le tome XVIII de la *Revue de Législation et de Jurisprudence*.

bases qui satisfassent à la fois au vœu de l'opinion et aux intérêts sacrés de la justice.

Si ces intérêts tiennent le premier rang, ceux qui sont confiés au dehors aux agents diplomatiques et consulaires ne méritent pas moins, quoique dans une sphère différente, d'être remis à des mains dignes et habiles. Nos affaires extérieures sont confiées à deux ordres d'agents, entre lesquels les réglements et les usages établissent une séparation presque absolue. Le corps diplomatique et le corps consulaire, organisés parallèlement, sont entièrement distincts. A notre avis, ce divorce doit cesser. Plus les nations se rapprochent par des alliances commerciales et industrielles, plus la politique se lie étroitement au commerce, et plus le commerce à son tour, dans ses accidents si variés, a des rapports intimes avec la politique. Dans ce développement des relations internationales, il n'est pas plus permis à un agent consulaire d'ignorer l'histoire des traités, qu'à un ministre politique d'être étranger aux questions de douanes et de tarifs. Des préjugés de corps repoussent cette assimilation, mais elle est juste et nécessaire : une fois admise, elle simplifierait beaucoup de difficultés, et permettrait d'asseoir cette branche du service sur des bases plus larges.

Quant à présent, des dispositions toutes différentes règlent l'admission dans l'une et l'autre carrière. Celle des consulats est organisée très-régulièrement. Des élèves consuls en occupent le seuil, et leur existence, qui remonte à Louis XIV, est consacrée par le réglement du 3 mars 1781. Placés auprès des consuls, ils vivent avec eux, assistent à leurs actes, s'initient aux connaissances relatives à l'adminis tration des consulats, étudient les langues étrangères, font des extraits d'affaires contentieuses soumises aux consuls, ainsi que des jugements rendus; enfin, chaque année, ils sont tenus de subir un examen et de rédiger un mémoire sur un sujet désigné par le ministre, auquel ce travail est adressé.

Ce système offre des garanties réelles. Il est vrai que la sévérité des examens n'est point assurée par la publicité, que les candidats sont exclusivement au choix du ministre, et qu'aucun concours n'est ouvert; mais l'exécution franche des réglements satisferait aux nécessités les plus impérieuses, et la capacité des agents sortis du corps des vice-consuls a jusqu'ici répondu au but de l'institution. On aurait d'ailleurs mauvaise grâce à déclarer insuffisant le noviciat établi dans le corps consulaire, si l'on songe que la carrière diplomatique, qui s'en rapproche par une si étroite analogie, ne possède aucune institution de ce genre. Le recrutement y est préparé par l'adjonction d'un certain nombre d'attachés aux bureaux du ministère ou aux ambassades; malheureusement, leur nomination est toute discrétionnaire. Point d'examen, point d'études obligées, point d'avenir assuré. L'enseignement nécessaire à ces futurs diplomates n'est donné dans aucune école. Sous l'Empire, Napoléon avait chargé M. le comte d'Hauterive de lui proposer les moyens de satisfaire à un besoin si manifeste; les événements politiques ne permirent point à cette pensée de se réaliser. En 1830, M. de Polignac, dans des vues de politique plus peut-être que d'utilité publique, avait fondé aux affaires étrangères un cours de droit public et un cours d'instruction diplomatique, destinés à vingt-quatre élèves, parmi lesquels, selon leur capacité et leur zèle, devaient être pris des secrétaires surnuméraires, pépinière officielle du personnel des ambassades et des légations : la Révolution de Juillet a renversé cet établissement naissant ; depuis, aucun établissement n'a été fondé, aucune disposition n'a été faite pour former ni pour instruire des sujets capables de suivre avec succès une carrière qui exige des qualités et des connaissances si spéciales et si nombreuses (1).

Nos dernières critiques s'adressent à l'administration départementale. L'accès n'en est point défendu contre les surprises de l'ignorance et de la médiocrité, et tous les postes en sont accessibles à toutes les ambitions. On y débute par le titre d'auditeur au Conseil d'Etat ou d'attaché au ministère de l'intérieur, et par les fonctions de conseiller de préfecture, qui depuis quelques années ont été conférées à titre de noviciat; mais, par des raisons de plusieurs natures, ces diverses initiations n'atteignent point le but. Les auditeurs au Conseil d'Etat, qui devaient être destinés surtout

(1) En Belgique, les jeunes gens qui se destinent à la carrière diplomatique sont obligés de subir un examen. Nous en avons le programme sous les yeux, et nous ne savons pas si beaucoup de nos jeunes diplomates seraient en état d'y satisfaire. On exige plus encore en Prusse. Un premier examen, cinq années d'études, des attestations de l'expérience acquise, enfin un dernier examen oral et par écrit sur l'administration intérieure, sur l'état agricole et commercial, et sur les intérêts les plus essentiels au commerce de la Prusse : tels sont les préliminaires obligés de l'admission dans la carrière.

aux emplois de sous-préfets, pour être promus ensuite aux préfectures, sont rarement appelés à ces emplois. Plusieurs, attachés à Paris par le vœu et l'intérêt d'une famille puissante, peu séduits par les honneurs du pouvoir dans quelque résidence obscure et éloignée, ont refusé des places offertes à leur ambition plus exigeante; ces refus, dont on ne devait point tenir compte, ont fait accuser le corps entier d'élever trop haut ses prétentions, et les auditeurs n'ont aucun avenir assuré. Cette institution, que l'Empereur avait fondée et d'où sont sortis tant d'hommes distingués, n'est plus qu'une impasse qui ne conduit à rien. La loi de 1849 contenait plusieurs dispositions qui avaient pour but de créer un avenir aux auditeurs; elle n'en admettait qu'un très-petit nombre et leur réservait une part dans les emplois de sous-préfets et de maîtres des requêtes. La nouvelle organisation n'a pas reproduit cette disposition, et, en même temps qu'elle cesse d'assurer aux auditeurs ce débouché, elle admet qu'ils seront nommés pour un temps indéfini et a porté leur nombre de 24 à 40. Elle réunit ainsi toutes les combinaisons qui, comme l'expérience l'avait prouvé, peuvent arrêter l'avancement des auditeurs. Leur nomination aux emplois de sous-préfet est d'ailleurs gênée par l'établissement bâtard d'attachés au ministère de l'intérieur. Ces attachés ont de moins que les auditeurs la faculté d'assister aux discussions instructives du Conseil d'Etat; ils ont de plus la participation au travail des bureaux; mais la plupart s'y montrent rarement, et les chefs de service se prêtent de mauvaise grâce à faire l'éducation de jeunes gens qui doivent les quitter précisément à l'heure où ils leur deviendraient utiles. Trop souvent enfin le titre d'attaché n'est qu'une faveur nominale destinée à en préparer de moins vaines, sans les justifier. Pour compléter des études préparatoires, ou nulles ou insuffisantes, les plus favorisés sont nommés conseillers de préfecture, avec les fonctions de secrétaire général, dans les chefs-lieux où ces fonctions ne forment point un emploi distinct. Ces nominations sont blâmables. Les conseils de préfecture, on l'a vu précédemment, constituent de véritables tribunaux, appelés souvent à prononcer sur les plus graves questions : il y faut de l'expérience, de la maturité, une pratique déjà longue. Ce n'est pas là que doit se faire l'apprentissage administratif. Nous en dirons autant des fonctions de secrétaire général, qui consistent surtout dans la connaissance exacte des traditions administratives et locales, l'habitude de l'ordre, le respect inflexible de la règle, qualités essentielles qui ne sont point l'attribut ordinaire de la jeunesse.

A tous les détails dans lesquels nous sommes entré se rattache une observation générale, qui servira de conclusion à ce qui vient d'être dit sur le noviciat dans les services publics. Nous avons vu l'Etat ouvrir des écoles savantes pour préparer les hommes qui doivent entrer dans l'armée, dans les ponts-et-chaussées, dans les mines, dans l'instruction publique. Les facultés de droit, sauf les épreuves ultérieures dont nous avons signalé le besoin, instruisent les aspirants aux emplois de la magistrature, mais ceux qui prétendent à l'honneur de représenter le pays à l'étranger ou de l'administrer à l'intérieur, où peuvent-ils acquérir les connaissances nécessaires ? Nous avons loué les efforts des administrations financières pour former des sujets capables; mais où s'enseigne la théorie des fonctions qu'ils pourront exercer un jour, où recueilleront-ils, indépendamment des exercices pratiques auxquels on les soumet, les idées générales, les notions d'ensemble, les connaissances scientifiques qui les guideraient dans toute leur carrière et leur permettraîent d'échapper au joug pesant de la routine? Nous cherchons en vain les sources auxquelles ils pourraient puiser.

La France a toujours occupé le premier rang dans le monde par sa supériorité littéraire et scientifique. Nos vieilles universités ont conquis une gloire dont le souvenir est encore vivant, et leur digne héritière, reconstituée par le génie de l'Empereur, n'a pas été inférieure à ses devancières. L'enseignement public est établi partout sur des bases larges et fécondes; cependant, tandis que l'Etat entretient et propage toutes les connaissances qui ont pour objet le bien-être individuel ou les droits privés des citoyens, il a toujours laissé dans l'oubli et négligé celles qui embrassent les intérêts généraux de la société. Il prépare et fait des avocats et des médecins, il ne s'occupe point de créer des hommes publics, des administrateurs, des diplomates, des financiers. A part quelques chaires de droit administratif, créées dans ces derniers temps, et qui, bien qu'enfermées dans un cercle étroit, ont déjà rendu de grands services, les sciences politiques et sociales ne sont point enseignées en France. Nous avons été devancés par l'Allemagne, où plusieurs états rivalisent de zèle pour répandre ces sciences. Il est temps que l'enseignement soit mis en harmonie avec les institutions politiques. Plus les citoyens sont appelés à prendre part aux affaires publiques, non-seulement dans les emplois de l'Etat, mais dans les conseils électifs, dans la commune, dans le département, dans les assemblées politiques, plus il est nécessaire de leur donner la science qui permet d'accomplir dignement ces devoirs nouveaux. Il ne suffirait point d'augmenter le nombre des chaires de nos facultés. Ce n'est pas un simple développement de l'enseignement actuel qu'il s'agit de constituer, mais un enseignement spécial avec son esprit propre et son caractère particulier (1). De nouveaux professeurs attachés aux facultés de droit ne tarderaient point à en adopter l'esprit trop juridique. A des hommes qui consacrent leur vie au service public, il faut inspirer un sentiment plus énergique des droits de la société, moins de passion pour l'individu, plus de souci des intérêts de l'État. A Dieu ne plaise que nous condamnions l'étude du droit civil. Nous aimons et nous respectons dans le magistrat et dans le jurisconsulte ce généreux dévouement qui se porte toujours au secours du plus faible, et mesure la protection au pouvoir de l'oppresseur; mais nous ne voulons pas soumettre à la même influence des études qui tendent vers un but entièrement distinct. Notre Révolution a proclamé le principe de la division des

(1) Il n'entre pas dans notre plan de discuter le mode d'organisation de ces facultés nouvelles et les chaires qui devraient y être ouvertes. Cette question a été traitée, avec tous les développements qu'elle comporte, dans le travail remarquable de M. Laboulaye, que nous avons cité plus haut.

pouvoirs : elle a défendu que l'administration et la justice fussent confondues dans les mêmes mains, et les a séparées d'une manière absolue. Ce principe ne sera définitivement consacré que quand un enseignement spécial prendra au début et conduira vers leurs destinations respectives ceux qui doivent parcourir l'une ou l'autre carrière.

Un enseignement complet de toutes les sciences qui se rapportent aux affaires publiques, est donc le point de départ d'une bonne organisation du personnel des fonctionnaires. Tant qu'il ne sera pas constitué, toutes les mesures prises pour consacrer les droits du talent et pour procurer à l'Etat des serviteurs intelligents et capables, seront vaines et sans effet. En 1848, le Gouvernement provisoire, pour satisfaire à ce besoin, avait créé une école d'administration, mais cet établissement, excellent en principe, n'avait pas été suffisamment étudié. On ne s'était bien rendu compte ni du nombre des élèves à y appeler, ni de l'avenir à leur assurer. L'éclat dont on voulut entourer la nouvelle école, en y confiant l'enseignement en partie aux hommes mêmes qui étaient alors à la tête du pouvoir, contribua à l'écraser. Elle ne put échapper aux préventions qui poursuivaient un gouvernement sorti d'une révolution populaire. Abandonnée par l'Assemblée constituante, elle disparut. Nous faisons des vœux pour que cette pensée soit reprise, méditée avec soin, appliquée avec prudence. Puisse le gouvernement, en présence d'une jeunesse active, laborieuse, pleine d'une généreuse émulation, comprendre tout ce qu'il gagnerait à se mettre en mesure d'en choisir l'élite pour l'appliquer au service public, et pour étendre ainsi, par des dispositions successives, à la diplomatie, à l'administration, aux régies financières, avec les tempéraments propres à chacun de ces services, le régime de garanties qui garde déjà le seuil des autres carrières.

CHAPITRE III.

PROMOTION AUX EMPLOIS. RÈGLES D'AVANCEMENT.

Jusqu'ici nous ne nous sommes occupé que des emplois les moins élevés, sorte d'épreuve et d'initiation plus spécialement destinée aux hommes jeunes, nouveaux, et chez qui le zèle et la vivacité de l'esprit suppléent à l'expérience. Au-dessus de ces emplois s'ouvre la série de tous ceux dont se compose l'ensemble du service public, et qui réclament d'autres qualités, la maturité avec la vigueur, et des connaissances qui, pour quelques-uns du moins, supposent une intelligence distinguée. Recherchons quels principes en règlent la distribution.

C'est aux fonctionnaires d'un ordre moins élevé dans le même service que sont donnés la plupart des emplois, soit en vertu de dispositions formelles, soit par la libre volonté des chefs, soit enfin par l'influence qu'exercent naturellement les efforts déployés et l'aptitude constatée dans les postes inférieurs. L'avancement est le droit commun : c'est une règle aussi salutaire qu'équitable. Elle donne à l'Etat des serviteurs expérimentés, elle excite le zèle et entretient l'émulation; par l'avenir qu'elle offre aux fonctionnaires, elle compense en partie la médiocrité des rémunérations accordées par l'Etat.

L'avancement s'obtient de deux manières, soit par l'ancienneté, loi fatale qui confère un droit en vertu de la seule date de l'entrée en fonctions; soit au choix, combinaison heureuse qui concilie les droits des fonctionnaires avec les besoins publics, et ne considère la durée des services que quand elle s'unit au mérite.

Dans l'armée de terre et dans les corps de troupes de la marine, des emplois nombreux sont donnés à l'ancienneté. Ce privilége était dû à une carrière où l'on n'entre pas librement, et dont il était juste que les devoirs rigoureux fussent rendus moins pesants par la perspective d'un avenir assuré. Des limites ont été posées pour corriger ce qu'il y a d'aveugle dans ce mode de promotion. Les sous-officiers ne sont pas les produits de l'ancienneté. L'ancienneté ne confère pas non plus le grade de sous-lieutenant : elle ne fait que des lieutenants, des capitaines et des chefs de bataillon ou d'escadron. Ainsi, elle ne commence qu'aux hommes dont l'aptitude est déjà constatée par un choix discrétionnaire antérieur, et elle s'arrête aux emplois qui entraînent une trop grande responsabilité pour que l'expérience et la pratique y suffisent. Il est aussi certains services dans lesquels l'ancienneté attribue seule le rang ou la classe, c'est-à-dire un avantage qui augmente seulement l'honneur ou le salaire de la fonction, déjà donnée au choix. C'est ainsi qu'à la Cour des comptes la moitié des emplois de référendaires de première classe est attribuée aux plus anciens titulaires de la seconde classe. Enfin, dans qu lques administrations où des fonds disponibles sont répartis entre les employés inférieurs que l'insuffisance des crédits privait du traitement légalement assigné à leur titre, les allocations nouvelles appartiennent aussi de droit aux plus anciens, parce qu'il s'agit moins d'une faveur que d'une dette, et que le créancier le plus nouveau doit passer le dernier. A part ces priviléges conférés à l'ancienneté, l'avancement est accordé au choix. C'est la règle de l'armée elle même pour tout ce qui ne revient pas à l'ancienneté; c'est celle de tous les autres services publics. Le choix s'exerce dans les cadres de la hiérarchie, et se dirige d'après les lumières dont on l'entoure pour l'éclairer.

Nous avons déjà parlé de la hiérarchie dans ses rapports avec la constitution des services publics. Relativement à l'avancement, la hiérarchie se compose de grades et de classes, expressions diverses qui servent à marquer les degrés successifs de l'échelle. Le grade désigne plus spécialement un titre ou une fonction spéciale, la classe, un rang parmi ceux qui occupent cette fonction. Ces divisions, quelquefois multipliées à l'excès, fournissent le moyen d'accorder plus fréquemment des récompenses, et de tenir ainsi le zèle plus constamment éveillé. A très-peu d'exceptions près, l'armée ne connait que les grades. Dans les emplois des administrations centrales, les commis, les sous-chefs, les chefs de bureaux, sont divisés en classes nombreuses. Il en est de même dans les services financiers; on y trouve des emplois qui ont jusqu'à huit classes. La classe est quelquefois attachée à l'agent, presque toujours à la résidence. Les ingénieurs des ponts-et-chaussées, les conservateurs des forêts, d'autres fonctionnaires des finances, peuvent avancer de classe sans quitter leur poste. La même facilité a été récemment accordée aux préfets, aux sous-préfets et aux conseillers de préfecture. Les directeurs des régies financières n'obtiennent d'avancement qu'en changeant de résidence, obligation parfois onéreuse et qui a empêché des hommes très-méritants d'accepter un avancement dû à leurs longs services; obligation toujours regrettable, en ce qu'elle établit une mobilité fâcheuse et prive souvent un arrondissement, un département d'un agent populaire et estimé, qui ne tiendrait point à s'en éloigner, et ne peut pourtant obtenir qu'à ce prix la récompense de ses travaux.

La plupart des services comportent des fonctions de nature diverse et qui suivent une hiérarchie parallèle: dans la magistrature, le parquet et le siége; dans l'Université, le professorat et l'administration; dans les finances, la partie active et la partie sédentaire; presque partout, les bureaux de l'administration centrale et les emplois extérieurs. Les besoins du service et les convenances personnelles peuvent réclamer le passage d'une branche à l'autre. Il y est pourvu à l'aide de assimilations de grades, établies par des dispositions expresses ou par l'usage. Ces assimilations n'existent point d'un département ministériel à l'autre. En général, chaque administration est jalouse des positions qu'elle possède, mais la latitude laissée au choix permet, dans les services qui le comportent, de faire au dehors les emprunts commandés par l'intérêt public.

Dans les parties de l'administration qui sont bien constituées, la règle de l'avancement est qu'aucune nomination ne peut se faire que parmi les titulaires du grade ou de la classe immédiatement inférieure à l'emploi vacant. Les lois ou les réglements le prescrivent ainsi dans l'armée, dans les ponts-et-chaussées et les mines, dans les consulats, dans l'Université, dans les administrations financières. Cette règle est appliquée à l'administration centrale de la guerre; elle a été écartée dans les autres ministères. Aux affaires étrangères, à la justice, aux cultes, à la marine, une portion seulement des emplois intermédiaires de rédacteurs, de commis principaux, de sous-chefs, est réservée à l'avancement. On n'a posé aucune règle pour les emplois supérieurs. A la guerre, le mode d'avancement est réglé jusqu'à l'emploi de chef de bureau. Dans les départements de l'intérieur, du commerce, de l'instruction publique, les emplois sont accessibles à tous les fonctionnaires du département, sans distinction. Les autres ministères se sont donné une liberté illimitée. On s'est seulement attaché, dans presque toutes les administrations centrales, à prendre des mesures contre un avancement trop rapide. Il y faut avoir passé un temps déterminé dans un grade ou dans une classe, pour pouvoir monter dans le grade ou la classe supérieure. Le temps est fixé à deux ans dans tous les ministères, excepté ceux de l'intérieur et de l'instruction publique, où l'on n'exige qu'une année (1).

(1) Voir la note, page 194.

Ces règles, même les plus sévères, laissent toutes une part à l'appréciation du pouvoir qui doit nommer. Pour le guider dans cette tâche délicate, plusieurs espèces de procédés sont établis. Dans quelques services, la capacité des employés est mise à des épreuves déterminées. Les inspecteurs-généraux-adjoints des finances doivent avoir fait deux tournées d'inspection. Les employés des contributions directes sont obligés d'exécuter certains travaux que recueille l'administration centrale. C'est la seule obligation qui ait le caractère d'un examen. L'examen n'est une condition de l'avancement que pour quelques emplois les moins élevés, et dont les titulaires occupent encore une sorte de position d'essai, par exemple dans quelques administrations financières et dans les bureaux de la guerre. Il y est suppléé par les comptes rendus périodiques qui sont demandés aux chefs intermédiaires. Ces comptes-rendus doivent être fournis, à des époques fixes, par les directeurs pour les administrations financières, par le secrétaire-général du ministère pour les bureaux de la justice, par le directeur des cultes pour les bureaux de sa direction, par les chefs respectifs pour les bureaux de l'intérieur. Dans les bureaux de la guerre, les sous-chefs, commis principaux, rédacteurs et vérificateurs, tiennent un carnet sur lequel ils inscrivent chaque jour l'analyse succincte des affaires qu'ils ont traitées ; ces carnets visés par le chef du bureau, renouvelés tous les ans et classés comme archives, servent de base aux propositions d'avancement. Dans l'armée, les nominations au choix sont préparées par les tableaux d'avancement. Chaque année, les inspecteurs généraux parcourent toute la France, visitent les corps militaires, se tiennent au courant de la conduite et du mérite de tous les officiers, et dressent les tableaux sur lesquels se font les promotions; nul ne peut obtenir de l'avancement s'il n'y est inscrit. Les choix restent ainsi circonscrits dans le cercle des hommes qui ont été à l'avance déclarés dignes. Des tableaux semblables se dressent dans le service actif des douanes, qui est organisé à l'instar de l'armée. Un ministre de l'instruction publique avait annoncé l'intention d'introduire aussi dans son département les tableaux d'avancement. Il est procédé autrement encore dans la magistrature. Les nominations sont préparées par des présentations des chefs des cours d'appel. Toutes les fois qu'un emploi est vacant, le premier président et le procureur général doivent adresser au garde-des-sceaux une liste triple de candidats. Le ministre propose la nomination de celui des candidats qui lui paraît devoir être préféré, mais il n'est pas tenu de se renfermer dans la liste de proposition. Les présentations des chefs intermédiaires sont le mode le plus habituellement suivi dans les diverses administrations. Il est naturel que les personnes qui suivent l'employé dans ses actes journaliers, témoignent de son aptitude et de ses droits à une récompense. Il est bon que la responsabilité de chacun soit ainsi engagée, et plus s'étend le nombre de ceux qui concourent à préparer les nominations, plus sont respectés les droits légitimes et repoussées les obsessions de l'intrigue.

Tels sont les moyens variés par lesquels s'éclairent les choix qui confèrent l'avancement; mais l'avancement n'est pas le seul chemin qui conduise aux emplois. Dans l'armée, dans les ponts-et-chaussées, les mines, l'Université et les régies financières, les divers postes sont exclusivement affectés aux fonctionnaires qui ont commencé par les degrés les moins élevés; dans les autres services, ils peuvent être conférés à quiconque satisfait à des conditions générales, qui n'impliquent ni les services rendus ni l'aptitude nécessaire.

En dehors des administrations composées d'un grand nombre d'employés et dans lesquelles a pu se constituer une hiérarchie, où chaque position est un pas vers celle qui la précède, il est des services spéciaux qui n'offrent ni classes ni degrés à ceux qui leur appartiennent. On ne peut donc les recruter à l'aide du noviciat ni de l'avancement. Il y est suppléé par des formalités spéciales. A cette catégorie appartiennent particulièrement les services suivants, que nous mentionnons spécialement, en raison du grand nombre de ceux qui en dépendent : 1° les juges de paix, magistrature spéciale, distincte des tribunaux de première instance et des cours d'appel, et qui ne pourrait être considérée, ainsi qu'on l'a quelquefois proposé, comme le début de la carrière judiciaire, sans perdre son caractère propre, sans être livrée à une instabilité, à des pensées d'ambition qui la décréditeraient. Il est pourvu aux emplois de juges de paix sur la présentation des chefs de la cour et du tribunal, présentation dans laquelle le choix n'est pas tenu de se renfermer. Les préfets ont été, dit-on, appelés dans les dernières années, à prendre part aussi à la présentation des juges de paix; quoique ces magistrats ne soient point étrangers à l'administration, le concours de la justice et de la police dans les nominations, tend à en altérer le caractère ; — 2° les vérificateurs des poids et mesures, fonction toute particulière, à laquelle aucune autre ne conduit, et qui ne conduit à aucune autre : les nominations doivent être précédées d'un examen, auquel il est procédé publiquement toutes les fois qu'il faut pourvoir à une vacance ; cependant les vérificateurs nommés peuvent changer de résidence et obtenir ainsi une sorte d'avancement ; — 3° les conservateurs des bibliothèques publiques : la carrière des lettres est la préparation la plus convenable à ces emplois ; il n'est mis aux nominations d'autre condition que de porter sur des membres de l'Université, des littérateurs et savants, connus par leurs travaux, ou des élèves de l'Ecole des Chartes ; — 4° enfin les professeurs, soit dans les facultés de l'Université, soit dans d'autres établissements publics. Les chaires des facultés des lettres et des sciences pourraient être données à l'avancement. Un grand nombre de professeurs des lycées, déjà éprouvés par les concours d'agrégation et par un enseignement souvent éclatant, y seraient très-justement appelés ; mais le mode de nomination, sans les exclure, ne leur donne aucune préférence. Le choix se fait entre quatre candidats, dont deux sont présentés par la Faculté et deux par le Conseil académique. Les chaires de droit et de médecine ont été longtemps données au concours ; un décret récent charge le Président de la République d'y pourvoir. Nous doutons que le gouvernement ait à se féliciter de cette conquête et que l'enseignement public y trouve quelque profit. Les chaires des Facultés de théologie sont remplies sur la présentation des Évêques ou des Facultés et Consistoires, selon le culte. Quant aux emplois de l'enseignement dans les établissements publics étrangers à l'Université, c'est aussi sur des présentations que se font les nominations. Ces présentations sont généralement confiées aux conseils supérieurs de ces établissements : pour le Collége de France, elles émanent des professeurs mêmes et de l'Institut. Nous ne parlons pas d'une foule d'emplois placés hors de toute catégorie, et qui dépendent des divers ministères, tels que ceux de médecin, d'architecte, d'économe ou de conservateur du mobilier dans une administration, d'essayeur de la garantie à la Monnaie, de directeur de certains établissements agricoles ou charitables, etc.; nous ne pourrions retracer les dispositions qui les concernent sans étendre démesurément une nomenclature déjà trop longue, et ces postes exceptionnels ne sauraient être soumis à une règle commune.

Mais, en dehors du système général, on a laissé des fonctions nombreuses et importantes qui souffrent de cette situation; nous voulons parler des employés des préfectures et sous-préfectures et de quelques directions financières dans les départements. Ces employés sont considérés comme attachés exclusivement au département où ils sont placés : on a voulu les laisser ainsi dans une dépendance plus directe du chef auquel ils obéissent, et l'on a cru trouver en même temps dans cette combinaison un moyen d'économie. Ces avantages sont contestables, et les inconvénients ne le sont point. Dans une administration bien réglée, un chef de service exerce toujours une autorité suffisante sur ses inférieurs, même quand il ne les nomme point. Ses plaintes sont écoutées et son droit de censure admis. Entre lui et ceux qui sont placés sous ses ordres, le ministre hésite rarement; il sent trop les nécessités du service et l'intérêt de la subordination. On peut en trouver la preuve dans les administrations où la hiérarchie embrasse tous les degrés, et rattache tous les agents au chef suprême. Quant aux raisons d'économie, elles ne peuvent exister qu'autant que les employés dont nous nous occupons seraient en réalité moins payés que s'ils l'étaient directement par l'État. Or, d'où que leur vienne le salaire, il doit être suffisant et proportionné à leurs travaux et à leur talent. La mesure en est la même, que le ministre ou le préfet en règle le taux. L'État ne doit pas leur accorder une récompense supérieure à leur mérite, ce serait dilapidation; le département ne doit pas non plus la leur accorder inférieure, ce serait injustice, dureté et mauvais calcul administratif. Ainsi, les raisons de hiérarchie et d'économie doivent être écartées; pourtant ce sont celles qui ont fait établir un régime par lequel une foule d'employés laborieux, capables, expérimentés, se voient privés de tout avenir, condamnés à languir toute leur vie dans une position obscure et ingrate, et placés, à l'égard de tous les autres serviteurs de l'État, dans une condition humiliante d'infériorité. Ce malaise réagit sur les affaires publiques. Les hommes qui se sentent forts s'éloignent d'un service si mal récompensé; ceux qui y entrent n'y apportent que le découragement et la misère. Le chef du service, préfet ou directeur, ne sait le plus souvent comment combler les vides, et l on en a vu qui, hors d'état de remplacer un employé de qui dépendait tout le travail, se trouvaient obligés de subir ses exigences, loin de jouir d'une autorité plus certaine. Nous appelons sur cette partie de l'administration l'attention de ceux qui veulent assurer à tous les degrés une récompense aux services et des garanties aux fonctionnaires.

En résumé, pour en revenir aux services généraux, c'est surtout l'avancement qui règle la promotion aux emplois. Son domaine se compose de toutes les fonctions qui lui sont légalement et exclusivement dévolues, et de celles où il est consacré par la pratique et par des raisons de justice et d'utilité publique. Cependant, là même où on l'admet, les régles établies ne sont pas toujours les meilleures, et il y pourrait occuper une plus grande place. D'un autre côté, il devrait régir des services d'où on l'a exclu. C'est ce que nous allons essayer de faire voir.

La règle qui doit présider à la distribution des emplois a été proclamée de toute ancienneté. Les États-Généraux disaient jadis : « Il faut pourvoir aux emplois et non aux personnes. » La même pensée était exprimée par l'Empereur, qui répétait souvent : « Il faut choisir l'homme qui convient à la place, et non la place qui convient à l'homme. » Les fonctionnaires à tous les degrés sont les serviteurs de l'Etat; l'intérêt du service public est la considération dominante et exclusive. Choisir le plus capable, c'est-à-dire le plus savant, si la science est requise; le plus ferme, si l'énergie du caractère est nécessaire; le plus vigoureux, s'il s'agit de fatigues à supporter; le plus discret, si l'imprudence doit créer un danger; donner à chaque poste l'homme qui lui convient le mieux, approprier l'âge, le caractère, les mœurs, l'esprit de chacun aux nécessités de l'emploi : voilà le devoir de celui qui nomme, devoir complexe, délicat, à l'accomplissement duquel on ne peut apporter trop d'attention pour éviter les surprises, trop de volonté pour déjouer les intrigues, trop de désintéressement pour résister aux obsessions de la parenté et de la camaraderie. A quels principes sera soumis l'exercice de ce pouvoir? quelle part sera faite à la règle, quelle part au pouvoir discrétionnaire? Ces questions ne peuvent guère être résolues en termes absolus, et les solutions les plus contraires ont été proposées. Les uns soutiennent que le droit de nomination aux emplois doit être entièrement abandonné au gouvernement; ils l'érigent en attribut nécessaire du pouvoir exécutif, ils le proclament comme une de ses principales prérogatives. Les autres, au contraire, veulent exclure entièrement l'arbitraire, soumettre tous les choix à des dispositions de rigueur, et créer au profit des fonctionnaires un droit absolu. Ces théories opposées nous paraissent également excessives et inapplicables.

Prétendre que le droit de nommer aux emplois publics a été attribué au chef de l'Etat pour étendre son patronage, pour agrandir son influence et son autorité, c'est contredire l'esprit de notre révolution, qui repousse les priviléges, exclut la faveur et consacre les droits du talent et de la capacité. Cette opinion prévaut, on ne le sait que trop, dans les plus hautes régions du pouvoir : elle se laisse voir chaque jour dans ses conséquences les plus regrettables, elle contribue à accroître démesurément le nombre des emplois, au grand détriment du service et des fonctionnaires eux-mêmes; mais de tels abus, loin de la justifier, en sont la plus formelle condamnation, et toutes les lois, tous les actes de la puissance publique qui ont restreint ce droit dans les divers services que nous avons désignés, prouvent suffisamment qu'il peut être limité, sans violer les prérogatives du pouvoir exécutif.

Ce n'est donc pas au nom de ces prérogatives que l'on peut condamner les règles destinées à présider à la distribution des emplois, mais ce n'est pas non plus au nom du droit des fonctionnaires qu'elles peuvent être défendues. Les fonctionnaires ne possèdent aucun droit fondé sur leur intérêt privé, s'il ne se lie étroitement à l'intérêt public. L'Etat leur doit sa protection, sa sollicitude, mais il est tenu en premier ordre de veiller au service public dont ils ne sont que les instruments.

Le problème consiste à concilier dans une juste mesure la règle et l'arbitraire, de manière que, loin de se détruire, ils se prêtent un mutuel secours, que la règle corrige l'arbitraire et l'arbitraire la règle. Or, les termes de la question se modifient selon l'importance des emplois et la nature des services. Essayons d'indiquer les principes les plus généraux de cette grave matière.

Certaines fonctions résistent par leur nature à toutes conditions explicites d'aptitude, et l'accès en doit être entièrement libre. Ce sont les fonctions politiques, celles qui se lient à la marche même du gouvernement. Sous le régime parlementaire, l'intérêt que les ministres avaient à ne point se donner pour auxiliaires politiques des hommes dépourvus de talent ou privés d'influence, offrait des obstacles réels et cependant parfois inefficaces, à des nominations abusives. Ce régime d'ailleurs élargissait beaucoup le cercle des agents politiques, et par la mobilité qu'il introduisait dans la direction générale des affaires, soumettait les fonctionnaires de cet ordre à une instabilité nécessaire. Les nouvelles institutions politiques permettraient de réduire beaucoup la liste des emplois qui, comme investis d'un caractère politique, seront placés en dehors des règles ordinaires.

La règle n'est jamais qu'une garantie contre l'abus, et elle est toujours une entrave ; elle ne doit donc pas exercer son empire dans les cas où l'abus est peu probable et où le pouvoir a besoin d'une grande latitude. Cette réflexion s'applique aux situations les plus élevées de l'administration. Les conditions d'aptitude y doivent être ou nulles ou établies en termes très-généraux. Il y a deux raisons pour qu'il en soit ainsi. D'abord l'importance du titre est en elle-même un obstacle à des promotions qui ne reposeraient que sur la faveur : de telles promotions sont publiques ; elles excitent vivement l'attention, elles touchent toutes les ambitions rivales, souvent aussi jalouses que puissantes, et l'opinion publique s'en préoccupe avec ardeur. En second lieu, il faut dans les premiers rangs du service public des qualités qu'on n'acquiert pas à l'aide de la routine et de la simple pratique des affaires : l'étendue de l'esprit, la justesse du coup d'œil, des connaissances générales et approfondies, le talent de conduire les hommes. On ne trouverait pas toujours à satisfaire à ces conditions par des choix hiérarchiques. Les fonctions supérieures sont celles qui exigent le moins de science pratique. Il est de l'intérêt de l'Etat que les hommes éminents révélés par de grands travaux, par les discussions des corps politiques, par les succès de l'intelligence, puissent toujours être appelés à diriger les affaires publiques. Quelquefois on a essayé de suppléer à la hiérarchie par des catégories de fonctions ou de situations dans lesquelles les nominations devraient se renfermer. Cet expédient a plus d'inconvénients que d'avantages : les catégories autorisent plus souvent les mauvais choix qu'elles ne préparent les bons; trop restreintes, elles lient les mains au gouvernement; trop larges, elles lui laissent une latitude plus grande que si on laissait peser sur lui une responsabilité sans limites.

Après avoir ainsi fait la part des besoins politiques et des nécessités propres aux premiers emplois, on peut plus aisément proclamer la règle dans les fonctions inférieures. En général, plus on descend l'échelle des emplois, plus il devient facile et juste de consacrer des droits et de circonscrire le territoire laissé à l'arbitraire; en effet, le nombre des candidats admissibles est en raison inverse de l'importance des fonctions. Dans les emplois intermédiaires, une aptitude spéciale est nécessaire, car il y faut agir plus que diriger, et exécuter plus que prescrire. L'abus pourrait d'ailleurs s'y introduire plus aisément à la faveur du nombre des emplois à distribuer et du peu de publicité des nominations. La constitution de l'armée nous fournit sur ce point des données précieuses. Cependant, nous n'entendons point étendre à d'autres services les droits qu'elle accorde à l'ancienneté; il faut que les nominations soient toujours le résultat d'une appréciation intelligente et éclairée. La règle doit consister en même temps dans la possession de titres ou de grades antérieurs qui établissent une présomption d'aptitude, et dans l'obligation de vérifier l'aptitude réelle par des moyens déterminés, les plus propres à la constater d'une manière exacte. A part de rares exceptions, toute nomination doit être faite dans la classe ou le grade immédiatement inférieur : cet encouragement est dû aux fonctionnaires qui ont déjà su se faire une place dans la hiérarchie, et les candidats les plus aptes se trouvent presque toujours dans leurs rangs. Toute infraction à cette règle est une exception qui a besoin d'être motivée. Enfin, parmi les titulaires du même degré, l'ancienneté doit prévaloir à mérite égal. Mais comment sera constaté le mérite ? C'est la question la plus essentielle, celle d'où dépend la bonne composition du personnel public. Cette constatation doit se faire avec soin, résulter de preuves réitérées, et pouvoir être elle-même contrôlée et vérifiée; point de ces jugements qui se glissent à l'oreille, que la jalousie envenime, que la faveur adoucit, et qui ne sont pas assez sincères pour oser s'avouer. Il est vrai que nous vivons dans un temps d'indiscrétion où nul ne peut compter sur le secret, dans un temps de ménagements où l'on craint de se faire des ennemis; mais ces mœurs complaisantes ne doivent pas être encouragées : il faut habituer les dépositaires de l'autorité à en supporter le poids comme ils en recueillent les profits. Quand il s'agit de faire une nomination qui attachera à l'Etat un serviteur nouveau et exclura peut-être vingt concurrents dont l'aptitude est certaine, aucun renseignement n'est superflu, aucune vérification n'est trop minutieuse. Point d'examens ; toutes les fonctions n'en comportent pas, tous les candidats ne sont pas disposés à cette épreuve réservée aux débutants. Celui qui exerce déjà une fonction subit un examen permanent ; il suffit de tenir une note exacte de ses travaux, d'en conserver la trace, d'en indiquer avec précision le nombre et la valeur ; c'est à la fois un sujet perpétuel d'émulation dans l'œuvre de chaque jour, et un moyen certain d'appréciation, quand vient le moment d'une promotion. Cette promotion sera elle-meme précédée d'une présentation du chef intermédiaire appuyée sur des faits précis et circonstanciés, et la nomination, après de telles précautions, pourra difficilement méconnaître les droits de la capacité et des services déjà rendus. Voilà des règles qui peuvent être admises sans contrarier aucun intérêt légitime de l'administration. Peut-être écarteront-elles la sottise en crédit et l'intrigue remuante ; mais qui stipule au nom de la sottise et de l'intrigue? Dans les emplois qui n'appartiennent point à la hiérarchie d'un service organisé, d'autres dispositions doivent être adoptées. Les présentations des conseils des établissements, celles de l'Institut pour les fonctions où il est en état d'apprécier les candidats, offrent des garanties satisfaisantes. Nous les préférons notamment aux concours, bons pour les jeunes aspirants à l'entrée de la carrière, imparfaits et trompeurs dans les emplois qui conviennent à des hommes plus âgés, à des hommes quelquefois déjà célèbres, et peu disposés à jouer leur réputation dans les hasards de ces luttes épineuses, et à s'exposer à perdre, en quelques heures, le fruit des travaux de toute une vie.

Telle est, à notre avis, la conduite générale que l'administration doit s'imposer dans les nominations aux emplois intermédiaires : elle diffère peu des procédés actuellement suivis dans plusieurs services publics; mais il en est où l'on repousse toute gêne, où l'on prétend que l'arbitraire doit être entier. On place dans ce régime exceptionnel la diplomatie, l'ordre judiciaire et l'administration départementale. Cette prétention est-elle fondée? C'est ce que nous allons examiner. Nous parlerons en même temps d'un corps spécial de magistrature à l'occasion duquel s'élèvent des questions analogues.

Il n'est pas de carrière qui exige plus d'expérience, de connaissances générales et d'habitudes pratiques que la diplomatie, mais il n'en est pas non plus où les conditions d'aptitude soient plus relatives, qui engage de plus près les premiers intérêts de l'Etat et la responsabilité du Gouvernement, qui réclame enfin plus de confiance réciproque, de communauté d'idées entre le chef et l'agent, et de sympathie dans l'obéissance et dans le commandement : on ne peut donc la soumettre à des règles étroites. L'ancienneté peut n'être d'aucune considération, et le talent même ne point suffire à telle nécessité accidentelle. Ajoutons qu'un personnel très-limité ne laisserait pas toujours une suffisante latitude à des choix concentrés dans ses rangs, et que le recrutement du corps n'a point été entouré, jusqu'à présent du moins, des précautions propres à en exclure l'incapacité. Trop souvent ceux qui le composent brillent plus par le nom, la richesse, la situation sociale, que par le mérite et l'intelligence. Il faut donc qu'en dehors des cadres puissent se faire toutes les nominations commandées par l'intérêt du service. Nous n'ignorons point les abus qui ont excité de justes plaintes, le découragement jeté dans les rangs inférieurs; nous condamnons des écarts déplorables, mais ce serait manquer de sagesse que de dépouiller l'Etat de ses prérogatives nécessaires, parce qu'elles ont été accidentellement détournées de leur but légitime.

Aucune de ces considérations ne s'applique aux nominations judiciaires. Les choix peuvent s'exercer dans un cercle étendu; les candidats capables sont nombreux; les fonctions à conférer exigent avant tout le caractère et l'indépendance, et non la souplesse et la dextérité. Or, quel intérêt plus élevé que celui de la bonne composition de la magistrature? De tout temps, il a excité la sollicitude des organes de la nation et commandé des dispositions protectrices. On peut dire de la règle, en beaucoup de choses de gouvernement, ce que Mme de Staël disait de la liberté, que c'est elle qui est ancienne et l'arbitraire qui est nouveau. En 1356, les états-généraux, assemblés pendant la captivité du roi Jean, demandaient que les offices de justice ne fussent donnés que «par bonne et mûre délibération, en pourvoyant aux offices et non aux personnes. » L'ordonnance du 14 mai 1358 consacre ce vœu. En 1408, les offices de président et autres agents du parlement sont remis à l'élection du parlement lui-même. Plus tard, l'élection directe est supprimée et remplacée par une liste de présentation dressée au scrutin. Enfin, après le rétablissement de la vénalité des charges, des ordonnances veulent qu'avant la réception de ceux qui en auront été pourvus, il soit « informé de leurs vie, mœurs et conversation, » et procédé à un examen « tant sur la loi que sur la pratique et en la fortuite ouverture de chacun livre qui se fera en trois endroits pour le moins. » Si l'information et l'examen ne sont pas suffisants, l'admission est refusée. Telles sont les précautions prises sous un régime absolu; elles étaient plus sérieuses que celles dont on use aujourd'hui. La loi, en effet, pour tous les emplois judiciaires, n'exige, comme nous l'avons déjà dit, qu'un diplôme de licencié et deux années de stage au barreau. Si les nominations ont ordinairement lieu sur une présentation des chefs des cours d'appel, cette présentation, seul moyen d'information du pouvoir qui nomme, n'est pas toujours suivie. Les principaux inconvénients des formes actuelles tiennent à l'absence de noviciat judiciaire; si cette préparation aux fonctions de la magistrature était constituée sur des bases solides, elle lèverait les principales difficultés. On peut remarquer, en effet, que partout où le noviciat est constitué, les règles hiérarchiques s'observent. Il conviendrait en outre de créer des moyens plus nombreux de constater le mérite et les services des magistrats de l'ordre le moins élevé. Ils dépendent trop des impressions favorables ou contraires de leurs supérieurs; quiconque a eu le malheur de déplaire se voit fermer toute chance d'avancement. La multiplicité des emplois, les inconvénients attachés à une trop grande mobilité, permettent difficilement de constituer une hiérarchie régulière et de créer des grades et des classes, par lesquels les aspirants aux emplois supérieurs soient tenus de passer successivement. D'un autre côté, la convenance, la nécessité même d'appeler les membres du barreau dans la magistrature à laquelle ils ont de tout temps rendu de grands services, s'oppose à ce que les nominations soient exclusivement attribuées à l'avancement. Cependant, sous un régime où la principale garantie des droits privés, en l'absence de la responsabilité politique, doit reposer sur l'ordre judiciaire, il n'y a rien de plus important que la composition de la magistrature. La confier entièrement au choix discrétionnaire du gouvernement, c'est s'exposer à la voir recrutée dans des vues qui ne seront pas toujours celles de la justice, et à faire de l'avancement la récompense, non plus du mérite et de la science, mais de la complaisance et du dévouement servile.

Des ministres, pour s'affranchir de toute règle, ont prétendu qu'il était nécessaire de réserver au gouvernement le droit de nommer qui bon lui semble aux emplois de sous-préfet et de préfet, de chef de bureau, de chef de division et de directeur dans les administrations centrales. Ces emplois, il est vrai, sont d'une espèce particulière, et ne peuvent être soumis à des règles aussi étroites que ceux des finances ou des ponts-et-chaussées ; ils ne sont point purement techniques, et plusieurs touchent à la politique. Cependant, nous ne trouvons aucun motif plausible pour ne pas circonscrire les choix dans le cercle des fonctionnaires déjà éprouvés et instruits par des fonctions moins élevées. A quelles catégories seraient empruntées les promotions faites hors de ce cercle ? On a vu, à d'autres époques, dans les moments de crise, où les choix hiérarchiques cedaient le pas aux nécessités politiques, ce que l'administration en pouvait attendre. Un sous-préfet, un préfet, un chef du service central, ne s'improvisent point. Combien d'intérêts confiés à leur zèle ! quelle somme de connaissances indispensables ! l'économie politique et sociale, la statistique, le droit public et administratif, les traditions consacrées par l'usage. Les meilleurs choix ont été faits dans la hiérarchie, et si, parmi ceux qui lui étaient étrangers, plusieurs n'ont pas compromis le service public, aucun n'a toutefois fait briller des qualités qu'on n'eût pas rencontrées, au moins au même degré, dans les catégories fournies par les cadres administratifs. Ces catégories sont nombreuses, elles contiennent des esprits et des capacités de tout genre; on ne risquerait jamais, en s'y renfermant, de ne point obtenir pour chaque emploi un agent capable et, pour chaque nécessité publique une satisfaction complète.

En dehors de ces services généraux, le mode de recrutement et d'avancement intérieur de la cour des comptes réclame une attention spéciale. Sa constitution primitive portait l'empreinte des principes d'ordre et de régularité qui régnaient sous l'Empire. En cas de vacance d'une place de conseiller maître, il devait être fait une liste de six référendaires distingués par leur talent et leur zèle; la nomination ne devait donc pas être entièrement arbitraire. Les référendaires étant divisés en deux classes, l'ancienneté déterminait pour moitié le passage de la seconde à la première : cette dernière règle était absolue, et il a fallu la respecter; mais pour la nomination des référendaires et des conseillers maîtres, aucune condition n'est exigée, et les choix ont plus d'une fois donné lieu aux plaintes les plus vives. Rien ne serait pourtant plus facile que de régler ces nominations de manière à donner tout à la fois à la cour des comptes des magistrats très-habiles et très-recommandables, et aux divers services financiers, par l'espoir d'y voir entrer leurs membres, un juste sujet d'émulation. Ce grand corps a reçu, depuis sa création, des attributions très-élevées qui lui donnent une part réelle dans le gouvernement, et qui ne permettent pas plus de le composer de simples comptables, habiles seulement à vérifier des chiffres, que de personnages politiques étrangers aux questions de comptabilité. A toutes les époques, le rôle de la cour des comptes a été considérable, et l'on a compris la nécessité d'y encourager, par l'espoir de l'avancement, le zèle des rangs inférieurs. Nous en trouvons la preuve dans des lettres-patentes du 18 août 1406, qui ont pour objet de décider que des clercs de la chambre des comptes seront appelés à remplir les charges de conseillers maîtres; elles s'appuient sur l'ancien usage suivant lequel, en cas de vacances, les places de maîtres des comptes étaient données, sur la présentation de la chambre, à ceux « qui longuement avoient servy et qui savoient et cognoissoient les besoignes; et par ainsi les autres clercs de moyen aage, considérans lesdittes rémunérations, estoient plus encouragez de travailler et pener diligemment oudit fait, pour parvenir et avoir ce degré ouquel aucun ne peut gueres estre expert se il n'a longuement exercé le fait, et par ce en estoient les besoignes et affaires mieulz soutenuez et serchéez. »

Telles sont les règles générales qui régissent ou qui, selon nous, devraient régir la composition du personnel des services publics. Si nous considérons les faits, il faut reconnaître que la plupart de ces services sont soumis à des dispositions sages et tutélaires. Quand on étudie, de bonne foi et sans esprit de parti, l'administration française dans ses innombrables détails, on y aperçoit, malgré des abus toujours trop nombreux, mais inévitables, un esprit d'ordre incontestable et un système de garanties qui oppose de solides obstacles aux excès de l'arbitraire. De mauvais choix ont introduit dans les fonctions publiques des hommes qui ne méritaient point ou qui méritaient peu d'y entrer; mais ces erreurs regrettables ont été plus éclatantes que nombreuses. Ce n'est pas une raison pour en permettre le retour : c'en est une pour ne pas condamner trop sévèrement un régime qui a plus arrêté que permis de tels écarts. Nous avons indiqué les moyens propres à le compléter; ils se réduisent à un certain nombre de dispositions simples, dont l'application n'est pas aussi difficile qu'on le suppose. Ces dispositions ne nous paraissent point de nature à être formulées en loi. Une telle loi devrait embrasser trop de situations différentes : si elle voulait être rigoureuse pour prévenir tout abus, elle gênerait d'une manière fâcheuse certaines parties du service public; si elle admettait des exceptions pour faire la part de toutes les nécessités, elle ouvrirait la porte aux abus mêmes contre lesquels elle serait dirigée.

C'est donc avec raison que la loi du 5 juillet 1850 s'est bornée à exiger des réglements d'administration publique. Nous croyons avoir suffisamment indiqué le but général que devraient se proposer ces réglements, quand il plaira au gouvernement de les faire. A l'entrée des carrières, créer des garanties applicables à tous les services, et dont le modèle se trouve déjà dans plusieurs; donner une sanction durable aux mesures adoptées dans les administrations financières, les coordonner, les rendre uniformes; subordonner partout l'admission à une aptitude constatée par un examen, y joindre la garantie d'un stage; constituer un noviciat judiciaire; préparer des hommes aux délicates fonctions de la diplomatie, aux devoirs austères de l'administration; organiser, comme point de départ, un enseignement sérieux et approfondi des sciences politiques, administratives et financières; — pour le partage des autres emplois, accorder à l'avancement tous les priviléges compatibles avec l'intérêt public, réserver à la politique les positions qui lui sont nécessaires, aux talents supérieurs les emplois assez élevés pour que l'intrigue n'y puisse atteindre, combiner dans une proportion convenable les droits de l'ancienneté et ceux du talent; ne laisser à l'arbitraire, dans la diplomatie, dans la magistrature, dans l'administration, que la part rigoureusement nécessaire; en un mot, consacrer partout les priviléges de la capacité, cette loi d'un pays qui a détruit l'hérédité des charges et la vénalité des emplois, et ne laisser jamais sans récompenses les services rendus, premier titre à l'estime publique et à la confiance de l'État : telles sont, selon nous, les données générales du problème.

Nous avons dit comment s'acquièrent les fonctions publiques; il nous reste à retracer les droits et les devoirs de ceux qui les occupent.

CHAPITRE IV.

DEVOIRS DES FONCTIONNAIRES ENVERS L'ÉTAT.

L'acte de nomination, émané de l'autorité compétente, est le titre du fonctionnaire. Selon les emplois, la prise de possession doit être précédée de la prestation d'un serment, d'une réception officielle ou du dépôt d'un cautionnement. Chacune de ces formalités a son utilité propre. Rien n'est plus convenable que d'attacher par le serment, ce lien solennel de l'honneur et de la conscience, celui qui doit être investi d'une part de la puissance publique ou qui en sera le délégué auprès des citoyens. On exige le serment dans les emplois qui confèrent une autorité directe et une action sur le public. Un magistrat doit le prêter; son caractère en devient en quelque sorte plus auguste. Un commis peut en être dispensé; il n'est qu'un auxiliaire inférieur et souvent ignoré. Sous les régimes qui ont précédé la Révolution de 1848, après un changement dans le gouvernement, tous les fonctionnaires, quelles que fussent leurs attributions, étaient ordinairement appelés à donner ce gage d'adhésion au pouvoir qui s'élevait : le serment devenait alors exclusivement politique. Un décret du 1er mars 1848 avait supprimé cette espèce de serment. Elle a été rétablie par la Constitution de 1852. On peut douter de l'utilité d'un serment dont chaque révolution triomphante délie ceux qui l'ont prêté, et l'on a dit, non sans raison, que le serment politique n'était qu'une humiliation infligée par le parti vainqueur au parti vaincu.

Il est utile, dans un grand nombre de cas, qu'une investiture officielle consacre le nouveau titulaire d'un emploi ; elle donne de l'importance à celui qui la reçoit, et appelle sur lui l'attention et le respect. L'appareil de la réception de certains fonctionnaires contribue à les rehausser. La simplicité des mœurs n'exclut point la dignité des situations. C'est ainsi que les magistrats sont reconnus par leur compagnie en audience solennelle, les officiers par leur corps, les professeurs de quelques Facultés universitaires par leurs collègues assemblés. Pourtant ces réceptions sont de pure forme, et n'ajoutent rien au droit qui résulte de l'acte de nomination ; les corps ou les agents qui y procèdent n'ont point qualité pour vérifier la régularité du titre conféré, ni pour en apprécier le mérite. Les ambitions déçues, les préventions personnelles, les jalousies de corps, pourraient fausser cet examen, et l'ordre des pouvoirs serait interverti, si les actes du gouvernement subissaient un tel contrôle.

Tous les comptables, receveurs généraux ou particuliers, percepteurs, payeurs, caissiers, sont assujettis à fournir, à titre de cautionnement, une somme dont la quotité est proportionnée à l'importance de leur gestion. C'est un gage matériel qui sert de complément aux garanties morales qu'exige une administration prudente. Le dépôt de cette somme doit précéder l'entrée en fonctions.

Après ces formalités préliminaires, quand il y a lieu de les accomplir, le contrat qui s'est formé entre l'Etat et le fonctionnaire commence de s'exécuter. Les conditions de ce contrat résultent des lois, des réglements, des usages. Elles reposent toutes, sans exception, sur un principe fondamental : les fonctions sont établies dans l'intérêt, non de ceux qui les occupent, mais du public. C'est de ce principe que découlent les devoirs dont nous nous proposons d'offrir le tableau.

Tout emploi suppose un office à accomplir. La loi n'admet plus ces fonctions parasites qui servaient autrefois à dérober la faveur sous le manteau du service public, et dont les tranquilles possesseurs, libres de tout soin, obtenaient un titre pour toucher un salaire. Les sinécures sont incompatibles avec un régime politique qui ne tient compte que des services rendus, et n'admet aucune dépense, si elle n'est profitable à l'Etat. Ce n'est pas qu'un œil curieux et exercé ne pût découvrir encore dans les colonnes du budget des emplois sans attribution réelle, ou dont l'importance a été grossie démésurément dans des vues personnelles; mais les précautions mêmes, employées pour déguiser ces irrégularités, déposent en faveur d'une règle que d'obscurs et rares abus ne sauraient infirmer.

De même que l'emploi emporte l'obligation d'un service, le titre suppose l'emploi. Les noms qui servent à désigner les dépositaires du pouvoir ne sont pas des qualifications nobiliaires qui puissent être prêtées pour flatter la vanité. Depuis 1830, on s'est attaché à faire prévaloir ce principe longtemps méconnu. La loi sur l'avancement dans l'armée défend de conférer aucun grade sans emploi. Toutefois, dans la magistrature, on peut admettre ceux qui ont occupé un emploi, à en conserver le titre honoraire quand ils prennent leur retraite; souvenir légitime du passé, juste récompense de longs travaux; mais cette autorisation ne peut régulièrement s'appliquer qu'au nom même de la fonction précédemment exercée.

Le fonctionnaire est tenu d'accomplir en personne les devoirs de sa place. S'il peut, pour certains soins accessoires et dans quelques circontances, prendre un aide, il n'a pas le droit de se substituer un tiers sans caractère public. La confiance de l'État, qui l'a nommé, n'est pas susceptible de délégation. Les receveurs des finances, qui tiennent une véritable banque, qui sont obligés parfois à de longues absences et engagés pour des sommes immenses dans leurs opérations, ont seuls le droit de prendre, pour les remplacer, un fondé de pouvoirs de leur choix; encore la nomination en est-elle soumise à l'agrément du ministre. A part cette exception nécessaire, en cas d'absence ou d'empêchement, le fonctionnaire est, s'il y a lieu, remplacé par d'autres agents, créés en vue de ces cas accidentels, sous le nom de suppléants, d'agrégés, d'adjoints, ou par des collègues du même service, désignés à cet effet. Ces remplacements ne peuvent se prolonger au-delà d'un temps fort limité. Cependant on a admis des professeurs des facultés ou du Collége de France à se tenir indéfiniment éloignés de leur chaire, tout en conservant leur titre; quelques-uns s'étant élevés aux premiers emplois de l'État, d'autres ayant atteint l'âge du repos après un illustre enseignement, on a cru que leur nom jetait encore de l'éclat sur la chaire qu'ils avaient occupée, et que, quand eux-mêmes tenaient à honneur de l'y laisser attaché, la règle commune (1) devait fléchir devant cette noble et modeste ambition.

Pour être plus à même de vaquer à leurs devoirs, plus à la portée du public, les fonctionnaires doivent résider au siége de leurs fonctions. La nécessité de la résidence est évidente, et n'a pas besoin d'être démontrée. Cependant cette règle ne fut pas toujours respectée. Les plaintes des états-généraux, les ordonnances de nos rois en attestent le long oubli. Quand les charges publiques étaient un don de la munificence royale, ou l'objet d'un contrat qui les transmettait à prix d'argent, il était simple que les titulaires en considérassent seulement les priviléges ou les émoluments, et que l'inté-

(1) « Caveatur expressè quòd nullus doctor aut regens possit legere per substitutum, nisi per duos menses duntaxat in anno; sitque causa probabilis et necessaria quam in presentiâ rectoris et collegii medio juramento affirmare teneatur. » (Statuts de l'université d'Angers, avril 1410.)

rêt des administrés ne leur inspirât qu'une médiocre sollicitude. Aujourd'hui que la promotion aux emplois et les devoirs qu'ils imposent sont soumis à d'autres principes, l'obligation de la résidence a été érigée en loi, et personne ne songerait à s'y soustraire.

Il ne suffit pas que le fonctionnaire exerce en personne et ne quitte pas son poste, il faut encore qu'il soit assidu et régulier. L'assiduité se constate de diverses manières, et, dans quelques services, l'appât de l'intérêt sert à l'entretenir. Dans les corps judiciaires, le magistrat est tenu, avant l'audience, d'inscrire son nom sur un registre appelé *registre de pointe*. La moitié du traitement est distribuée en droits de présence, et perdue par lés absents. Une portion de la rémunération des conseillers référendaires à la cour des comptes est répartie entre eux proportionnellement à leurs travaux. Dans les bureaux des administrations centrales, on constate, par une liste qui doit être signée avant une heure déterminée, la présence des employés d'un rang secondaire. Dans les autres services, la preuve de l'assiduité résulte virtuellement, soit de l'exercice même des fonctions, soit de certains actes dont la rédaction ou la signature implique ou atteste la présence de l'agent. L'assiduité a pour compléments l'exactitude et la régularité. On ne peut guère définir les qualités qui constituent le fonctionnaire exact et régulier ; seulement il appartient aux réglements intérieurs d'interdire certaines habitudes de paresse ou de dissipation. On trouve à ce sujet, dans les vieilles ordonnances, de naïves dispositions, qui n'ont pas toutes perdu leur à propos. L'une d'elles (1320) défendait aux membres du parlement « de demander et raconter nouvelles et esbattements, et si aucuns, ajoutait-elle, en veust demander ou raconter, il le pourra faire quand midi sera sonné.» Une ordonnance du 3 août 1388 prescrit aux officiers de la chambre des comptes d'apurer sur-le-champ les comptes qui leur sont confiés, « car il survient chacun jour tant de besoignes nouvelles, que toutefois les vieilles en sont oubliées. » Aujourd'hui les réglements des administrations centrales sont les seuls qui contiennent des dispositions de ce genre. Il en est qui interdisent les visites de bureau à bureau étrangères au service, qui défendent aux employés de prendre leur repas dans leur bureau, de s'y livrer à des conversations particulières, d'y lire, pendant les heures de travail, les journaux et les livres étrangers au service de l'administration : prescriptions utiles, mais vaines, si les chefs n'en assurent pas l'exécution par une surveillance continue. Ordinairement le temps qui doit être consacré à chaque espèce d'emploi est fixé. On détermine, par exemple, le nombre et la durée des audiences des cours et tribunaux, des leçons des professeurs, et les heures que les employés doivent passer dans leur bureau. Toutes ces injonctions se résument dans l'obligation générale de satisfaire aux besoins du service et d'y apporter la ponctualité ou la promptitude que le public est en droit d'exiger, sans nuire toutefois aux études accessoires et à la maturité de l'examen, dans les fonctions qui ne demandent pas seulement l'accomplissement matériel de certains actes.

Depuis 1830, et surtout depuis 1848, on a vu presque entièrement disparaître un abus inconciliable avec les devoirs d'exactitude, d'assiduité, et même de résidence que nous venons d'énumérer : nous voulons parler du cumul, c'est-à-dire de la réunion de plusieurs emplois dans une seule main. Souvent la même personne était investie de deux ou trois fonctions, quelquefois davantage, fonctions la plupart du temps trop pesantes pour ne pas exiger chacune un titulaire, et ayant même, on a en vu des exemples, leur siége en des lieux différents. Le cumul ne peut s'appuyer sur aucune raison sérieuse. Pourquoi concentrer sur un seul des avantages qui sont de nature à être répartis entre plusieurs? Combien peu d'hommes ont la force d'embrasser à la fois des travaux si multipliés ! Si la vaste intelligence de Cuvier y suffisait, que d'esprits médiocres en sont accablés ! Il est d'ailleurs peu de fonctions qui ne réclament pas une attention exclusive et sans partage. On cherchait ainsi à corriger la modicité excessive de quelques traitements, mais c'était sacrifier le service public à des intérêts personnels, et, si les traitements étaient trop faibles, ce mal appelait un remède plus direct. Le cumul est rare à présent. Plusieurs lois l'ont supprimé dans des services déterminés. On le permet seulement dans les carrières scientifiques et littéraires, qui ont toujours sur ce point joui de faveurs exceptionnelles, en raison de la spécialité de quelques études familières à un petit nombre d'hommes d'élite, et de la plus grande facilité de faire marcher parallèlement des travaux analogues qui souvent, loin de s'exclure, se prêtent un mutuel secours.

Quelque étroite que soit l'obligation de vaquer personnellement aux devoirs de la fonction, des circonstances spéciales peuvent permettre d'y déroger; l'intérêt même du service rend parfois une période de repos nécessaire à ceux qui ont porté le poids du jour. Il est pourvu à cette double nécessité au moyen des vacances et des congés. Les vacances sont accordées dans les services qui peuvent sans dommage recevoir une interruption momentanée, et qui exigent toujours l'application d'un intelligence libre et active. A cette catégorie appartiennent les corps de magistrature et d'enseignement. Pendant les vacances, les travaux ordinaires sont suspendus ; quelques membres seulement, désignés chaque année à tour de rôle, demeurent chargés, dans les compagnies judiciaires, de l'expédition des affaires les plus urgentes. L'usage des vacances est profitable au service public autant qu'aux fonctionnaires eux-mêmes. Après quelques semaines de loisir, on retrouve le travail avec plaisir. L'esprit, qui a besoin de changer d'objet, a repris une sève nouvelle, et le temps perdu est bientôt réparé. On pourrait difficilement accorder des vacances à d'autres services que ceux pour lesquels elles sont instituées. Tous n'en éprouvent pas le besoin, et suspendre ou ralentir leur marche serait aussi dommageable à l'État qu'aux particuliers. On concilie par les congés les nécessités de l'administration avec les convenances des fonctionnaires. Les congés sont accordés même dans les services qui ont des vacances, mais ils y sont plus rares et s'y obtiennent plus difficilement ; on en règle partout la durée selon le nombre, et l'époque selon l'urgence des travaux à exécuter. Dans l'armée, les officiers reçoivent des congés de semestre pendant la saison où les exercices militaires sont interrompus. Dans l'Université, des congés d'un an sont accordés aux professeurs que la fatigue d'un laborieux enseignement ou le besoin de suivre des études scientifiques ou littéraires obligent à suspendre leurs fonctions. Les membres du corps diplomatique et consulaire sont autorisés, après un long séjour à l'étranger, à venir respirer l'air de la patrie et s'initier à la pensée du gouvernement et au mouvement des esprits. Dans les autres services, les congés sont ordinairement fort courts. Les administrations financières n'en admettent point qui excèdent trois mois, et cette durée est elle-même tout-à-fait exceptionnelle. En général, quand le congé doit durer moins d'un mois ou qu'il est commandé par une force majeure, il n'entraîne aucune privation de traitement. Dans les autres cas, le traitement est réduit de moitié; il est entièrement supprimé si le congé se prolonge au-delà du terme assigné. Le fonctionnaire qui quitte son poste sans congé encourt la destitution. Dans la magistrature, malgré l'inamovibilité du titre, celui qui, absent sans autorisation depuis plus d'un mois, ne reparaît point à la première sommation, est déclaré démissionnaire. Cette peine, malgré sa rigueur, est pleinement justifiée. L'État ne doit plus rien à qui déserte son poste, et le contrat est rompu par l'absence qui en rend l'exécution impossible.

Ainsi, le fonctionnaire doit s'acquitter en personne de son emploi, en prendre le siége pour résidence, être assidu et ponctuel. Parmi d'autres mérites plus généraux et d'un ordre plus élevé, si l'on peut ainsi dire, le service de l'Etat réclame trois qualités principales : la probité, l'obéissance et la discrétion.

La probité du fonctionnaire n'est pas seulement le devoir commun à tout homme qui vit en société, le respect de la propriété d'autrui, l'observation des règles dont les violateurs encourent les rigueurs du Code pénal; plus sévère, elle consiste à ne chercher dans les fonctions aucun avantage privé, à n'user jamais dans un intérêt propre du pouvoir qu'elles confèrent, à opposer une inflexible résistance à toute influence injuste, à ne faire acception de personne, à donner la même attention à tous, faibles ou puissants, amis ou indifférents, à ne consulter que le bien de l'Etat et la loi qui en est l'expression écrite (1). Elle doit être manifeste et incontestée; de là, l'interdiction de tout ce qui peut attirer le soupçon et exposer la conscience. La magistrature elle-même, si pure, si religieusement

(1) « On ne doit se proposer, dans tout ce que l'on entreprend, que l'intérêt général ou du moins le bien du plus grand nombre. Celui qui n'a pas d'amour pour le service de son pays et de ses concitoyens, celui qui ne se sent pas enflammé de zèle à l'idée de faire du bien, d'être utile aux autres, celui-là n'est pas fait pour le service public et n'est pas digne de porter un titre honorable. L'intérêt personnel est la ruine du service public, le vice le plus impardonnable chez un employé de l'Etat; l'intérêt personnel ne consiste pas seulement à se laisser corrompre, mais encore à céder à des considérations personnelles qui obscurcissent la vérité. Un inférieur qui agit ainsi trahit ses devoirs; un supérieur qui l'autorise ou le tolère, trahit ses serments. Celui qui sert l'Etat doit faire abstraction de lui-même. Aucune considération particulière, aucune affaire personnelle, aucun intérêt accessoire, ne doivent le distraire de son occupation principale ; aucun débat d'autorité, aucune question de cérémonial, ne doivent le détourner de son but essentiel, qui est de faire le bien. Sous quelque forme que les affaires se présentent, *bottées ou non; bien ou mal peignées*, cela doit être égal à un homme raisonnable.» (Lettre de Joseph II, écrite en 1783 au chef du personnel d'Etat).

honnête, est l'objet de pareilles interdictions. Le juge ne peut acheter des biens qui se vendent à l'audience de son tribunal ; il est tenu de se récuser toutes les fois que des relations avec un plaideur, définies par la loi avec un soin presque blessant, peuvent mettre en question la liberté de son jugement. Des dispositions analogues sont établies dans d'autres branches du service. Il est défendu aux consuls, préposés à la surveillance et à la protection des commerçants leurs concitoyens, de faire eux-mêmes le commerce directement ou indirectement, sous peine de révocation. Même défense aux employés des postes et des contributions indirectes, qui pourraient faire tourner au profit d'une concurrence déloyale les secrets ou le pouvoir dont ils sont dépositaires. Dans les services qui obligent à constater et à poursuivre des infractions, on évite de placer les agents au sein de leur famille ; on ne veut pas que le devoir du fonctionnaire ait jamais à lutter contre le dévouement du parent. Tout est mis ainsi en œuvre afin que la délicatesse ne soit pas exposée à faillir, et qu'aucun doute injurieux ne flétrisse le caractère de l'homme public. Ces précautions ne peuvent être portées trop loin. Aucune corruption n'est plus détestable que celle des délégués de l'Etat : elle déshonore le pouvoir, altère les mœurs publiques, et tourne contre les intérêts privés les forces créées pour les protéger. Nos lois lui ont réservé des sévérités exceptionnelles ; mais un pouvoir sage, en prévenant le mal, s'épargne la douleur de le punir, et malheur à l'administration qui ne trouverait sa sauvegarde que dans la répression des lois ! Nous aimons à dire qu'en France la probité règne dans les régions du pouvoir ; on y ignore les habitudes de vénalité qui flétrissent tant d'administrations étrangères. Si les tribunaux ont condamné de criminels écarts, ces procès ont prouvé que les délits étaient rares, et que le gouvernement n'entendait point les laisser impunis. Dans les emplois subalternes, malgré la modicité des traitements, les agents sont honnêtes et resteraient sourds à des propositions corruptrices. Loin de nous la pensée d'accuser ceux qui occupent des situations plus élevées, mais nous ne pouvons nous empêcher de remarquer que c'est dans leurs rangs qu'ont éclaté des scandales, heureusement fort rares.

Respecter les lois de la probité est le devoir de tous, obéir est plus spécialement le devoir du fonctionnaire. L'obéissance hiérarchique est une condition essentielle de la régularité et de la bonne constitution du pouvoir, mais elle se modifie d'après la nature de la fonction et le caractère des ordres. Le magistrat ne relève que de sa conscience ; on peut lui prescrire l'exactitude, mais un jugement, jamais. Au militaire est imposée, dans tous les cas, une obéissance absolue et complète. C'est la loi de la discipline : les baïonnettes ne délibèrent point. Entre le militaire qui exécute et le magistrat qui juge, les autres fonctionnaires sont assujettis à une subordinatio plus ou moins étroite, selon les circonstances. Dans tous les cas, le droit de représentation ou de rémontrance leur est accordé : exercé avec convenance et respect, il éclaire l'administration sans l'entraver. Jamais le devoir de l'agent ne peut être de violer la loi. Les dispositions de la loi ne sont-elles pas elles-mêmes des ordres, et leur autorité n'est-elle pas bien supérieure à celle du pouvoir executif? comment lui seraient-elles subordonnées (1)?

La discrétion est une des qualités les plus essentielles du fonctionnaire public. Le magistrat ne peut révéler les opinions qui se sont produites dans les délibérations : autrefois les infractions à cette règle étaient punies de destitution et d'amendes considérables. Le diplomate possède des secrets qui renferment parfois la paix ou la guerre ; le militaire reçoit des ordres dont la divulgation compromettrait le salut de l'armée. Sans même recourir à ces exemples extraordinaires, il n'est pas une branche du service public dont les agents ne soient tenus à la discrétion. Les ordres donnés par les chefs aussi bien que les communications faites par les inférieurs, les renseignements fournis sur le personnel, les enquêtes disciplinaires, les informations sur l'état du service, les affaires même qui intéressent des parties privées et qui sont du ressort de l'administration, tout exige le secret. Sans le secret, plus de confiance ni de sécurité ; chacun craint de se compromettre. Le service est ainsi arrêté par mille résistances ; les meilleures mesures sont combattues par ceux qu'elles froissent, et qui, avertis à l'avance, font jouer tous les ressorts de l'intrigue : l'autorité perd son indépendance et par conséquent sa force.

(1) V. ci-dessus le chapitre *de l'action administrative.*

DEVOIRS DES FONCTIONNAIRES ENVERS LE PUBLIC. — ENTRE EUX. — DANS LA VIE PRIVÉE. — DISCIPLINE.

Jusqu'ici le fonctionnaire n'a été considéré que dans ses devoirs les plus généraux envers l'Etat, et, si nous osons ainsi parler, dans les principes de morale qui lui sont propres. Suivons-le maintenant dans ses relations avec le public, quand le public a directement affaire à lui, dans ses rapports avec les autres ordres de fonctions, et enfin dans la vie privée.

Il est des circonstances nombreuses où un contact immédiat s'établit entre les citoyens et les agents de l'autorité. La perception des revenus publics, la police, les services dont l'Etat s'est attribué le monopole, en fournissent les occasions les plus habituelles ; des obligations spéciales en sont la conséquence. S'agit-il du paiement de l'impôt, les agents doivent tempérer les exigences de la loi par toutes les facilités qui n'engagent point leur responsabilité. S'agit-il de l'exécution des mesures qui intéressent l'ordre et la sûreté, ils doivent être fermes, mais équitables et conciliants. S'agit-il enfin des services dont l'administration a la direction, ils ne doivent jamais perdre de vue que, s'ils ne touchent point directement un salaire du particulier qui s'adresse à eux, c'est le public qui les paie et qu'ils sont chargés de servir. On en voit trop qui tranchent du personnage, parce qu'ils ont l'honneur d'appartenir à l'Etat, et qui manquent d'empressement et même d'exactitude envers le public, parce qu'ils n'en dépendent point directement. Les instructions de leurs chefs, les habitudes d'une bonne éducation, devraient au moins leur donner les manières courtoises et complaisantes que l'aiguillon de la concurrence inspire aux agents des industries libres. Plusieurs gouvernements étrangers nous offrent à cet égard des modèles qui ne sont pas à dédaigner. En Angleterre, en Prusse, en Russie, les employés des administrations publiques sont pleins de politesse. C'est une question qui mérite toute l'attention du gouvernement. Les citoyens ont droit d'exiger qu'on les traite avec déférence. Il en est beaucoup qui sont disposés à juger le gouvernement sur la conduite de ses agents, et plus d'une résistance n'a eu pour cause que la grossièreté de l'officier public chargé de veiller à l'exécution de la loi.

A cet ordre de devoirs se rapporte le costume officiel que plusieurs catégories de fonctionnaires sont obligées de porter. A l'égard des uns, le costume a pour objet de commander le respect au public, de l'imposer même entre eux à des hommes parmi lesquels doit régner le sentiment des convenances réciproques. C'est ainsi que les magistrats portent la robe, ordinairement même dans leurs réunions intérieures. A l'égard des autres, le costume a pour objet d'inspirer confiance aux citoyens, et de leur désigner par un signe apparent l'agent de la force publique qui a droit de les rappeler à l'observation de la loi, et dont ils ont droit à leur tour de se plaindre et de provoquer la punition, s'il abuse de son autorité. Dans ces limites, le costume n'est pas une futile décoration, il contribue au maintien de l'ordre et de la considération due aux pouvoirs constitués par la loi. Mais il doit être simple et grave; quand on le surcharge de broderies et d'ornements, quand on l'impose à des fonctionnaires pour lesquelles il n'est qu'une vaine parure, on s'expose à faire croire qu'on a besoin de cacher la nullité du personnage sous la dorure de l'habit.

Les rapports des fonctionnaires entre eux sont soumis à des règles simples et claires. Dans le même service, ces rapports sont déterminés par l'ordre hiérarchique, et, à égalité de grade et de classe, par l'ancienneté. L'inférieur doit céder le pas à son supérieur, et le dernier nommé à celui qui l'a précédé dans la carrière, à moins qu'une volonté compétente n'en ait décidé autrement. Chaque service est indépendant des autres. Dans les circonstances où des fonctionnaires de divers ordres doivent se rencontrer ensemble, par exemple dans les cérémonies publiques, leur situation respective est déterminée par l'ordre des préséances. Des décrets impériaux règlent cet ordre : on les exécute encore, quoiqu'ils ne soient pas en harmonie parfaite avec l'esprit de nos institutions actuelles. On éprouverait quelque embarras à coordonner des dispositions nouvelles sur des questions qui éveillent les susceptibilités et mettent en jeu les amours-propres. Cette matière n'excite pas d'ailleurs un intérêt égal à son importance. Le réglement des préséances n'est pas plus que le costume une chose de pure etiquette il peut influer sur le jeu régulier des pouvoirs; et le classement des emplois, bien qu'il offre quelque difficulté, a l'avantage d'assigner à chacun sa valeur relative, et peut quelquefois servir à compenser l'infériorité du traitement par la plus grande élévation du rang. Il importe en tout cas de prévenir les collisions et les rivalités qui jettent la défiance dans les rangs; il n'importe pas moins, quoique en vue d'un intérêt tout opposé, d'interdire tout concert, toute correspondance, par lesquels les fonctionnaires se ligueraient entre eux dans une intention quelconque. Une coalition des dépositaires de la force ou de la puissance de l'Etat serait un danger public. Les lois y ont pourvu, et de tout temps cette sorte de conspiration a été punie de peines rigoureuses.

Quel que soit le respect de nos lois pour les franchises de la vie privée, celle des fonctionnaires ne peut jouir d'une complète inviolabilité. Leur association au pouvoir public établit entre eux et lui une solidarité morale, d'où résultent des devoirs qui s'étendent même au-delà du cercle des fonctions. L'administration est en droit d'exiger de ses moindres agents qu'ils aient une tenue honnête, qu'ils s'abstiennent des habitudes vicieuses, qu'ils ne portent point des habits «dissolus,» selon les termes des vieilles ordonnances. Le bon service d'un employé dépend, plus qu'on ne peut l'imaginer, de la régularité de sa vie privée. Pour parler des fonctionnaires d'un ordre plus élevé, le professeur ne mériterait plus d'instruire la jeunesse, s'il la pervertissait par le scandale de ses mœurs; le magistrat ne serait plus digne d'exercer le sacerdoce de la justice, si, dans ses relations privées, il était convaincu de déloyauté et d'indélicatesse. En certains cas, la sûreté des intérêts confiés au fonctionnaire se lie à ses affaires domestiques. On ne pourrait point conserver le maniement des deniers publics au comptable dont la fortune serait en désordre, dont les dépenses surpasseraient les revenus, ou que l'amour du jeu exposerait à la ruine. Autrefois les réglements étendaient encore plus loin leurs investigations. Il était défendu, par exemple, aux consuls de contracter mariage sans l'agrément du roi. A présent encore, dans les contributions indirectes, les employés du service actif sont tenus, lorsqu'ils se marient, d'en informer leurs chefs; l'administration examine si l'alliance est convenable et si l'employé peut être maintenu dans sa résidence. Les officiers de l'armée ne peuvent pas non plus se marier sans la permission du ministre de la guerre. Ces précautions s'expliquent. Le mariage modifie profondément la situation de ceux qui le contractent; il peut influer sur leurs moyens d'existence par les ressources qu'il leur apporte ou les charges dont il les grève, et sur leur considération par les circonstances qui les y ont conduits et la nouvelle famille qu'il leur donne.

Nous ne quitterons pas le fonctionnaire, considéré en dehors de ses fonctions proprement dites, sans le suivre sur le terrain de la politique, où il est souvent appelé par nos mœurs et par nos institutions. Sa liberté y est-elle complète? des devoirs spéciaux pèsent-ils sur lui? C'est ce qu'il faut examiner.

Le fonctionnaire ne peut se mettre en hostilité contre le régime politique consacré par la constitution; il violerait ses engagements les plus sacrés: aucun gouvernement ne peut admettre pour intermédiaires entre les citoyens et lui des hommes qui le nient. Sur ces principes, tous les partis sont d'accord; chacun à son tour, en faisant ou en provoquant des destitutions, est arrivé à la même conclusion. La sûreté de l'Etat y est attachée aussi bien que l'honneur des individus. Toutefois cette doctrine ne peut s'appliquer qu'au cas de manifestations extérieures. Rechercher les sentiments que le fonctionnaire tient renfermés au fond de son cœur, serait une odieuse inquisition, et s'en armer pour l'en frapper, une mesure de tyrannie. Si des gouvernements passionnés l'ont osé quelquefois, la conscience des honnêtes gens a protesté contre ces violences.

Mais on peut être en dissentiment sur des questions moins essentielles. Des partis nombreux se forment parmi les hommes mêmes les plus dévoués à la forme du gouvernement. Les uns placent au premier rang les douceurs de la paix, les autres la dignité du pays. Mille questions s'agitent. L'enseignement public sera-t-il laïque ou religieux? Quel sera le système des impôts? Quelles alliances sont préférables pour la nation? On discute, on écrit; c'est la vie morale d'un pays, et heureux celui où elle ne périt pas sous l'étreinte mortelle des intérêts privés! Heureux celui où les lois ne condamnent pas les citoyens au silence, et où une opposition consciencieuse n'a pas à redouter l'espionnage et la délation! Sous un régime qui reconnaît cette liberté, les fonctionnaires seront-ils obligés de se ranger au système du gouvernement et de s'en faire les appuis? Pourront-ils se placer dans les rangs de l'opposition? Telle est la question sur laquelle les esprits sont divisés.

Il est une école politique aux yeux de laquelle la

fonctionnaire, humble vassal, appartient, corps et âme, au gouvernement. Il en est, en quelque sorte, l'homme lige. On le contraint à se mêler aux élections pour soutenir les candidats qui lui sont recommandés par ses chefs ; il doit assurer leur succès. On n'avoue pas toutes ces théories, mais elles sont au fond des pensées, et plusieurs ont été professées publiquement et mises en pratique.

Si le fonctionnaire s'identifie, à ce point, avec ceux qui gouvernent, la dépendance qu'on veut faire peser sur lui est justifiée. Mais telle n'est point sa condition : il n'est l'homme de personne, il est le serviteur de l'État. Quand l'administration est chargée de pourvoir aux emplois, est-ce pour se faire des créatures ? Nullement. La loi a cru qu'elle était la mieux placée pour choisir les hommes les plus capables, les plus propres à chaque service. Sous un régime bien constitué, les emplois sont donnés à la capacité, aux travaux éprouvés, et non point au dévouement politique. Que ceux qui les occupent, à moins que le caractère de l'emploi ne soit lui-même exclusivement politique, puissent avoir une opinion. Surtout, qu'on ne les fasse point intervenir dans les élections. La liberté publique courrait de grands périls le jour où il serait admis en principe que tous les serviteurs de l'État sont au service du gouvernement dans ces épreuves solennelles ; que, par exemple, les juges de paix dans tous les cantons, les percepteurs dans toutes les communes, peuvent user de l'influence qu'ils tiennent de leurs fonctions pour peser sur les électeurs. D'un autre côté, le pays ne verrait plus dans les fonctionnaires, au lieu des représentants impartiaux de la puissance publique, que des courtiers de suffrages, proxénètes méprisés, désertant le poste où la loi les a placés pour se faire agents d'intrigues. Plus le Gouvernement serait audacieux, plus le danger serait grand. La considération du pouvoir y périrait avec la sincérité des élections. L'un de ces écueils est aussi redoutable que l'autre.

Il est diverses situations dans lesquelles le fonctionnaire joue un rôle politique. Sous la dernière monarchie, il pouvait être pair ou député. L'incompatibilité, prononcée aujourd'hui par les lois électorales entre les fonctions publiques et le mandat de député, a mis un terme aux conflits qu'engendrait le double titre de fonctionnaire et de membre du parlement, et nous n'avons plus à en parler. Mais le fonctionnaire peut être écrivain et il est électeur. Examinons ses devoirs particuliers dans ces situations.

Le fonctionnaire n'est pas dépouillé du droit d'écrire et de publier ses opinions; mais le citoyen seul doit tenir la plume, et jamais l'homme public. De cette règle découlent plusieurs conséquences : d'abord, une discrétion absolue est plus nécessaire encore dans des publications imprimées que dans de simples communications verbales. En second lieu, il n'est point permis au fonctionnaire d'engager une polémique sur les questions qui touchent à son service : l'anarchie entrerait dans l'administration, si un subordonné pouvait en appeler au public des mesures prises ou préparées par ses chefs; le gouvernement ne peut permettre que ses délibérations intérieures soient divulguées, que les questions qui s'agitent à tout instant dans le sein des services publics, passent de cette région sereine et calme sur le terrain brûlant de la politique. Enfin le fonctionnaire qui, substituant l'injure à la polémique, outragerait les chefs, dont il doit respecter le caractère et la personne, encourrait un juste blâme.

Les devoirs du fonctionnaire dans les colléges électoraux sont faciles à tracer. La loi a consacré le principe du secret des votes comme une garantie de la liberté politique, et ce principe doit mettre le fonctionnaire à l'abri de toute recherche. Même avec la publicité du vote, il devrait jouir d'une égale inviolabilité. Le gouvernement n'a donc pas le droit de contraindre le vote du fonctionnaire électeur. Ce serait attenter à une liberté publique et commettre un excès de pouvoir. Le fonctionnaire ne doit obéissance à ses chefs que dans l'ordre et pour l'accomplissement de ses fonctions; comme électeur, il ne relève que de sa conscience, il use d'un droit; mieux encore, il remplit un devoir. Toutefois, pour empêcher qu'on ne confonde en lui l'électeur et le fonctionnaire, il doit maintenir distincts ces deux titres. Il ne faudrait pas qu'il fît servir l'autorité dont il est investi au triomphe du candidat de son choix, appuyé ou non par le gouvernement. Ces nuances sont délicates, nous en convenons; il est quelquefois difficile d'établir une séparation absolue entre les actes du même homme investi d'un double caractère. C'est aux habitudes politiques qu'il appartient de poser les limites indiquées par les convenances et par l'intérêt public.

A ceux qui veulent défendre les fonctionnaires contre les réactions politiques, on oppose l'exemple de gouvernements libres où de telles garanties n'existent point; mais toute comparaison pèche en semblable matière. Des différences essentielles dans la nature des emplois, dans la condition des fonctionnaires, dans leur nombre, dans le système administratif, dans les rapports des assemblées politiques avec le pouvoir exécutif, ne permettent point d'invoquer les usages d'un pays dans un autre. Nous empruntons nos arguments au régime particulier de la France. Les emplois y constituent, pour ceux qui les occupent, une profession ordinairement achetée par de nombreux travaux et souvent aussi par le coûteux sacrifice de longues études. On n'y parvient point à la fortune; à peine le salaire de chaque jour suffit-il à ses nécessités. La médiocrité des patrimoines permet à bien peu de fonctionnaires de se passer de leur emploi. Ne livrons pas à un pouvoir violent cette proie trop facile. Les fonctionnaires, sous le régime de la centralisation, forment une classe aussi nombreuse qu'importante; l'estime dont elle jouit importe à l'honneur du gouvernement. Or, quelle place occuperaient-ils dans l'opinion du peuple, frappés d'une sorte d'ilotisme politique, sans cesse obligés de choisir entre leurs convictions et le sort de leur famille et soupçonnés de mentir à leur conscience, pour sauver leur place? Nous invoquons donc pour eux la liberté commune; cependant ils ne doivent pas oublier la réserve que leur imposent les liens qui les unissent au pouvoir. S'ils se mettaient à la tête des cabales qui agitent les élections, ils manqueraient aux convenances les plus vulgaires, et le gouvernement qui leur témoignerait son improbation ne pourrait être accusé d'avoir violé un droit.

Les diverses obligations dont nous venons de présenter l'analyse, ont pour sanction, dans l'ordre moral, le sentiment du devoir, et, dans l'ordre disciplinaire, les peines administratives.

L'amour du devoir est la première vertu de l'homme public, vertu féconde et qui vivifie la lettre morte des réglements. Si elle venait à s'éteindre, l'action du pouvoir suprême languirait le plus souvent vaine et impuissante, et le fonctionnaire ne serait plus qu'un vil agent, exécutant servilement une consigne, n'obéissant qu'à l'intérêt ou à la force, et se jouant de toute obligation qu'il pourrait éluder impunément. Le service public commande des sentiments plus nobles. Il faut que le fonctionnaire sache voir dans l'Etat qui l'emploie, non point un être abstrait dont on peut sans danger méconnaître le vœu, mais le maître le plus digne d'exciter le zèle, et le plus sensible en réalité au dévouement déployé à son service. Ces sentiments animent ceux qui ont obtenu par le travail les fonctions dont ils sont investis. Ils les aiment en proportion des efforts qu'elles leur ont coûtés. Au contraire, s'il en est que la faveur a élevés, ils dédaignent les obligations de leur emploi, comme ces hommes que le hasard a enrichis, et qui jettent au vent une fortune trop aisément acquise. Les favoris que le népotisme ou la camaraderie a poussés, se font remarquer parmi ces contempteurs du devoir : dignes successeurs de ces anciens courtisans que d'autres caprices avaient pourvus, et qui soulevaient les plaintes répétées des états-généraux. Les fonctions bien acquises sont donc les mieux remplies. C'est ainsi qu'un régime régulier porte ses fruits, et que, par une heureuse nécessité, l'intérêt du service s'allie toujours avec le respect des droits et la récompense accordée au travail.

Malheureusement la loi morale n'exerce pas toujours son empire. Le service souffre, la règle est méconnue; une répression devient nécessaire; elle est confiée au pouvoir disciplinaire. A toute obligation il faut une sanction, et le fonctionnaire, pour les devoirs qui lui sont propres, relève d'une juridiction spéciale et obéit à un code particulier. Les formes et les attributions du pouvoir disciplinaire sont en rapport avec la nature des infractions et des emplois. La même faute peut être diversement appréciée, selon sa gravité relative. Ainsi, les réglements demandent plus spécialement au magistrat de garder intacte la dignité de son caractère, au militaire de respecter les lois de la discipline, au comptable de veiller religieusement sur sa caisse. Sous des noms divers, les peines disciplinaires varient peu entre elles. Les unes sont purement morales : elles consistent dans les avertissements, les censures, les réprimandes. Les autres affectent l'état ou les émoluments des fonctionnaires : selon que l'emploi le comporte, le coupable est privé de gratifications, exclu de l'avancement, condamné à descendre de classe ou de grade, suspendu avec perte de traitement, destitué. Plusieurs décrets soumettaient aussi certains fonctionnaires, par exemple ceux des ponts-et-chaussées et de l'Université, à la peine des arrêts pour des fautes légères. Cette peine est à présent réservée exclusivement à l'armée. — Il est des fonctions où l'on jouit de garanties spéciales quant à l'exercice de la juridiction disciplinaire, particulièrement dans les cas les plus graves. Dans les administrations centrales et dans les services financiers et administratifs, les avertissements ou les réprimandes sont généralement prononcés par les chefs intermédiaires, la suspension ou la révocation par le ministre seulement, après que l'employé a été entendu. L'emploi de l'officier ne peut être suspendu ou retiré que par décision du chef de l'État, sur le rapport du ministre de la guerre, d'après l'avis d'un conseil d'enquête; la destitution ne peut être prononcée que par un conseil de guerre. Aux présidents des cours et des tribunaux, il appartient de donner l'avertissement. Les autres peines sont du ressort du tribunal ou de la cour, et dans quelques circonstances, de la cour de cassation. Dans son ensemble, le pouvoir disciplinaire est régulièrement organisé; il est rarement mis en action et soulève peu de plaintes. Cependant il conviendrait peut-être, dans les services administratifs proprement dits, d'introduire des garanties qui, sans affaiblir l'autorité nécessaire aux chefs, préviendraient l'erreur et l'arbitraire, et ôteraient tout prétexte aux réclamations des inférieurs, atteints par des peines sévères.

En même temps que l'État punit, il faudrait aussi qu'il récompensât. Le zèle et le dévouement doivent être entretenus par l'espoir des distinctions ou des rémunérations, tout autant que par la crainte des peines. L'action disciplinaire, pour être complète, devrait revêtir cette double forme. A cet égard, notre système administratif laisse beaucoup à désirer. Les récompenses sont trop peu nombreuses et trop arbitraire ment réparties. Si la distribution en était soumise à des règles précises, elles acquerraient plus de prix et seraient plus ardemment recherchées. Dans les rangs supérieurs, la décoration de la Légion-d'Honneur est un digne sujet d'ambition; mais on s'est trop habitué à des promotions périodiques et numériquement réglées, de telle sorte que chaque fonctionnaire y est compris à son tour, et que cette distinction est plus souvent le prix de l'ancienneté que des services éminents. Par un abus contraire, on l'accorde à des débutants, sans aucun titre qu'une faveur inconsidérée. On permet qu'elle soit sollicitée; on oublie ce vieil édit (1578) qui, pour une autre décoration, déclarait « indignes à jamais d'y parvenir ceux qui la demanderaient, afin que ce grade d'honneur, qui devait être distribué par grâce et mérite, ne fût sujet à brigues et monopoles. » Aucune récompense honorifique n'est accordée aux agents inférieurs. Ceux qui commettent des fautes sont censurés : qu'obtiennent ceux qui se distinguent? L'armée seule inscrit honorablement sur ses ordres du jour le nom du militaire qui a fait quelque action d'éclat; pourquoi la satisfaction des chefs n'aurait-elle pas une expression officielle comme leur désapprobation? Le principe de l'honneur n'est pas encore éteint en France, grâce à Dieu; il faut savoir lui faire porter ses fruits. Gardons-nous de croire que les hommes n'obéissent plus qu'à un vil intérêt. Il est vrai que l'avancement est promis aux bons services; mais, la promesse fût-elle sincère, les moyens de la tenir existent-ils toujours? Cet état de choses est regrettable. La fidélité, le dévouement, le travail probe et assidu, ne sont pas suffisamment encouragés; l'État est privé d'un de ses moyens d'influence les plus efficaces et les plus féconds.

CHAPITRE VI.

DROITS DES FONCTIONNAIRES. — STABILITE DE L'EMPLOI. — PROTECTION. — SALAIRE.

Si l'on donne le nom de droits à des prérogatives qui pourraient s'exercer aux dépens de l'intérêt public, les fonctionnaires n'en ont point; mais, si l'on appelle ainsi des avantages destinés à profiter directement ou indirectement à l'État, en même temps qu'à ceux qui le servent, on peut dire en effet que les fonctionnaires ont des droits. Ces droits se rapportent à trois objets principaux : la stabilité de l'emploi, la protection de celui qui l'exerce relativement aux actes qui en dépendent, et enfin le salaire.

La possession d'un emploi est un titre, non que celui qui l'occupe ne puisse le perdre en aucun cas et soit jamais autorisé à en disposer, mais il n'en peut être écarté sans motifs, et n'est pas livré à un arbitraire absolu. C'est un avantage attaché aux fonctions publiques, et qui en accroît la valeur. Les droits des fonctionnaires à la conservation de leur emploi sont divers. Plusieurs catégories jouissent de l'inamovibilité. Deux seulement tiennent ce privilége de la loi, les membres des cours et tribunaux et les officiers : les premiers ont obtenu cette garantie exceptionnelle pour que la justice ne pût jamais être soupçonnée de manquer d'indépendance, les seconds parce que leur profession est un devoir du citoyen, et que le choix n'en est pas toujours libre. Les ingénieurs des ponts-et-chaussées et des mines jouissent de garanties moindres, mais sont protégés contre un arbitraire trop absolu. On a pensé que les longues et pénibles études qui ouvrent l'accès de ces deux carrières, ne permettaient point d'abandonner les fonctions qui en sont le prix au caprice d'une autorité purement discrétionnaire. Les mêmes considérations avaient fait obtenir des garanties analogues aux membres du corps enseignant. Dans le mouvement de réaction qui a récemment atteint l'Université, ces garanties ont été déchirées. Sauf les exceptions que nous venons d'indiquer, toutes les classes de fonctionnaires sont révocables, sans autre protection que la justice du ministre dont ils dépendent. Le droit de révocation s'exerce avec plus ou moins de facilité, selon la nature de l'emploi : il est péremptoire et sans condition dans la diplomatie et dans l'administration départementale, subordonné à une instruction administrative dans les services financiers et dans quelques administrations centrales. Ces différences tiennent à la nature des choses et se justifient d'elles-mêmes.

Amovibles ou non, les fonctionnaires jouissent en France d'une grande sécurité personnelle. A part certaines mesures de violence que chaque révolution amène, et qui sont arrachées au pouvoir triomphant par ceux qui, dans des vues d'ambition, lui ont prêté assistance, les situations sont respectées, trop peut-être, si nous osons dire toute notre pensée. On hésite à priver un père de famille de son gagne-pain; on craint de blesser un protecteur puissant, et le service en souffre quelquefois. Nous ne sommes pas d'avis d'étendre le privilége de l'inamovibilité. Qu'elle soit conservée aux services qui en sont dotés : les raisons qui l'ont fait établir sont puissantes et décisives; mais, dans les autres services, elle serait sans objet et souvent dangereuse. L'inamovibilité a des inconvénients tels, qu'il ne faut point la concéder légèrement. Le fonctionnaire qui en jouit est enclin à négliger son devoir; arrivé à l'âge du repos, il marchande sa retraite, prétend quelquefois faire ses conditions, et considère trop son titre comme une propriété privée. L'État ne doit point subir ces entraves, quand elles ne sont pas commandées par des considérations impérieuses. Il est vrai que le droit de révocation sans condition peut être exercé avec passion ou légèreté; mais, entre l'intérêt d'un agent qui sera l'objet d'une mesure inique et l'intérêt du service public, il n'y a point à balancer. Nous ne partageons donc pas les opinions de quelques esprits, trop préoccupés du sort des fonctionnaires, et qui demandent ce qu'on a appelé une charte administrative. La liberté nécessaire au gouvernement est inconciliable avec un régime qui ne lui donnerait pas une autorité étendue sur les instruments qui le secondent. Cependant il ne faut point que le caprice règne : il ne faut pas qu'un ministre puisse, comme en Angleterre, justifier une destitution par cette seule raison, que « la figure du fonctionnaire lui déplaisait; » cette dure parole n'aura jamais cours en France; des précautions doivent être prises pour éviter une imprudente précipitation ou une violence imméritée. Les griefs qui motivent la révocation doivent être définis et constatés. Ces précautions sont nécessaires, surtout depuis que les ministres ont été affranchis de la responsabilité politique, qui, on ne peut trop le répéter, bien qu'on en abusât pour justifier l'arbitraire, les contenait pourtant dans des limites assez étroites. Cependant, il serait imprudent d'admettre, comme dans quelques États de l'Allemagne, qu'aucun fonctionnaire ne peut être révoqué qu'en vertu d'un jugement. Tant de faits secondaires, de négligences, d'actes de mauvaise gestion, échappent à une appréciation juridique, que le service public pourrait languir et se désorganiser lentement, sans que le moyen d'y rétablir l'activité et l'ordre fût à la disposition du gouvernement. Du reste, nous avons déjà fait remarquer combien un bon système d'admission et d'avancement dans les emplois, réagit sur toute l'administration, et l'on peut être assuré qu'avec un personnel composé sous l'empire d'un tel système, les causes de révocation seraient fort rares, et la part de l'arbitraire fort restreinte. Les services dans lesquels la règle prévaut en fournissent la preuve.

Quand l'Etat promet au fonctionnaire qu'il conservera son emploi tant qu'il n'aura pas démérité, il lui donne la confiance d'où naît la liberté d'esprit; quand il le protége contre les violences privées, il lui donne la sécurité d'où naissent l'indépendance et la fermeté. Les fonctionnaires sont protégés de deux manières : par les peines spéciales prononcées contre ceux qui attaqueraient leur honneur ou leur personne, et par les dispositions exceptionnelles qui les garantissent contre des poursuites téméraires. Le Code pénal contient une longue série d'articles qui punissent les injures, les voies de fait, les actes de résistance ou de rébellion dont les magistrats ou les dépositaires de l'autorité publique seraient les objets, dans l'exercice ou à l'occasion de leurs fonctions. Dans le cas de diffamation, les peines communes sont aggravées. Naguère encore, l'inculpé était admis à fournir la preuve, par témoins, des faits qu'il avait publiés, preuve interdite quand il ne s'agit point d'un fonctionnaire. On pensait que celui-ci, pour des faits relatifs à ses fonctions, ne pouvait se prévaloir d'une garantie réservée aux actes de la vie privée, dans l'intérêt du repos des familles. Nous avons déjà dit que cette disposition a été abrogée. Les besoins de la discipline ont dicté des dispositions sévères pour maintenir la subordination dans l'armée. Les outrages et les attaques personnelles envers un supérieur militaire sont réprimés par des lois d'une extrême rigueur. La clémence du chef de l'État en tempère presque toujours l'application. Telle est la législation qui protége la personne ou le caractère des fonctionnaires. Les mesures destinées à les garantir contre des poursuites téméraires sont autres ; elles consistent pour les magistrats de l'ordre judiciaire, dans une procédure et des formes plus solennelles ; pour les officiers, dans une juridiction exceptionnelle, celle des conseils de guerre, et pour les fonctionnaires administratifs, compris sous la désignation coll ctive d'agents du gouvernement, dans la nécessité d'obtenir préalablement l'autorisation de les mettre en jugement. Quelques explications sont nécessaires sur ce dernier point dont nous avons déjà parlé.

La responsabilité des agents du pouvoir forme une des conditions essentielles de la liberté publique. Tout citoyen lésé dans sa personne ou dans ses biens par un acte de l'autorité a donc droit à une réparation, si l'agent qui a commis le dommage n'agissait pas en vertu de la loi et pour en assurer l'exécution. Toutefois, ce principe est soumis, dans l'application, à des restrictions nécessaires. Pour mesurer la responsabilité encourue, il faut apprécier, en même temps que le dommage matériel, les circonstances qui l'ont occasionné, la conduite de l'agent, les nécessités publiques auxquelles il a voulu pourvoir. A qui appartient-il de résoudre ces questions préjudicielles ? Est-ce à l'autorité judiciaire ou à l'administration ? Des considérations empruntées à la forme même de nos institutions ont, depuis 1789, fait proclamer la compétence exclusive de l'autorité administrative : elle seule connaît les devoirs de chaque service, ses besoins, ses règles. Que l'autorité judiciaire soit appelée à prononcer sur des questions de cette nature, le principe de la séparation des pouvoirs est en danger. A ces raisons, prises dans l'essence même de l'organisation politique, s'en joignent qui touchent plus directement à notre sujet. Les agents, sous la menace perpétuelle de poursuites judiciaires, tomberaient dans le découragement, et pourraient à toute heure être arrachés à leurs fonctions : double danger pour le service public. La sagesse des magistrats ne suffirait point à le conjurer. Créées dans d'autres vues, les formes judiciaires ne se prêtent point aux exigences des affaires publiques. Louables dans leur rigorisme, quand elles s'appliquent aux questions privées, les habitudes d'esprit des magistrats ne se prêtent point à des appréciations qui comportent toujours quelque chose de discrétionnaire. Il faut, d'ailleurs, que l'administration ait entre les mains les moyens de se protéger elle-même, comme la magistrature, comme les corps politiques, comme tous les pouvoirs établis par les lois. C'est donc à elle qu'il doit appartenir de statuer préjudiciellement sur la mise en jugement de ses agents. Ce système, dont le principe est dans les lois de l'Assemblée Constituante, a reçu son expression précise dans la Constitution de l'an VIII. La pratique en a entouré l'application de précautions protectrices. Une instruction judiciaire constate d'abord les faits; elle doit être complète, sauf l'interrogatoire de l'agent inculpé. On prend l'avis du Conseil d'État, qui en délibère sur le rapport d'un de ses comités, et le gouvernement prononce. Sous la monarchie constitutionnelle, la responsabilité politique couronnait ce système; la constitution de 1848 y avait ajouté l'indépendance du conseil d'Etat. Ces garanties n'existent plus. Il est nécessaire d'en tenir grand compte. S'il est juste que les fonctionnaires soient protégés, cette protection ne doit jamais avoir pour effet d'attenter aux droits privés. Le moyen le plus simple est, nous l'avons dit, d'étendre les exceptions déjà apportées au principe de l'autorisation préalable. A cet égard, nous ne pouvons que nous en référer à ce que nous avons dit plus haut (1).

Ainsi le gouvernement doit aux fonctionnaires la

(1) Voir les chapitres *des Rapports de l'administration avec le pouvoir judiciaire, de l'Action administrative et du Conseil d'Etat.*

sécurité dans la possession de leur emploi et dans l'exercice de leurs fonctions. Il contracte une autre dette, plus positive, plus matérielle, plus indispensable, pour tout dire. On comprend qu'il s'agit de la rémunération des services ou du salaire; question immense, parce qu'elle engage tout à la fois et les principes de l'économie politique et la bonne gestion des affaires publiques, et sinon l'existence, du moins le bien-être d'une classe nombreuse de citoyens.

Les fonctions publiques doivent être rémunérées, c'est la règle générale en France ; ce doit être le principe d'une société qui a détruit tous les priviléges. Dans les Etats où certaines classes gouvernent par le droit de la naissance appuyé sur la propriété du sol, les fonctions peuvent s'exercer gratuitement. La récompense se trouve dans l'influence attachée au pouvoir, dans les honneurs qu'il confère, dans l'autorité qu'il communique ; l'exercer est un droit plus qu'un devoir. D'ailleurs, les hommes qui s'en constituent les dépositaires exclusifs n'en négligent pas toujours les avantages matériels, et il est rare que le peuple, pour ne pas payer des traitements officiellement réglés, en soit moins grevé. La gratuité des fonctions a donc pour conséquence de les concentrer entre un petit nombre de mains, sans diminuer en réalité les dépenses publiques. Aussi les partisans d'un régime d'égalité se sont-ils toujours prononcés contre. En Angleterre, le parti radical la repousse, et il ne s'est pas fait faute de prouver que certains emplois, gratuits en apparence, procurent à leurs possesseurs d'énormes revenus. La règle du salaire doit prévaloir dans les Etats qui confèrent le pouvoir au plus digne, quelles que soient son origine ou sa fortune, et qui n'autorisent aucune contribution sur les citoyens que quand elle est sanctionnée par la loi et qu'il en est rendu régulièrement compte; elle prévaut en France dans presque toutes les branches de l'administration. Il n'y est dérogé que pour les emplois municipaux, où cette exception a pu être parfois regrettée, pour quelques fonctions consultatives, plus honorifiques que laborieuses, et pour des emplois de suppléants, qui exigent peu de soins, qui conduisent à une fonction rétribuée, et qui même donnent ordinairement droit à une rétribution pour les devoirs accidentels qu'ils imposent.

Il y a deux choses à considérer dans le salaire attaché aux fonctions publiques : 1° les règles qui en déterminent la distribution; 2° l'échelle sur laquelle il est fixé dans chaque catégorie de fonctions et dans l'ensemble des services. Parlons d'abord du mode d'allocation.

C'est par le trésor que sont payés tous les salaires. Il est de la dignité des serviteurs de l'Etat qu'ils n'aient point à tendre la main au public pour lui demander leur rémunération. Des abus pourraient entacher ces perceptions : elles provoqueraient des discussions qui nuiraient à la considération du fonctionnaire. Au citoyen qui s'adresse à lui, riche ou pauvre, le représentant du pouvoir prête gratuitement son concours. Il serait punissable de lui rien demander ou d'en rien accepter : généreux système, qui ne montre jamais dans le fonctionnaire qu'un protecteur public et un auxiliaire désintéressé. C'est ainsi que, d'après nos lois, la justice est gratuite en France. L'Assemblée Constituante a supprimé tous les droits établis jadis sous le titre d'*épices*. Dans un seul ordre de juridiction, les justices de paix, des vacations se prélevaient encore pour certains actes qui, bien que ne constituant point la distribution même de la justice, pouvaient se confondre avec elle. Une loi, rendue il y a quelques années, a fait disparaître ce dernier vestige des anciens usages. Dans les cas même où le fonctionnaire doit obtenir une part de la rétribution exigée des citoyens, ce n'est pas à lui, mais à la caisse publique, que la somme est versée. Tout contact direct entre l'homme public et le particulier, quant aux intérêts pécuniaires, est ainsi évité. Cependant les conservateurs des hypothèques et les greffiers des cours et tribunaux perçoivent directement le prix des actes qui leur sont demandés; mais cette exception tient à la nature de leurs fonctions, qui constituent un office ministériel autant qu'une fonction publique, et à la responsabilité pécuniaire qui pèse sur eux. Les chanceliers des consulats à l'étranger, par des raisons de même nature, prélèvent directement sur le public les droits qu'ils sont autorisés à percevoir. Le clergé a aussi conservé un casuel, et accepte, quand il ne l'exige pas, une rétribution pour divers actes de son ministère. La règle est ici en défaut. Serait-il possible, sans imposer à l'Etat une charge trop lourde, de remplacer ce revenu par une augmentation de traitement? Le clergé lui-même le désire-t-il? Nous ne sommes pas en mesure de répondre à ces questions.

Un salaire fixe est attaché à toutes les fonctions. Il n'y a d'exception que pour les chanceliers des con sulats, dont la rémunération est prise sur les vacations qu'ils perçoivent, et pour quelques emplois financiers dont le traitement consiste entièrement en remises ou taxations calculées d'après les recettes opérées. Le salaire fixe forme tout le traitement de la plupart des classes de fonctionnaires. Les magistrats, les préfets et sous-préfets, les ingénieurs des ponts-et-chaussées et des mines, le corps diplomatique et consulaire, les officiers des armées de terre et de mer, n'en ont pas d'autre. Dans les services où le mérite du fonctionnaire peut se mesurer sur les résultats qu'il obtient, il est accordé, en outre, un traitement éventuel. Aux professeurs des Facultés est attribuée une part dans le produit des inscriptions, examens et actes ; entre les proviseurs, censeurs et professeurs des lycées, se partagent le dixième de la pension des élèves payants, et les deux tiers des frais d'études des élèves externes. On les encourage ainsi à augmenter le nombre des élèves par la confiance qu'ils inspirent aux familles. Dans un intérêt analogue, également essentiel, quoique d'une autre nature, des traitements proportionnels sont accordés à ceux des employés des finances dont le zèle peut accroître ou assurer les recettes publiques. Les receveurs particuliers ou généraux des finances, ceux de l'enregistrement, des contributions indirectes, des postes, obtiennent à ce titre des remises ou taxations proportionnelles. Les agents chargés de constater les contraventions, les faits de contrebande, les fraudes pratiquées au préjudice du trésor, sont admis au partage des amendes, saisies et confiscations. Leur surveillance est ainsi intéressée à ne jamais sommeiller. Ce stimulant est efficace et nécessaire, mais il serait dangereux et immoral de le rendre trop actif.

Indépendamment du traitement fixe ou éventuel, plusieurs classes de fonctionnaires obtiennent des avantages qui, directement ou indirectement, améliorent leur condition. Au premier rang se place le logement, dont un grand nombre jouit à titre de nécessité, de convenance ou de faveur. Les ministres, les préfets, les sous-préfets, les ambassadeurs, les principaux agents diplomatiques et consulaires, sont logés dans des bâtiments appartenant à l'État (1), ou loués par lui. Ils y trouvent une facilité pour l'exercice de leurs fonctions et pour les devoirs de représentation imposés à quelques-uns. Les administrateurs des lycées ou des colléges, les chefs des institutions de charité, d'instruction, les directeurs des prisons, tenus à une surveillance de tous les instants, même la nuit, doivent nécessairement demeurer dans ces établissements. Pour quelques professeurs, bibliothécaires, savants ou artistes, le logement n'est qu'une faveur, subordonnée aux moyens matériels de la concéder. Enfin, les officiers l'obtiennent comme un droit, fondé sur la nature de leurs fonctions, sur les changements fréquents de résidence qu'elles entraînent, et sur l'obligation de se tenir, à toute heure, à la portée de la troupe. Ceux qui ne le reçoivent pas en nature sont indemnisés en argent. Quand le logement est concédé pour les besoins du service, on y ajoute tout ce qu'il faut pour l'habitation, et particulièrement le mobilier. Les officiers touchent

(1) Nous désignons ainsi même les édifices départementaux qui servent au logement des préfets ou sous-préfets.

une indemnité représentative de l'ameublement. — Les concessions de logement ont engendré beaucoup d'abus ; elles se faisaient sans ordre ni mesure. Certains fonctionnaires ne songeaient qu'à leurs aises, resserraient les bureaux dans les espaces les plus étroits, et se composaient de vastes appartements aux dépens du service. Des monuments publics subissaient toutes les dégradations qu'amène une occupation privée. Les assemblées s'étaient attachées avec soin à faire cesser ces abus. Ils ont reparu dans ces derniers temps. De nombreuses concessions de logement ont eu lieu récemment. Elles ont été accordées aux fonctionnaires qui étaient en même temps le plus largement rétribués. Le gouverneur de l'hôtel des Invalides, s'il faut en croire les états annexés au budget, jouit de 49 pièces pour son habitation. Un hôtel entier est affecté au vice-président du Conseil d'Etat. On ne trouverait rien de pareil sous cette royauté parlementaire, objet de tant d'attaques. Cependant, tout en blâmant des avantages si onéreux au public et si peu justifiés, nous reconnaissons qu'il est encore des fonctionnaires, non logés par l'Etat, auxquels il serait utile d'affecter une résidence officielle, fût-ce à leurs propres frais. Plusieurs ne sont point convenablement placés pour satisfaire aux besoins du public : à chaque mutation, les citoyens sont dérangés dans leurs habitudes. Enfin, dans certaines villes de province, les habitations disponibles manquent quelquefois. Ce sont ces considérations qui, en 1838, ont valu un hôtel aux sous-préfets, et elles sont applicables à d'autres emplois.

On a vu que l'obligation de représenter est attachée

à quelques fonctions. Afin d'y pourvoir, il leur est accordé ou des allocations spéciales, ou un traitement considérable. Quelques-uns des ministres, le président du Sénat, les officiers-généraux ou supérieurs pourvus d'un commandement, ont des allocations spéciales. C'est par le taux même du traitement qu'il est tenu compte de cette cause de dépenses aux ambassadeurs et aux ministres à l'étranger. Sous quelque forme que l'indemnité soit accordée, les fonctionnaires qui l'obtiennent doivent s'acquitter des obligations dont elle est le prix. On ne peut leur demander de sacrifier leur fortune personnelle, mais ils seraient blâmables d'employer à l'accroître un revenu donné à la fonction plus qu'au fonctionnaire. Nos représentants à l'étranger ne méritent pas ordinairement ce reproche, qu'on a adressé aux ministres anglais, mieux rétribués que les nôtres(1). Outre les fonctionnaires que nous avons désignés, il en est à qui leur titre commande certains devoirs en vue desquels leur traitement a été élevé : nous voulons parler des chefs de la magistra-

(1) « Je pense qu'un ambassadeur d'Angleterre à la cour impériale, qui reçoit 11,000 livres sterling (275,000 francs), n'a pas le droit de vivre comme un simple particulier, oubliant ainsi le souverain qu'il est chargé de représenter pour ne consulter que ses propres aises. Une habitude aussi blâmable que sordide s'est introduite parmi ces messieurs : c'est celle de faire des économies, afin de pouvoir augmenter ainsi leur fortune particulière pour le jour où ils seront rappelés de leur poste. Tandis qu'aux ambassades de France, de Russie et de Prusse même, ce sont des fêtes nombreuses et brillantes, les nôtres ne s'ouvrent jamais, ou, si une exception rare à cette règle a lieu, ce n'est qu'en faveur de quelques bals, aussi remarquables par la sordide mesquinerie qui y règne que par la rareté du fait. » (*Voyage du marquis de Londonderry en Allemagne.*)

ture et du clergé, et des préfets. La dépense que la représentation entraîne n'est point stérile, elle a ses compensations; quelques personnes refusent de les reconnaître : nous ne partageons pas leur avis. A l'étranger, n'importe-t-il pas au développement des rapports que nos agents doivent entretenir, à leur influence dans le monde politique, qu'ils puissent marcher de pair avec les ministres des autres puissances, avec les personnages principaux des lieux où ils exercent leurs fonctions? L'honneur de parler au nom de la France est brillant sans doute, mais il ne perd rien à être accompagné de l'éclat qui révèle une nation puissante et riche. S'il est vrai que de grandes négociations ont été suivies avec succès par des hommes que n'entourait aucun luxe, ces souvenirs ne sont pas applicables aux temps ordinaires, et, pour un jour de crise où la fermeté du caractère et la supériorité de l'esprit joueront un rôle décisif, combien d'époques de calme où l'on s'observe, où l'on étudie à loisir les hommes et les choses, et où les salons du grand monde sont le vrai théâtre de la diplomatie! A l'intérieur, les fonctionnaires qui dirigent un corps de magistrature, un département, une branche du service public, ont souvent besoin de dépouiller la sévérité des rapports officiels. Ce n'est pas toujours par le glaive que se tranchent les affaires. Combien de préventions s'effacent par le rapprochement des hommes entre eux! Combien de difficultés s'aplanissent dans une conversation dont la familiarité éloigne la roideur! Croit-on, d'ailleurs, que le peuple soit si insensible à l'importance extérieure de ceux qui le gouvernent, et le respect qu'inspire une situation élevée n'est-il pas l'auxiliaire de la subordination? Nous ne prétendons pas entourer les fonctionnaires d'un ridicule apparat; la simplicité a aussi sa grandeur; mais la froide austérité de la république de Sparte est aussi éloignée de nos mœurs que les profusions ruineuses de la monarchie absolue.

A ces divers émoluments se joignent, dans quelques services, des indemnités accidentelles, à titre de remboursement d'une dépense obligée ou de secours. On accorde aux ambassadeurs, aux évêques et archevêques des frais de premier établissement, à des fonctionnaires de l'ordre inférieur des frais de déplacement ou de voyage, à des agents de quelques services financiers des secours en cas d'accidents graves. Ces allocations se justifient par des considérations diverses. Les premières sont souvent indispensables pour faire face aux nécessités d'une situation nouvelle et coûteuse; les autres sont destinées à pourvoir à des besoins dignes d'exciter les sentiments de bienveillance et de charité, si nous osons employer ce mot, dont une administration paternelle doit être animée envers ceux qui la servent. Loin de les critiquer, nous les voudrions plus nombreuses.

Enfin, il est des positions spéciales qui réclament un traitement particulier. Les Européens envoyés dans les colonies, y obtiennent un supplément de rémunération. La solde des officiers varie selon que les troupes sont sur le pied de paix, sur le pied de rassemblement ou sur le pied de guerre. Des indemnités qui constituent le plus souvent un traitement supplémentaire, représentent la dépense du fourrage pour les officiers supérieurs qui doivent entretenir des chevaux. Les officiers de marine touchent un supplément lorsqu'ils sont embarqués, et un traitement de table pour la dépense de leur nourriture à bord. Il faut que dans ces fonctions qui imposent des devoirs si nombreux, si variés et quelquefois si pénibles, la rémunération se modifie d'après la situation de chaque jour, et reste toujours en rapport avec les charges qui en résultent.

Telles sont les règles générales de la distribution des salaires. Les bases en sont généralement satisfaisantes, parce qu'elles ont été posées par l'expérience, bien plus que par la théorie. Il est convenable d'attribuer à chaque emploi un traitement fixe, et en outre, quand cela se peut, des émoluments éventuels, destinés à entretenir ou à récompenser le zèle. Il est juste d'y ajouter des indemnités combinées avec les besoins divers. Nous regrettons seulement que les salaires ne soient point gradués davantage en raison du mérite et de la durée des services. Dans les écoles militaires, dans quelques corps de l'armée, dans quelques établissements universitaires, les traitements s'accroissent progressivement chaque année, après un certain temps de service. Dans les administrations centrales, le traitement de chaque classe a son *maximum* et son *minimum* ; un titulaire nouveau n'obtient jamais que le *minimum*, et le temps seul lui procure le reste. Il serait à désirer que ce système fut généralisé. Tous les fonctionnaires ne sont pas destinés à obtenir de l'avancement. Les occasions manquent souvent. Plusieurs même, suffisants pour le poste qu'ils occupent, ne peuvent s'élever plus haut. Par l'attrait d'une prime à l'ancienneté, combinée avec le dévouement et la capacité, on retiendrait le fonctionnaire et l'on pourrait le récompenser, sans l'éloigner, comme il arrive souvent, des lieux où l'attachent ses intérêts et ses habitudes, et où il jouit de l'estime publique, pour le transporter à grands frais dans une autre résidence (1).

La somme totale affectée aux traitements des fonctionnaires publics représente environ le cinquième ou 20 p. 0/0 des dépenses publiques. Quelque considérable qu'elle soit, si l'on se rend compte du nombre total des parties prenantes, tel que nous l'avons présenté approximativement, on reconnaîtra que les salaires, dans leur ensemble, ne sont point excessifs ; mais la répartition s'en fait-elle dans des proportions convenables? La part de chacun est-elle fixée avec justice? Là est la véritable question. En 1831, d'après les renseignements officiels consignés dans un rapport de M. Thiers, au nom de la commission qui examinait le premier budget du gouvernement nouveau, sur 201 millions de traitements, il y avait 102 millions, ou la moitié environ, en traitements au-dessous de 2,000 francs, 31 millions en traitements de 2 à 3,000 francs, 28 en traitements de 3 à 6,000 francs, et 23 millions seulement en traitements au-dessus de 10,000 francs. Depuis cette époque, des changements profonds ont été introduits dans la fixation des traitements. On a augmenté les plus faibles et réduit les plus élevés. Ainsi, l'on a porté celui des juges de septième classe de 1,250 à 1,800 francs ; celui des conseillers des cours royales de cinquième classe qui ne touchaient que 2,500 francs a été élevé à

(1) Voir plus haut, page 211.

3,000 francs, puis à 4,000, en même temps que le traitement des conseillers des cours de la quatrième classe, lequel était de 3,000 francs. La loi qui a retiré aux juges de paix leurs vacations les a remplacées par une addition de traitement qui a amélioré la position d'un grand nombre de ces magistrats. La même loi a accordé aux greffiers des justices de paix une augmentation qui a mis à la charge du budget 650,570 francs. Le sort des professeurs et maîtres d'études dans les lycées des départements a été amélioré. Des augmentations de solde ont été accordées aux lieutenants et sous-lieutenants de toutes les armes, aux capitaines de l'artillerie et du génie, et à quelques autres officiers. Elles ont occasionné une dépense de plusieurs millions. L'indemnité de logement des officiers de marine a été accrue. Les agents des services des douanes, des contributions indirectes, des tabacs et des forêts, ont obtenu à leur tour une augmentation de traitement. Enfin, dans les administrations centrales, tous les appointements inférieurs à 1,500 francs ont dû être portés à ce taux. Pendant que, par un sentiment de justice évidente et presque d'humanité, on assurait ainsi aux fonctionnaires les moins importants une condition moins gênée, les plus élevés avaient subi tous de fortes réductions. Ces réductions, sur lesquelles on était revenu en partie dans les dernières années du règne de Louis-Philippe, furent reproduites et aggravées dans les budgets postérieurs à 1848 ; mais ceux de 1852 et 1853 ont rétabli les traitements des grandes fonctions, les uns tels qu'ils étaient fixés en 1847, les autres au taux même de l'Empire.

Les proportions indiquées, dans le rapport de M. Thiers, entre les divers taux de traitements, d'après les budgets de la Restauration, ne doivent pas être sensiblement modifiées dans les budgets actuels, et si la dépense totale du personnel a reçu un accroissement considérable, cette augmentation tient au plus grand nombre des emplois, beaucoup plus qu'à l'élévation des salaires. L'effectif de l'armée de terre et de l'armée de mer est plus considérable. Les travaux publics ont pris un très-grand développement. L'accroissement des recettes a multiplié le nombre des agents chargés d'en faire ou d'en surveiller la perception. A défaut de relevés officiels, et d'après des données générales, nous ne croyons pas nous éloigner de la vérité en affirmant que plus de la moitié du nombre total des fonctionnaires n'a pas un traitement supérieur à 1,500 francs. Après cette somme, plus les traitements s'élèvent, plus diminue, dans une rapide décroissance, le nombre de ceux à qui ils sont accordés. La plupart de ces traitements échappent à tout reproche d'exagération; aussi ne se récrie-t-on généralement que contre les plus élevés. On propose souvent de les réduire comme excessifs, dans la pensée que cette réduction procurerait à l'Etat une économie considérable.

Il est vrai que quelques-uns de ces traitements, après avoir été réglés avec une parcimonie indigne d'un grand pays comme le nôtre, viennent d'être portés à un taux qui peut paraître excessif; mais, s'il y a lieu de le regretter, c'est moins en raison des charges qui en résultent pour le budget, bien que cette considération ne soit pas à dédaigner, qu'en raison de la dispropor-

16.

tion qui s'est ainsi introduite dans le système de rémunération des emplois, et du défaut de justice distributive qui se fait remarquer dans ces allocations. Renfermés dans de justes limites, les hauts traitements se justifient par des raisons solides : les uns sont réglés d'après les charges coûteuses qu'imposent les emplois ; les autres, d'après l'importance même de la fonction. La plupart des fonctionnaires à qui ils reviennent auraient trouvé dans les professions libres, dans le barreau, dans les lettres, dans les applications de la science, dans l'industrie, des émoluments qui dépasseraient de beaucoup le salaire que l'État leur paie. S'il était permis de comparer aux services publics les entreprises particulières, les grandes sociétés industrielles, les maisons de banque, on y verrait des emplois analogues et très-inférieurs obtenir des traitements plus forts. Un exemple montrera cette différence d'une manière frappante : le gouverneur de la banque de France reçoit 60,000 francs par an, et le traitement des directeurs-généraux des régies financières, qui dirigent un personnel immense et président à l'emploi de sommes considérables, n'excède pour aucun 25,000 francs.

Pour compléter cet examen, qu'on nous permette de passer rapidement en revue les principales branches des services civils, en commençant par les administrations centrales qui les résument tous.

On a amélioré la condition des employés de ces administrations ; mais on a plus songé aux chefs qu'aux employés inférieurs. De plus, les divers départements ministériels sont traités avec une inégalité difficile à expliquer.

Des emplois identiques, ceux de la comptabilité par exemple, obtiennent un salaire très-différent d'un ministère à l'autre. Il est manifeste que ces traitements ont été réglés au hasard. La nature de chaque emploi et les besoins qui lui étaient propres n'ont pas été pesés et appréciés en eux-mêmes. Sous ce régime, la gêne et la souffrance se font sentir dans les derniers rangs. Beaucoup d'employés, pères de famille, ne trouvant point dans leurs appointements des moyens suffisants d'existence, éprouvent la nécessité de se livrer à d'autres travaux, qui fatiguent leur esprit, les détournent de leurs devoirs, et quelquefois compromettent leur indépendance et leur considération personnelle.

Dans l'origine, les traitements de la magistrature, procuraient à peine des moyens d'existence à ceux qui les obtenaient ; on les a relevés à mesure que les emplois judiciaires étaient moins exclusivement réservés aux candidats aisés; conséquence nécessaire du régime nouveau qui repoussait le privilége et s'opposait à ce que les nobles fonctions de la justice fussent fermées à ceux qui ne devaient y apporter que la science, la droiture et le dévouement. Les traitements ont été en outre mis en rapport avec la gradation des fonctions. Les présidents de chambre des cours d'appels et les avocats-généraux ont obtenu une rémunération qui les rapproche davantage du chef même de la cour ou du parquet, et qui met à la disposition du gouvernement des situations intermédiaires avec lesquelles il peut récompenser suffisamment les magistrats distingués qu'il ne croit pas devoir appeler au premier rang. Au total, la dépense portée au budget pour la magistrature a été, de 1845 à 1852, augmentée d'environ 6 millions.

Les traitements du clergé catholique inférieur sont réglés comme il suit :

575	curés de 1re classe et 272 curés de 2e classe, à		1,500 fr.
2,523	— de 2e classe, à		1,200
463	desservants	de 75 ans et au-dessus	1,200
260	—	de 70 à 75 ans, à	1,100
2,536	—	de 60 à 70 ans, à	1,000
8,556	—	de 50 à 60 ans, à	900
17,640	—	au dessous de 50 ans	850

En 1845, le budget admettait seulement

554	curés de première classe, à	1,500 fr.
2,485	— de seconde classe, à	1,200
1,400	desservants, à	1,000
400	— à	900
26,410	— à	800

Dans la plupart des diocèses, les fidèles suppléent à l'insuffisance de ces allocations; mais il en est où ce supplément fait défaut presque en totalité.

Du reste, on voit que ces traitements ont été assez notablement augmentés et calculés d'après des bases nouvelles, de manière à pourvoir, autant que possible, aux besoins que l'âge amène.

Les pasteurs protestants, qui n'ont pas de traitement éventuel, touchent les sommes ci-après .

9 à Paris	3,000 fr.
71	2,000
103	1,800
569	1,500

Ces traitements sont restés les mêmes depuis longues années. Quelques-uns de ceux du culte israélite ont été augmentés. En ce moment les grands rabbins du culte israélite ont de 3 à 6,000 francs; les rabbins communaux de 600 à 1,200 francs, et les ministres officiants de 500 à 2,000 francs.

On ne peut expliquer la médiocrité des traitements assignés aux hommes éminents qui occupent les premiers postes de l'Université qu'en remarquant qu'ils réunissent presque tous plusieurs fonctions entre leurs mains. Les fonctionnaires plus spécialement chargés de l'inspection administrative ne jouissant pas ordinairement de cette compensation, ont vu récemment leurs traitements portés à 8, 10 et 12 mille francs. Quant aux professeurs des lycées, voici en nombres ronds les moyennes de leurs traitements fixes et éventuels d'après les documents publiés par le département de l'instruction publique.

COLLÉGES royaux.	PROVISEURS.	CENSEURS	PROFESSEURS. 1		
			1e ordre.	2e ordre.	3e ordre.
De Paris. . .	8,600 fr.	5,500 fr.	5,000 fr.	4,500 fr.	4,000 fr.
De 1re classe.	6,000	4,000	3,500	3,300	3,000
De 2e —	5,000	2,900	2,700	2,500	2,300
De 3e —	4,000	2,400	2,300	2,100	1,800

Le traitement légal des fonctionnaires des colléges communaux est, selon la classe et le grade, de 2,400 fr., 1,800 fr., 1,600 fr. et 1,400 fr.; mais, dans la plupart de ces colléges, les allocations des villes restent au-dessous des prescriptions des ordonnances. Les régents, en grand nombre, ne touchent en moyenne que 1,200 fr. par an, et, comme le disait M. Villemain en 1843, on ne peut songer sans peine aux privations qu'un traitement si modique impose à tant d'hommes estimables.

La situation des instituteurs primaires communaux était encore plus précaire Ils n'avaient droit sur le budget communal qu'à un traitement *minimum* de 200 fr. La loi du 15 mars 1850 contient des dispositions qui leur assurent au moins 600 fr. par an, revenu bien faible encore et insuffisant pour attirer à ces fonctions des hommes vraiment dignes de les exercer.

Par un décret du 27 mars 1852, les traitements des préfets, réduits après 1830 et plus encore après 1848, et qui étaient descendus à un taux tout-à-fait disproportionné avec la position publique de ces fonctionnaires, ont été relevés. Ils sont divisés en 3 classes. On a accordé à la première, 40,000 fr. ; à la seconde, 30,000 fr.; à la troisième, 20,000 fr. Une augmentation correspondante a été accordée aux sous-préfets.

Les grades les plus élevés des ponts-et-chaussées ont également été mieux dotés par le dernier budget. Les autres ont conservé leurs anciens traitements. Voici la liste générale des appointements des fonctionnaires de ce service :

Inspecteurs généraux.	12,000 fr.
Inspecteurs divisionnaires.	10,000
Ingénieurs en chef de 1re classe. 5,000 et	6,000
— de 2e — . . .	4,500
Ingénieurs ordinaires de 1re classe. .	3,000
— — de 2e — . .	2,500
— — de 3e — . .	1,800
Elèves	1,500

Les ingénieurs des mines ont les mêmes traitements, selon le grade. Pour en apprécier le taux, il faut se reporter aux services que rendent ces fonctionnaires si distingués et à l'accroissement des travaux qui leur sont confiés.

Il serait difficile de dresser la liste de tous les emplois de finances, et des salaires qui y sont attachés. Cette liste serait aussi longue que confuse. Nous nous bornerons à reproduire, d'après des documents qui remontent à 1845, mais qui s'accordent certainement encore avec l'état actuel, quelques moyennes qui suffisent pour donner une idée des rémunérations accordées à chaque service. Sur les sommes dont le ministère des finances dispose en faveur de ses agents, la plus grande partie se compose de remises et taxations. Voici, en allocations fixes et produits éventuels, les traitements moyens de ces employés :

DIRECTIONS GÉNÉRALES.

Contributions directes.		2,255 fr.
— — Percepteurs.		2,383
Enregistrement et domaines		3,684
Forêts.	Service sédentaire.	2,658
	Service actif. . .	490
Douanes	Service sédentaire.	1,817
	Service actif. . .	668
Contributions indirectes.	Service sédentaire.	3,463
	Service actif. . .	1,796
Tabacs.	Service sédentaire.	3,579
	Service actif. . .	1,760
Postes.	Service sédentaire.	1,481
	Service actif. . .	1,113
	Facteurs ruraux. .	425

Nous aurions voulu présenter quelques comparaisons empruntées aux gouvernements étrangers ; mais, indépendamment de la difficulté d'obtenir des documents certains et officiels, ces comparaisons sont rarement exactes : les emplois n'ont ni les mêmes noms ni les mêmes attributions ; la valeur de l'argent, et par suite le prix des choses nécessaires à la vie, offrent des dissemblances profondes ; enfin, le caractère des institutions, l'esprit des gouvernements, l'état même des finances, entraînent des conséquences difficiles à apprécier et dont il faudrait tenir compte. Par exemple, les juges de l'Angleterre, ses officiers-généraux, son clergé, touchent des appointements qui dépassent souvent 100,000 francs. En Belgique, au contraire, les ministres n'ont que 21,000 francs par an. Ni l'un ni l'autre de ces tarifs ne peut servir de modèle à la France. M. de Tocqueville a observé avec beaucoup de vérité que, dans les états démocratiques, on donne ordinairement des traitements élevés aux fonctionnaires d'un rang secondaire, et que l'on se montre parcimonieux envers les principaux agents. La justesse de cette observation ressort du budget de la Belgique et notamment du taux des traitements qui y sont accordés à la magistrature. Le premier président et le procureur-général de la cour de cassation ne reçoivent que 14,000 francs, ceux des cours d'appel que 9,000 fr. En revanche, aucun conseiller de cour d'appel n'a moins de 5,000 fr., aucun juge de première instance moins de 2,100 fr. Les traitements correspondants de nos magistrats descendent, comme on l'a vu, au-dessous de ces *minimums*. Aux Etats-Unis il n'y a pas non plus de très-gros traitements : celui du président de la république n'est que de 132,000 fr. ; mais les emplois secondaires obtiennent autant qu'en France, et les derniers emplois beaucoup plus. Le secrétaire du sénat et celui de la chambre des représentants touchent un traitement de 15,900 fr. ; aucun employé ne reçoit moins de 3,710 francs dans les bureaux du sénat, et moins de 7,950 francs dans ceux de la chambre des représentants. Les bureaux de la trésorerie générale occupent dix divisions, dont les chefs touchent 15,900 fr.; les chefs de bureaux reçoivent 9,010 francs, et aucun commis n'a d'appointements inférieurs à 4,240 francs.

Ce qui s'est passé en France après 1830 et surtout après 1848, démontre l'influence des institutions politiques sur la fixation des traitements. Parallèlement à la réduction des plus élevés, les plus faibles ont été sucessivement rehaussés. Depuis le nouveau régime, on a procédé autrement. Les traitements qui étaient déjà les plus forts ont subi une notable augmentation, augmentation justifiée pour quelques-uns et dans une certaine mesure, mais excessive à l'égard d'un grand nombre, et qui, dans l'état des finances, avait moins pour objet de répondre à un besoin public, que d'assigner un caractère distinct au gouvernement qui venait de se fonder.

Le système suivi, en France, pour la rémunération des emplois nous paraît de nature à provoquer plusieurs critiques sérieuses. Premièrement, pour commencer par les moins générales, l'échelle des traitements n'est pas toujours d'accord avec la hiérarchie. Dans l'Université et dans la magistrature, certaines fonctions sont moins rétribuées que d'autres auxquelles elles sont supérieures. De là, l'obligation pour le fonctionnaire de sacrifier son émolument à son avancement; c'est une contradiction choquante et qui doit cesser. En second lieu, on peut reprocher à ce système de ne point assez faire la part de l'éducation plus polie, de l'intelligence plus étendue, des connaissances plus profondes qu'exigent certains services. Les emplois des finances sont les mieux rétribués. Ceux des carrières que nous pourrions appeler savantes ou lettrées, obtiennent au contraire les plus faibles rémunérations : nous voulons parler de la magistrature, de l'Université et des ponts-et-chaussées.

Loin de nous la pensée de créer des catégories de fonctionnaires pour leur attribuer un mérite différent ; au contraire, nous nous plaignons de l'inégalité établie entre des situations d'une pareille importance ou bien peu différentes. Il est juste sans doute d'avoir égard à la considération plus grande attachée aux fonctions les moins rétribuées ; mais ne doit-on pas leur tenir compte des longues études qu'elles ont exigées, des obligations qu'elles imposent, des qualités d'esprit qu'elles réclament? et, à supposer même qu'elles ne dussent pas être mises sur un pied d'égalité, est-il convenable, sous le rapport des traitements, de les placer à une telle distance des autres ? A ces critiques, nous en ajoutons une dernière : nous pensons qu'un grand nombre de traitements sont trop faibles.

En thèse générale, l'État doit rémunérer sans parcimonie ceux qui le servent. Il ne peut compter sur le zèle, sur l'exactitude et sur la capacité que comporte chaque emploi, qu'autant qu'il assure au moins l'existence aux derniers agents, l'aisance à ceux qui sont dans les rangs intermédiaires, et une situation élevée à ceux qui occupent les premiers postes. Il faut que les dépositaires de son autorité soient contents de lui, pour qu'à son tour il soit content d'eux; il faut que la condition qui leur est faite, les affranchisse au moins des premiers soucis de l'existence domestique, sans quoi ils ne donnent à la chose publique qu'une attention distraite et un cœur troublé. Il faut que l'État puisse, quand les fonctions le requièrent, obtenir d'eux le sacrifice entier de leur temps et l'application exclusive de leur esprit. Il faut enfin que les traitements soient en rapport avec le taux général des salaires, dans les positions correspondantes des carrières libres, et avec les besoins de la vie sociale. Les dépenses qu'entraîne une suffisante rémunération des fonctions publiques ne sont point perdues pour l'État. En effet, les fonctions mal payées sont mal remplies, et trop souvent il devient nécessaire de suppléer à de mauvais services par une ruineuse augmentation dans le nombre des agents. Nous admettons qu'on porte en compte la stabilité des emplois publics et l'honneur attaché au service de l'État, mais ces avantages ne peuvent jamais influer sur la partie du salaire qu'on peut considérer comme destinée à pourvoir à des nécessités réelles.

Des raisons spéciales à chaque catégorie de fonctionnaires, en les classant d'après le rang, corroborent ces considérations générales. Souvent les plus humbles sont préposés aux devoirs les plus délicats. Une foule d'agents exercent la surveillance dans l'intérêt des douanes, des contributions indirectes et d'autres impôts; ils sont exposés à toutes les séductions tentées par des artisans de fraude qui ne reculent devant aucun moyen. De simples gardiens veillent sur des dépôts d'un grand prix. Un garçon de bureau a tous les cartons à sa merci. On trouverait bien peu d'agents de cet ordre de qui les plus grands intérêts ne dépendent à quelque degré. Leur assurer à tous des ressources telles que les besoins de la vie ne viennent jamais mettre leur probité en péril, est un devoir de prudence et presque de loyauté. Dans les rangs intermédiaires, d'autres nécessités parlent. Là viennent chercher une existence honorable les enfants de nos classes moyennes, dont le patrimoine est souvent absorbé par les frais d'une éducation dispendieuse. On leur impose des devoirs pesants. Le plus souvent on leur interdit toute opération étrangère à leurs fonctions, soit qu'on les leur défende formellement, soit qu'on ne leur laisse aucun loisir pour s'y livrer. Partout on leur fait une loi impérieuse de repousser loin d'eux, comme un déshonneur, tout autre produit de leur emploi que le salaire payé par l'État. Ce salaire doit donc satisfaire aux besoins légitimes de la famille. Il est fixe et s'accroît bien lentement, quand il s'accroît. Il n'y a point de jour de ruine pour le fonctionnaire, grand avantage sans doute; mais il n'y a jamais non plus pour lui de ces produits extraordinaires qu'une bonne chance apporte au négociant, à l'avocat, au médecin, et qui permettent de composer une réserve contre les événements domestiques, les maladies, les deuils. Quant aux rangs les plus élevés, il y faut moins considérer le fonctionnaire même que l'intérêt public. Il y a intérêt public, en effet, à ce que chaque carrière offre quelques postes éminents qui soient un point de mire pour les ambitions et un aliment à l'émulation de tous les inférieurs. Il y a intérêt public à ce que, pour les emplois où le mérite doit être à la hauteur des devoirs, l'État puisse aussi parfois disputer aux professions libres les hommes qui s'y sont distingués, et leur offrir un salaire qui ne soit pas trop disproportionné avec leurs revenus antérieurs. Il y a intérêt public à ce que des emplois qui entraînent des charges coûteuses ne soient pas, par un privilége contraire à l'esprit de nos institutions, exclusivement réservés aux classes opulentes, seules capables de supporter ces charges (1).

Quelque graves que soient ces considérations, nous n'entendons pas en conclure que le budget doive subir l'énorme fardeau d'une augmentation générale des traitements publics. Il en est beaucoup dont le taux est convenablement réglé, il en est même en ce moment dont la rémunération paraît excessive. Les autres pourraient être améliorés sans une dépense extraordinaire. Nous croyons même qu'il serait possible

(1) Ces principes sont admis par le gouvernement de l'Union américaine. On en jugera par l'extrait suivant d'un rapport du secrétaire d'état du trésor du 6 décembre 1830 : « Dans plusieurs districts, il y aura lieu d'augmenter les rémunérations des employés de la douane, parce que ces rémunérations sont insuffisantes pour assurer le bien-être, et ne sont pas proportionnées à l'importance des services rendus par ces conservateurs du revenu public. Les traitements attribués à nos ministres près des gouvernements étrangers sont tout-à-fait au-dessous de ce qui convient pour assurer la dignité de leur position et l'aisance de leurs familles. Dans quelques cours, et précisément près de celles avec lesquelles les Etats-Unis entretiennent le plus de relations, les dépenses que leur situation impose à nos ministres sont si onéreuses, qu'il faut que leur fortune personnelle supplée à l'insuffisance de leur traitement. La tendance d'un pareil état de choses serait de faire attribuer aux riches l'exercice de ces hautes missions, ce qui est en désaccord avec le génie de nos institutions. »

d'établir une juste et suffisante rémunération de tous les emplois sans grever l'État. On atteindrait ce résultat en réduisant le nombre des fonctionnaires. C'est surtout, comme nous l'avons dit, dans la magistrature et les administrations centrales qu'il y a superfétation. On pourrait aussi, dans beaucoup de branches du service public, simplifier les formes et supprimer des rouages qui occupent un personnel considérable (1).

CHAPITRE VII.

RETRAITES ET PENSIONS.

Le fonctionnaire a consacré de longues années au service public, et accompli religieusement les devoirs dont nous avons tracé la rapide esquisse. Il souhaite le repos de la famille et de la vie privée. Peut-être doit-il renoncer à des fonctions auxquelles il n'apporterait plus assez de vigueur et d'intelligence. A ce terme de la carrière, les droits des diverses classes de fonctionnaires ne sont point les mêmes. L'officier qui a donné trente ans à la patrie est considéré comme ayant payé sa dette, et peut, quand il lui plaît, se faire admettre à la retraite. S'il n'a pas usé de cette faculté, les lois ou les réglements fixent une époque fatale à laquelle la retraite est de plein droit prononcée. Des

(1) V. p. 180.

décrets récents ont appliqué cette sorte de déchéance à plusieurs services civils, aux ponts-et-chaussées, aux mines, à des emplois financiers, et même à la magistrature. Elle a pour résultat de favoriser l'avancement, de rajeunir, si l'on peut ainsi parler, l'administration et d'affranchir le gouvernement des scrupules honorables qui le portaient souvent à conserver dans leurs fonctions des hommes qui n'étaient plus en état de les remplir. Cependant cette mesure peut offrir parfois des inconvénients graves, en privant l'Etat de serviteurs encore utiles et en aggravant les charges des caisses de retraite. Elle accuse la faiblesse du pouvoir qui, se défiant de lui-même, préfère une règle aveugle à l'autorité qu'il pourrait exercer avec discernement. Elle est surtout regrettable quand on l'applique à la magistrature, où des fonctions peu laborieuses peuvent s'exercer dans un âge avancé, et où la vieillesse apporte l'expérience, la science et l'impartialité qui en sont les compagnes ordinaires. Ce n'est pas corriger ces vices que de déclarer, comme on l'a fait, que les magistrats non remplacés conserveront leurs fonctions; c'est consacrer une injustice et porter au principe de l'inamovibilité la plus rude atteinte, en conservant sur le siége des magistrats qui n'y restent que par grâce, à titre de sursis, et que le gouvernement peut à tout moment dépouiller de leur toge.

Après la retraite ordonnée, que deviendra le fonctionnaire? Sera-t-il condamné à la misère, ou obtiendra-t-il un dernier prix de ses services? De tout temps, la dette de l'Etat envers les hommes qui lui ont consacré leur vie a été proclamée. Aucun esprit sage ne pourrait la nier. Les pensions de retraite sont le complément des salaires et appartiennent au même ordre d'intérêts; comme le salaire, elles contribuent à donner au fonctionnaire le calme de l'esprit, en le délivrant de la préoccupation de l'avenir; elles l'attachent par un lien qui se resserre chaque jour davantage; elles compensent en partie la médiocrité des traitements, parce qu'elles rendent moins nécessaires les économies que la prudence conseille dans les professions privées. D'ailleurs, l'Etat ne pourrait s'exposer à l'humiliation de voir ceux qui lui ont donné leurs jours de jeunesse et de maturité, passer leur vieillesse dans le dénûment et l'indigence. L'ancien régime accordait des pensions, mais les charges vénales ne comportaient point cette rémunération, et la justice des récompenses accordées à de longs services cédait le pas aux prodigalités ruineuses d'une faveur sans frein. L'Assemblée Constituante reconnut le principe ; toutefois le souvenir de récents et innombrables abus, dont les suites pesaient encore sur le trésor, lui dicta des dispositions trop restrictives.

En ce moment, le régime des pensions n'est organisé d'une manière normale que dans les armées de terre et de mer. Tout officier, après trente ans de service, peut faire liquider sa pension. Ce temps est réduit à vingt-cinq ans pour les officiers de marine. Chaque année au-delà de ce terme et les années de campagne donnent lieu à une augmentation ainsi fixée dans les divers grades :

	A 30 ans de service.	Augmentation pour chaque année au-delà de 30 ans ou pour chaque année de campagne.	Maximum à 50 ans de service, campagnes comprises.
Lieutenant-général et vice-amiral. . . .	4,000 fr.	100 fr.	6,000 fr.
Maréchal-de-camp et contre-amiral. . .	3,000	50	4,000
Colonel et capitaine de vaisseau.	2,400	30	3,000
Lieutenant-colonel. .	1,800	30	2,400
Chef de bataillon et d'escadron, major et capitaine de corvette.	1,500	25	2,000
Capitaine et lieutenant de vaisseau. . . .	1,200	20	1,600
Lieutenant et lieutenant de frégate, .	800	20	1,200
Sous-lieutenant et élève de marine. .	600	20	1,000

Les blessures donnent droit à la pension de retraite, lorsqu'elles sont graves et incurables, et qu'elles proviennent d'événements de guerre ou d'accidents éprouvés dans un service commandé. Aucune pension n'est donnée aux maréchaux de France et aux amiraux, qui conservent jusqu'à la mort leur titre et leurs traitements.

Les services civils sont régis par des dispositions incohérentes, confuses, incomplètes. Il est des fonction qui n'obtiennent point de pensions, les unes, soit que l'on ait pensé qu'elles pouvaient se prolonger jusqu'à la mort sans inconvénients graves, soit que l'on ait reculé devant l'énormité du fardeau que l'État se serait imposé : le clergé est dans cette catégorie; les autres, parce que, la rémunération consistant en remises sur les recettes effectuées, on les a considérées moins comme un emploi salarié que comme une entreprise à forfait : dans cette catégorie se trouvent les percepteurs des contributions directes. Les services auxquels des pensions sont accordées se partagent en deux classes. La première est sous le régime fondé par la loi de 1790 et modifié par quelques décrets postérieurs. On y a droit à une pension après trente ans de services et à soixante ans d'âge, sauf les exceptions fondées sur des infirmités contractées dans l'exercice des fonctions. La pension est du sixième du traitement des quatre dernières années d'exercice, et s'accroît du trentième des cinq sixièmes pour chaque année de service au-delà de trente ans. A cette classe appartiennent le conseil d'État, la cour des comptes, les préfets et sous-préfets, et un très-petit nombre d'autres fonctionnaires. Ces pensions sont payées par le trésor. La seconde classe, de beaucoup la plus nombreuse, est celle des pensions établies sur des fonds de retenues. Ce système fut imaginé pour suppléer tant à l'insuffisance des fonds affectés par la loi de 1790 aux pensions de retraite, qu'à l'extrême modicité du tarif qu'elle avait adopté. Les employés pensèrent à faire eux-mêmes, à l'aide de retenues sur leurs traitements, les fonds nécessaires à une plus large rémunération. Le gouvernement se prêta avec empressement à une combinaison qui le déchargeait de sa dette, et pendant longtemps il en recueillit les avantages sans être obligé d'en faire les frais; mais le produit des retenues ne suffisait point pour le service des pensions telles qu'elles avaient été fixées : les caisses se trouvèrent en déficit, et depuis longtemps le trésor public, par un sentiment de justice et dans l'intérêt même de l'administration, consent, bien qu'il pût, en droit rigoureux, ne point se soumettre à ce sacrifice, à accorder aux caisses de retenues des subventions annuelles qui se comptent par millions. Chaque administration ayant fondé séparément sa caisse et en ayant arrêté les réglements, les conditions auxquelles ces pensions s'obtiennent ne sont pas toutes les mêmes. En général, la pension n'est accordée qu'après trente ans de services et à soixante ans d'âge, et elle est fixée à la moitié du traitement des dernières années d'exercice. Aucune pension ne peut dépasser 6,000 francs. Dans cette catégorie se trouvent les administrations centrales, la magistrature, les régies financières, l'Université, les ponts-et-chaussées, le corps diplomatique et consulaire, c'est-à-dire le plus grand nombre des fonctionnaires.

Un régime dépourvu d'ensemble et d'unité, et sous lequel les droits même des employés pouvaient être mis en question, appelait nécessairement l'attention du gouvernement et des assemblées, et, depuis près de trente ans, des efforts nombreux et répétés ont été faits pour le remplacer par une loi nouvelle. L'examen des mesures à prendre soulève une foule de difficultés. Il faut, en effet, régler l'âge et la durée des services qui donnent droit à la pension, en fixer la quotité d'après les éléments divers qui doivent entrer dans ce calcul, examiner les situations exceptionnelles qui résultent d'infirmités ou d'accidents, décider si les veuves participeront à la pension, dans quels cas et dans quelle proportion; il faut rechercher toutes les précautions propres à garantir d'une part le service public contre la conservation d'employés incapables ou affaiblis, et d'autre part le trésor contre la trop prompte admission à la retraite d'employés encore utiles et suffisants, quoiqu'ils aient l'âge et le temps de service exigés. Il faut enfin considérer chaque branche du service séparément, et dans chaque branche les classes diverses dont elle se compose, pour étudier les circonstances spéciales qui peuvent réclamer un régime à part. Il n'est pas une de ces questions qui ne soit complexe et délicate. Nous nous contenterons de quelques réflexions sur les bases mêmes du système.

Pour affranchir l'État d'une charge pesante, et pour empêcher le retour de ruineux abus, on a fait une proposition qui, pendant quelque temps, a rallié des opinions nombreuses. On avait imaginé de créer des caisses d'épargne exclusivement composées de retenues faites sur les traitements, d'ouvrir à chaque fonctionnaire un compte distinct sur lequel seraient portées ces retenues, accrues de l'intérêt composé et d'une part proportionnelle dans le reliquat des comptes des employés qui décéderaient : combinaison qui réunissait les chances aléatoires d'une tontine et les produits certains de l'accumulation. On affirmait que ces éléments réunis devaient procurer à chaque fonctionnaire une somme supérieure au montant des pensions actuelles, et l'on proposait même, au lieu d'une simple pension viagère, de lui constituer un capital dont le revenu devait, disait-on, lui suffire. Les calculs d'un savant mathématicien, rapporteur de la chambre des députés, ont démontré la fausseté de ces promesses. Il était évident d'ailleurs, indépendamment de tout calcul, que si, dans le système proposé, les ressources des caisses d'épargne étaient les mêmes que dans les anciennes caisses de retenues ou dans les combinaisons du gouvernement, elles ne pouvaient, malgré l'artifice des chiffres, donner des résultats supérieurs. Une objection d'un autre ordre était dirigée contre ce système. On lui reprochait de reposer sur un principe erroné, en ce qu'il tendait à faire considérer l'État comme affranchi de toute dette envers ses anciens serviteurs. Mais ce principe prévaut, on peut le dire, dans tous les services où le système des retenues a été établi ; le fonctionnaire y crée lui-même avec une partie de son traitement les ressources qui doivent servir au paiement de la pension. L'objection n'aurait donc eu quelque force qu'autant qu'on aurait proposé de supprimer pour l'avenir les retenues, et au contraire tous les projets les maintenaient. Cependant, il faut reconnaître que des tontines privées, constituées au nom des employés, en dehors de l'État, sans solidarité de sa part, n'offrant d'ailleurs aucune certitude, quant à leur durée et à leurs produits éventuels, ne paraissaient pas de nature à procurer à ceux qui y entreraient des garanties suffisantes. Une circonstance toute nouvelle a résolu cette difficulté et rendu un intérêt particulier à la proposition d'assurer une retraite aux fonctionnaires à l'aide de leurs propres épargnes : c'est l'établissement de la caisse des retraites pour la vieillesse. Déja plusieurs entreprises de chemins de fer, qui sont de véritables administrations, et entretiennent un personnel non moins digne d'intérêt que celui de nos administrations publiques, imposent à leurs employés l'obligation de faire des dépôts à la caisse des retraites, de manière à s'assurer une pension pour leurs vieux jours. Cette caisse étant fondée sous la garantie de l'État et en réalité par l'État lui-même, pourquoi ne deviendrait-elle pas la caisse de retraite des employés? Il suffirait de les affranchir du *maximum* de 600 fr. imposé aux autres déposants. L'État pourrait même verser à leur profit un ou deux pour cent des traitements : sacrifice inférieur à celui qu'il a fait jusqu'ici et dont l'importance serait au moins connue et limitée à l'avance. La faculté que la loi consacre, de réserver, en cas de décès, le capital déposé, assurerait une ressource aux veuves et aux enfants. On obtiendrait tous les avantages des caisses de retraite avec plus de simplicité, et l'État, déchargé du fardeau de la réversibilité, qui dérange tous les calculs, connaîtrait mieux les engagements qu'il contracte.

Adoptant le système le plus opposé à celui des caisses d'épargne, le gouvernement a proposé, dans plusieurs projets de loi, de faire payer par le trésor public, directement, les pensions de tous les fonctionnaires civils, comme il paie celles de l'armée. Cette proposition, il faut en convenir, se recommande par les avantages qu'elle offre aux fonctionnaires, et par les liens étroits qu'elle établit entre eux et le gouvernement; elle atteste mieux que les autres systèmes la reconnaissance de l'État envers ceux qui l'ont servi, et se distingue par une sorte de générosité ; mais on l'a toujours amoindrie et, si l'on peut ainsi parler, rabaissée par les conditions qu'on y a jointes. En effet, tout en déclarant l'État débiteur direct, on a proposé, pour soulager le trésor, de maintenir, comme nous l'avons dit, les retenues actuellement établies, lesquelles s'élèvent aujourd'hui à 5 pour 100 dans tous les services. Certainement, on n'aurait pas pensé à les créer, si elles n'avaient pas déjà existé, mais on n'a trouvé aucun inconvénient à conserver un prélèvement établi depuis longues années, et auquel les fonctionnaires sont habitués. On a allégué d'ailleurs que les pensions dont les fonds étaient ainsi fournis par ceux mêmes à qui elles étaient destinées, constituaient pour l'État une dette doublement sacrée, fondée qu'elle était à la fois et sur les services accomplis, et sur les retenues supportées par les fonctionnaires; on a pensé que le paiement en serait d'autant mieux assuré contre les mesures de nécessité publique que pourraient provoquer une guerre, une crise financière, mesures auxquelles ne résisteraient pas des pensions qu'on pourrait considérer seulement comme des concessions de faveur et presque de munificence publique. Ces raisons sont sérieuses, mais non sans réplique, et les pensions n'auront vraiment le caractère d'une dette loyalement acquittée par l'État, que quand elles ne seront pas subordonnées à une retenue préalable. En réalité, le système des retenues est une pure fiction, dès que le trésor public est constitué débiteur. On ne comprend ce système que quand la quotité de la pension dépend du produit des retenues, et quand les fonctionnaires les administrent eux-mêmes en quelque sorte, et se les partagent : c'est ainsi que les choses devaient se passer sous le régime des caisses de retenues; mais quand l'État est déclaré débiteur, débiteur dans tous les cas, débiteur d'une pension dont le montant est invariablement fixé à l'avance, la retenue n'est qu'une réduction de traitement, et il est un cas où elle peut motiver les plaintes les plus légitimes. En effet, on a toujours admis avec raison que le fonctionnaire destitué perd son droit à la pension : dans le système des pensions sans retenues, cette peine est juste et naturelle, car l'État ne doit pas récompenser des services qui, interrompus par la faute du fonctionnaire, n'ont pas eu la durée requise; dans le système des retenues, au contraire, cette peine a l'apparence d'une confiscation, car le trésor semble s'emparer des sommes que le fonctionnaire est censé avoir versées lui-même à la caisse. Il n'est pas vrai, du reste, que les retenues doivent donner plus de sécurité aux pensionnaires. S'il arrivait que l'État fût assez malheureux et sa loyauté assez ébranlée, pour qu'on songeât à ne plus payer les pensions, l'intérêt qui s'attacherait aux sacrifices faits par les fonctionnaires n'opposerait qu'une impuissante barrière à cette banqueroute. Il ne faut pas dénaturer les institutions dans la prévision des jours de désastres publics, et c'est tomber dans une contradiction manifeste que de prévoir ces désastres comme supérieurs à toutes les règles, et de penser qu'on pourra en conjurer les suites par l'influence des principes de la morale et de la justice. Nous pensons donc que le système qui mettrait les pensions au compte du trésor aurait pour conséquence logique et nécessaire de supprimer la retenue. C'est le régime déjà admis pour l'armée. Si, conformément à cette opinion, la retenue cessait d'être exercée, faudrait-il conserver à leur taux actuel ou réduire proportionnellement les traitements de ceux qui la subissent aujourd'hui? La réponse à cette question est subordonnée à l'état des finances et aux besoins réels des fonctionnaires. Nous avons assez fait connaître notre pensée pour n'avoir pas besoin de dire que nous pencherions pour la solution qui leur serait le plus favorable.

Nous avons suivi le fonctionnaire dans tout le cours de son existence, à ses premiers pas dans la carrière, au sein de ses fonctions, dans la retraite accordée à ses vieux jours. La théorie générale des lois qui doivent le régir dans ces diverses situations est simple et facile à analyser. Au début, les principes d'une société libre et soumise à la loi de l'égalité, appellent au service de l'État quiconque a fait ses preuves et donné des gages de capacité. L'aptitude est la condition première, la condition permanente imposée au fonctionnaire; elle détermine son admission et plus tard son avancement. Ainsi se trouve appliquée la règle sociale qui confère le pouvoir au plus digne; ainsi se trouvent garantis les intérêts publics, toujours confiés aux mains les plus habiles. L'admission du fonctionnaire l'associe à l'Etat. Dans cette association, il apporte ses travaux, son intelligence, des soins constants et assidus. Il sera probe et discret, obéissant à ses chefs, exact, ferme et empressé envers le public, soucieux de sa dignité, même dans la vie privée; attentif à ne jamais confondre, dans l'exercice de ses droits politiques, l'homme public avec le citoyen, avec l'électeur ; amoureux du devoir, qu'il doit pratiquer comme une religion; soumis enfin avec respect au pouvoir disciplinaire qui punit ses fautes. L'Etat de son côté lui doit la sécurité et le bien-être. Il lui donne la sécurité par les dispositions qui, à des degrés divers, le mettent à l'abri d'une révocation arbitraire, et par la protection dont il le couvre contre les violences et les tracasseries privées. Il lui donne le bien-être en lui accordant un salaire qui lui permet de se livrer tout entier aux travaux de son emploi, qui le dispense de veiller au soin de sa fortune. Il entretient en lui l'espoir, ce besoin du cœur humain, en lui laissant entrevoir un avenir toujours meilleur, auquel le dévouement et les services rendus l'appellent progressivement. Enfin le fonctionnaire qui a payé sa dette obtient avec le repos une honorable retraite. L'Etat ne l'oublie point dans ses vieux jours, et lui assure une existence modeste, mais à l'abri de toute chance, jusqu'à ses derniers instants.

Ce qui se passe sous nos yeux n'est pas entièrement, nous l'avons dit, d'accord avec ce tableau. Le privilége et la faveur ne sont pas encore dépossédés. Les ordres n'obtiennent pas toujours une fidèle et entière exécution; le devoir n'a pas beaucoup d'adorateurs fervents. Les salaires, devenus excessifs dans quelques-uns des plus hauts postes, mais insuffisants dans beaucoup d'emplois secondaires, ne sont pas répartis dans des proportions équitables, ni soumis assez souvent à la loi progressive par laquelle ils deviendraient un moyen de discipline, une récompense des bons services. Enfin les retraites ne sont point placées sous une loi normale dans les services civils. Chaque classe de fonctionnaires, considérée isolément, jouit d'avantages ou souffre d'inconvénients qui lui sont propres. L'armée seule a obtenu un système complet de garanties. Depuis l'arrivée sous le drapeau jusqu'à la mort, le militaire est protégé, soutenu, récompensé. Son emploi lui est assuré autant que le comportent les nécessités publiques. Des salaires réglés avec libéralité, du moins dans les rangs supérieurs, et des retraites suffisantes pourvoient à tous ses besoins. On prépare les aspirants par de longues études; on promet l'avancement aux plus capables. La magistrature, le corps des ponts-et-chaussées, celui des mines, jouissent aussi de garanties réelles; mais les rémunérations ne sont pas en rapport avec ce que la société doit à ceux qui lui consacrent tant d'habiles et courageux efforts. Dans le personnel diplomatique et consulaire, dans la haute administration, les emplois sont moins stables, mais la mobilité des affaires l'exige; les traitements, calculés d'après des nécessités spéciales, sont élevés sans être excessifs. C'est dans les dispositions susceptibles de garantir le choix des hommes les plus capables, c'est dans les moyens de les instruire et de les former, que la règle fait défaut. Le personnel des administrations centrales souffre aussi de l'absence de ces moyens d'instruction ; il est trop nombreux, trop peu rétribué dans les rangs inférieurs, soumis à des réglements dont la diversité n'est point justifiée. Enfin les régies financières ne paraissent réclamer que la consécration officielle et durable des mesures déjà introduites par des chefs expérimentés, une éducation théorique au début, et plus d'uniformité dans des services si analogues. Ces lacunes sont dignes d'exciter l'intérêt du gouvernement et des grands pouvoirs de l'État.

TITRE TROISIÈME.

PROCÉDÉS ET FORMES DE L'ADMINISTRATION.

Par quels procédés, dans quelles formes l'administration remplit-elle sa mission ? Ces formes sont-elles les plus simples, les plus rapides ? offrent-elles, tant au public qu'aux particuliers, les garanties qui leur sont dues? Digne sujet d'observation et d'étude, car des règles que suit l'administration peuvent dépendre la fortune de l'État, la gestion ruineuse ou féconde de ses intérêts, les droits des citoyens, leur liberté. La forme n'est jamais à dédaigner, et, dans les affaires publiques, son influence n'est pas moins grande que dans les affaires privées. On ne serait donc pas en état d'apprécier avec justice l'administration, ses œuvres, les secours qu'elle prête à l'État et aux particuliers, si l'on ne se rendait pas compte des règles que les lois lui tracent ou qu'elle s'impose à elle-même dans l'exercice de ses fonctions.

Au moment où la loi du 28 pluviôse an VIII fut présentée au Corps Législatif, l'orateur du gouvernement, M. Rœderer, décomposait l'administration publique en trois ordres de fonctions : 1° l'agence de transmission des lois aux administrés et des plaintes des administrés au gouvernement; 2° l'action directe sur les choses et les personnes privées, dans toutes les parties mises sous l'autorité immédiate des administrateurs; 3° enfin, la *procuration d'action* dans les parties d'administration remises à des subordonnés. Ce que M. Rœderer appelait la procuration d'action comprenait, selon lui, onze ordres de pouvoirs qu'il énumérait sous les noms d'*instruction*, *impulsion*, *direction*, *inspection*, *surveillance*, *sanction des propositions utiles*, *contrôle des actes suspects*, *censure*, *réformation*, *redressement*, *punition*.

Cette analyse des fonctions administratives était plus subtile qu'exacte, et créait des distinctions qui peuvent être vraies, mais que l'esprit saisit difficilement : on a quelque peine à reconnaître, par exemple, les nuances qui distinguent l'impulsion de la direction, la surveillance de l'inspection, la réformation du redressement. D'autre part, la transmission des lois aux administrés, érigée en fonction principale, paraît rentrer dans la procuration d'action et ne pas avoir assez d'importance pour être considérée à elle seule comme une branche de l'administration.

Si nous ne nous trompons, il est possible de ramener l'ensemble des faits administratifs à des termes plus simples et moins métaphysiques.

Les actes de l'administration peuvent être rangés en quatre catégories distinctes :

1° Ceux par lesquels, en vertu d'une délégation générale ou spéciale, en vue de subvenir à des besoins publics ou de compléter la loi, elle prescrit d'une manière générale des mesures obligatoires pour tous les citoyens ;

2° Ceux par lesquels elle imprime le mouvement aux affaires publiques, en organisant les services dont elle a la direction, en donnant l'impulsion aux agents chargés de l'exécution, en les éclairant, en leur traçant des devoirs ;

3° Ceux qui interviennent sur une affaire spéciale ou à l'égard d'une personne désignée, pour l'exécution de la loi ou des services publics ;

4° Ceux qui s'accomplissent pour l'instruction des réclamations dirigées contre les décisions ou prescriptions de l'administration.

Chacune de ces espèces d'actes a son caractère particulier et est soumise à des formes spéciales.

CHAPITRE PREMIER.

DES FORMES DES ACTES DU POUVOIR RÉGLEMENTAIRE.

A tous les degrés de la hiérarchie politique, les dépositaires du pouvoir administratif sont chargés, sous les conditions et dans les limites fixées par les lois, de prendre les mesures réglementaires que réclament les intérêts dont la garde leur est confiée. Les parlements, qui avaient mis la main sur la législation et l'administration, s'étaient autrefois attribué ce pouvoir qui participe de l'une et de l'autre. Depuis 1789, l'administration seule l'exerce. Il est défendu aux tribunaux de prononcer par voie de disposition générale et réglementaire (Code civil, article 5), et toute invasion de la justice sur l'administration est interdite.

Le pouvoir réglementaire appartient au gouvernement pour toute la République, aux préfets pour leur département, aux maires pour leur commune. Le premier fait des réglements d'administration publique, les autres font des arrêtés. A Paris, le préfet de police rend des ordonnances.

Parmi les formes des réglements d'administration publique, il en est auxquelles ils sont tous soumis ; il en est, au contraire, qui ne sont exigées que pour ceux à l'égard desquels la loi les a spécialement prescrites.

Tous les réglements d'administration publique doivent satisfaire à deux conditions. En premier lieu, ils doivent être précédés d'une délibération du Conseil d'État.

Assurer l'unité d'application des règles administratives; empêcher que, pour des cas semblables, les solutions ne varient avec les services ou avec les départements ministériels ; donner à la rédaction l'ordre, la simplicité, la clarté qui en sont les mérites essentiels et trop peu appréciés : tel est l'objet de l'intervention du Conseil d'État.

Les réglements d'administration publique doivent s'attacher à renfermer chaque pouvoir dans sa sphère. De même que les lois ne doivent pas contenir des articles purement réglementaires, de même les réglements n'admettent point des dispositions de pure exécution, qui doivent être laissées à l'appréciation de l'administration.

Il importe également d'éviter d'y insérer des dispositions copiées dans la Constitution ou dans les lois. Cette transposition les amoindrit en diminuant leur autorité. Les citoyens qui trouvent une disposition dans un simple décret ne savent pas toujours qu'elle est revêtue de la sanction de la loi. Le gouvernement pourrait lui-même s'y tromper dans des décrets ultérieurs, et les modifier comme purement réglementaires. D'autre part, en séparant les articles d'une loi de ceux qui les précèdent ou les suivent, on peut en altérer le sens, comme il arrive de la phrase qu'on détache du livre d'un écrivain. On est même quelquefois amené à en changer le texte pour les placer dans un nouveau cadre; la loi est ainsi atteinte et dans sa lettre et dans son esprit. Le réglement ne doit donc pas s'approprier l'œuvre du législateur. C'est une règle généralement suivie, mais à laquelle des ordonnances, qui étaient destinées à avoir l'autorité de réglements d'administration, et qui n'avaient point passé au Conseil d'État, ont quelquefois dérogé. On peut citer en exemple celle du 31 mai 1838, sur la comptabilité, qui a glané dans la Charte, dans les lois et les réglements une foule d'articles dont la réunion forme l'assemblage le plus disparate.

Si l'on considère la haute importance des réglements d'administration publique, on comprend aisément que le législateur ait voulu qu'ils fussent éclairés des lumières d'un corps où l'expérience pratique doit se trouver, à un si haut degré, unie à la science des lois.

Il est d'autant plus nécessaire d'exiger à leur égard un examen attentif et approfondi, qu'en raison de leur caractère semi-législatif, ces réglements, d'après une jurisprudence contestable mais très-ancienne, ne sont pas susceptibles d'être attaqués directement par la voie contentieuse, alléguât-on qu'ils ont porté atteinte à un droit; tout au plus a-t-on quelquefois admis les citoyens à se pourvoir contre les actes particuliers qui leur en faisaient l'application; d'un autre côté, le droit accordé aux tribunaux de ne point prononcer, s'ils les trouvent illégaux, les peines qui s'attacheraient à leur violation, n'est qu'un remède indirect et incomplet. Sous la monarchie constitutionnelle, on pouvait réclamer devant les chambres; aujourd'hui, le recours au gouvernement lui-même reste le seul moyen de redressement; et comme ce moyen est d'un ordre purement discrétionnaire, il faut, plus que jamais, prendre à l'avance des précautions contre l'erreur ou la précipitation.

Le Conseil d'État doit donc être consulté, mais il n'émet qu'un avis et le gouvernement n'est pas tenu de s'y conformer. Le droit de faire les réglements d'administration publique étant un attribut du pouvoir exécutif, il pourrait y avoir un déplacement irrégulier des pouvoirs à le transporter au Conseil d'État, mais en même temps il y a lieu de craindre que l'avis de ce grand corps ne soit trop légèrement écarté, et plus d'une fois on a vu de simples commis, qui avaient l'oreille du ministre, faire prévaloir leur opinion individuelle sur celle du Conseil d'État.

Comme les réglements d'administration publique ne sont la plupart du temps qu'une sorte de délégation du pouvoir législatif au pouvoir exécutif, la Constitution de 1848 avait admis que l'Assemblée nationale pourrait, lorsqu'elle le jugerait convenable, remettre au Conseil d'État lui-même le soin de faire ces réglements qui, dans ce cas, ne pouvaient pas être modifiés par le gouvernement. Celui-ci pouvait seulement, d'après une disposition que le Conseil d'État lui-même avait insérée dans son réglement intérieur, refuser de les promulguer, et l'Assemblée était appelée à vider le différent qui s'élevait entre le Conseil d'État et le pouvoir exécutif. Les attributions respectives des pouvoirs étaient ainsi respectées et la délégation faite par l'Assemblée recevait sa complète exécution.

Ce système, qui satisfaisait à toutes les convenances, ne pouvait pourtant se concilier avec la nouvelle organisation politique qu'a établie la constitution de 1852, et, sous son empire, tous les réglements d'administration publique relèvent de la pleine autorité du Président de la République.

On a vu des ministres sages et circonspects en référer au Conseil d'État lui-même, avant de modifier les projets qu'il avait arrêtés. C'est un exemple qui devrait être suivi en toutes circonstances. Il témoignerait de la déférence due à un corps aussi considérable, empêcherait que ses avis ne fussent écartés sans motifs suffisants, et procurerait à la fois à la loi elle-même et aux citoyens de précieuses garanties.

La seconde condition imposée aux réglements d'administration publique est la promulgation; ils sont, dans la même forme que la loi dont ils forment un appendice, portés à la connaissance des citoyens et rendus exécutoires pour tous.

Indépendamment de ces conditions, certains réglements doivent être préparés par une instruction administrative dont les bases sont déterminées. Ainsi, lors qu'ils peuvent avoir pour conséquence d'imposer des taxes aux citoyens ou des servitudes à la propriété, des enquêtes ou des expertises sont prescrites, des avis sont demandés; par ce moyen les intéressés peuvent présenter leurs observations, soit par eux-mêmes, soit par l'intermédiaire des conseils électifs qui les représentent, et il est fait appel à la science des hommes de l'art et des conseils administratifs.

Nous venons de dire quelles formes sont imposées aux réglements d'administration publique : il convient à présent de rechercher quelles mesures, par leur nature, réclament l'application de ces formes, ou, en d'autres termes, exigent qu'un réglement de cette espèce soit rendu. Cette question n'est pas sans difficulté, parce qu'aucune loi ne l'a résolue en principe, et que, en fait, des mesures réglementaires sont prises par de simples décrets, tandis que les formes des réglements d'administration publique sont suivies, parfois même légalement ordonnées, pour des mesures qui n'ont pas le caractère réglementaire.

Souvent les lois décident que, pour leur exécution, il interviendra un réglement d'administration publique. Dans ce cas, aucun doute ne s'élève, et la Cour de Cassation ne reconnaît pas la force obligatoire aux décrets rendus sans que le Conseil d'État ait été consulté. Mais quand le réglement n'est pas expressément prescrit, à quelle espèce de disposition doit-on en appliquer les formes? Où finit le domaine du décret, où commence celui du réglement? On peut dire que toutes les fois qu'il s'agit de dispositions qui statuent d'une manière générale et permanente, qui imposent des devoirs aux citoyens, et donnent lieu, en cas d'infraction, à une répression pénale, il y a lieu de recourir à un réglement d'administration publique; mais cette règle n'est écrite nulle part et n'a pas reçu la sanction de la jurisprudence.

Au second degré des pouvoirs autorisés à faire des réglements, se trouvent les préfets, comme représentants de l'Etat dans leurs départements respectifs. Leur droit diffère de celui du gouvernement en ce qu'il est circonscrit dans le ressort de leurs fonctions et ne peut s'exercer qu'à l'égard d'intérêts, même généraux, qui touchent le département. Le principe s'en trouve dans la nécessité de procurer satisfaction aux besoins publics, de conjurer les périls imminents, de pourvoir au bien-être collectif des citoyens. Il tient plus du pouvoir réglementaire de l'autorité municipale, dont il sera parlé ci-après, que de celui du gouvernement, qui vient d'être exposé. Il prend son origine dans la loi du 22 décembre 1789, qui avait chargé les administrations départementales « de toutes les parties de l'administration et notamment de celles qui étaient relatives au maintien de la salubrité, de la sûreté et de la tranquillité publique. » Les préfets ayant été substitués, en l'an VIII, aux administrations départementales, ont hérité de cette attribution, à laquelle était attaché le pouvoir réglementaire.

Les arrêtés qu'ils rendent à ce titre ne sont soumis à aucune forme déterminée. Peut-être la loi devrait-elle les obliger à prendre au moins l'avis préalable du Conseil de préfecture, à défaut de celui du Conseil général, qui, ne siégeant pas d'une manière permanente, ne pourrait pas être consulté en toute occasion. Au reste, comme ces arrêtés sont toujours susceptibles, sauf les droits des tiers, d'être rapportés ou modifiés par l'autorité supérieure et par le préfet lui-même, et que les parties intéressées ont le droit de faire des réclamations, les erreurs commises ne sont jamais irréparables.

D'un autre côté, les arrêtés réglementaires des préfets, comme les réglements d'administration publique, ont pour sanction les peines que l'autorité judiciaire applique aux contrevenants, et celle-ci refuse de prêter force aux dispositions par lesquelles un préfet aurait excédé la limite de ses pouvoirs ou méconnu les conditions auxquelles la loi en avait subordonné l'exercice.

Indépendamment de cette attribution générale, des lois ont conféré aux préfets, pour des objets et à des conditions déterminés, un pouvoir réglementaire. Ainsi la loi du 15 mai 1818 les charge de faire des réglements sur les frais de poursuite, en matière de contributions directes. Ces réglements ne peuvent, toutefois, être exécutés qu'après avoir reçu l'autorisation du gouvernement. La loi du 21 mai 1836 sur les chemins vicinaux charge également les préfets de faire des réglements pour l'exécution de ses dispositions. Mais elle en exige la communication au Conseil général, dont les observations sont transmises au ministre qui approuve le réglement. Enfin, la loi du 3 mai 1844, sur la chasse, confère un droit analogue aux préfets. Les réglements qu'elle leur confie ne sont pas soumis à l'approbation de l'autorité supérieure , mais ils ne peuvent être rendus que sur l'avis du Conseil général.

Parmi les magistrats investis du pouvoir réglementaire, les maires occupent la place la moins élevée, mais non la moins considérable. Chargés « de faire jouir les habitants des avantages d'une bonne police, notamment de la propreté, de la salubrité et de la tranquillité dans les rues, lieux et édifices publics (loi du 13 décembre 1789), » ils sont, pour tout ce qui se rapporte à ces objets essentiels, les législateurs de la commune. Leur droit est inhérent à leurs fonctions mêmes; seulement quand les arrêtés qu'ils rendent ont un caractère réglementaire, et doivent par conséquent embrasser le présent et l'avenir, l'exécution en est suspendue pendant un mois, pour que l'autorité supérieure, à qui les maires sont tenus de les communiquer, puisse, si elle le trouve convenable, en prononcer l'annulation; précaution sage à l'égard de fonctionnaires qui ne présentent pas toujours les garanties de capacité et d'instruction nécessaires à cette partie si importante de leur ministère.

Le droit d'annulation réservé à l'autorité supérieure et le contrôle indirect de l'autorité judiciaire, qui ne prête force qu'aux arrêts rendus dans les limites de la loi, sont les seules garanties établies à l'égard des maires. Aucune forme ne leur est tracée; aucun conseil ne les éclaire. Quelques-uns consultent officieusement le conseil municipal; le plus grand nombre s'en abstient; nul n'y est tenu. L'avis de ce conseil paraîtrait utile dans tous les cas, bien qu'on ne puisse se dissimuler qu'il en est où cette délibération préalable serait de nature à créer quelques difficultés. Dans plusieurs pays, ces sortes d'arrêtés sont pris par le conseil municipal lui-même ou par l'assemblée qui en tient lieu. D'ailleurs, il est bon, en général, que l'administration agisse, autant que possible, de concert avec ceux qui représentent auprès d'elle les vœux et les besoins publics. Cette participation leur donne une connaissance plus réelle des difficultés pratiques que soulèvent les affaires; elle fait peser sur eux une solidarité qui adoucit les résistances et déjoue souvent les oppositions, en les forçant à s'expliquer.

C'est ainsi que, dans l'Etat, dans le département, dans la commune, s'exerce le pouvoir réglementaire, moins solennel, moins stable que la loi elle-meme, mais atteignant les citoyens dans des intérêts plus nombreux, plus immédiats, plus intimement liés à leurs besoins journaliers et à tous les détails de la vie commune.

CHAPITRE II.

DES FORMES DES ACTES DE DIRECTION ET D'IMPULSION.

La direction supérieure de l'administration part du centre, et, sans intermédiaires ou en passant par ceux qui sont placés entre le gouvernement et ses agents secondaires, elle se répand sur tous les points du territoire. Elle est un des instruments les plus énergiques et les moins offensifs de la centralisation, car elle tend à maintenir , autant par le conseil que par l'autorité, l'unité, l'ordre, l'activité commune qui en sont le but et le bienfait. La Cour de Cassation, le Conseil d'Etat préposés à la conservation de ces intérêts précieux n'agissent que dans des cas spéciaux, quand ils y sont expressément conviés; plus active, plus constamment éveillée, l'administration centrale est toujours en exercice et incessamment occupée à imprimer le mouvement et à l'entretenir.

Par la loi, par les réglements, sont fondés des services publics. Il devient nécessaire de les organiser, de régler leur marche, leur fonctionnement, de déterminer le nombre des agents qui y seront attachés, d'assigner à chacun son grade, sa fonction, ses devoirs. L'administration y pourvoit d'abord par des décrets ou des arrêtés.

Comme les décrets rendus à cet effet ne doivent recevoir leur application qu'à l'égard de personnes ou de choses qui dépendent de l'administration, ils n'ont pas besoin d'être entourés des mêmes formalités que les réglements d'administration publique. Ils sont signés par le chef de l'Etat, qui peut toujours les modifier ou les rapporter, selon les besoins et les circonstances. Cependant, il arrive souvent que la loi pour l'exécution de laquelle ils sont faits, exige qu'ils soient rendus *dans la forme des réglements d'administration publique*, ou *le Conseil d'État entendu*, locutions différentes, mais dont la signification est la même. Quelquefois aussi l'administration, bien qu'elle en soit dispensée, juge convenable de consulter le Conseil d'Etat, afin de profiter de ses avis et de donner au décret plus d'autorité.

Quand l'administration ne croit pas nécessaire de

recourir à un décret, de simples arrêtés ministériels organisent les services. Ils ont une autorité suffisante pour tout ce que le ministre serait autorisé à prescrire lui-même, car on ne peut lui refuser le droit d'établir par disposition générale ce qu'il pourrait ordonner successivement et pour chaque cas particulier; mais ils ne présentent pas autant de garanties que les décrets. Les ministres peuvent toujours les rapporter, et se croient permis d'y déroger à leur gré. En outre, ces arrêtés n'ont d'autorité que pour le département du ministre qui les a faits, et souvent ils ne durent pas plus longtemps que lui; en général, ils ne reçoivent pas de publicité. On peut d'ailleurs en contester la valeur dès qu'ils ne s'appliquent pas exclusivement à des objets et à des individus qui ne sont pas immédiatement et entièrement sous la main du ministre. Ainsi, un simple arrêté ministériel a réglé le service intérieur des prisons, la discipline et le régime des détenus; cet arrêté, qui contenait les dispositions les plus sages et qui a été exécuté sans opposition, n'excédait pas, peut-être, les pouvoirs du ministre, mais il en était l'application la plus extrême, et il est permis de penser que les mesures qu'il prescrivait n'auraient rien perdu à être prises par décret, si ce n'est par réglement d'administration publique.

C'est après que la loi a reçu son complément par les réglements d'administration publique, les décrets, les arrêtés d'organisation, que commence la direction administrative proprement dite. Elle concerne soit l'ensemble d'un service, soit une affaire ou un agent particulier; en d'autres termes, elle est générale ou spéciale. Considérons-la sous ces deux aspects.

Les actes que fait l'administration supérieure pour diriger les services publics dans leur ensemble ont pour objet ou l'interprétation de la loi ou l'indication de règles de conduite.

Une loi bien rédigée doit être brève, claire, explicite ; mais la brièveté, qui évite les développements secondaires, nuit quelquefois à la clarté même, et la disposition la plus explicite peut encore présenter un sens ambigu. Il faut s'être appliqué à la préparation des lois pour comprendre combien la rédaction en est difficile, malgré le génie de notre langue si simple, si précise, si logique. Il n'est donc pas de loi qui ne soulève des doutes ; quand ces doutes atteignent un droit privé, il appartient aux juridictions de les résoudre, mais les procès doivent être évités, et plus l'administration prévient les plaintes et écoute attentivement les réclamations, mieux elle accomplit sa mission. D'ailleurs, l'application de la loi ne met pas toujours des droits en question, et quand elle touche seulement à des intérêts qu'aucune juridiction ne défend, nul n'est plus intéressé que le gouvernement à la mettre en harmonie avec la pensée du législateur.

A ce besoin répondent les instructions et les circulaires. Le gouvernement y dépose le résultat de son expérience et de ses études ; il y retrace le véritable esprit de la loi, qu'il a présentée lui-même au Corps Législatif, et dont il connaît le sens pour en avoir suivi la discussion ; il la rapproche des précédents dont il possède la tradition et des principes généraux du droit dont il est pénétré.

Quoique, par leur nature, ces sortes d'instructions rentrent dans les pouvoirs en quelque sorte internes de l'administration, l'importance en est telle que l'Assemblée Constituante de 1789 ne dédaigna pas de faire elle-même celles qui étaient nécessaires pour l'exécution de certaines lois, notamment des lois qui fondaient le nouveau système administratif. Elle pensa sans doute que nul ne pouvait mieux qu'elle en révéler l'esprit et en assurer la fidèle application. Les circonstances, la nouveauté du sujet, l'absence d'un gouvernement bien assis, expliquent cette dérogation au partage régulier des attributions; en effet, dans les temps ordinaires, il n'appartient qu'au gouvernement de faire des instructions interprétatives de la loi, et il ne peut rien émaner du pouvoir législatif qui n'ait la valeur et le titre de loi.

Les instructions ne servent pas seulement à l'interprétation de la loi; elles ont aussi pour but d'en régler l'exécution. Le ministre fait connaître à ses subordonnés les devoirs que la loi leur impose, l'époque où ils doivent les accomplir, les droits dont ils sont armés, et l'usage qu'il convient qu'ils en fassent. Il lève les difficultés qui lui sont signalées, dissipe les incertitudes, corrige les applications vicieuses, empêche les diversités qui porteraient atteinte au principe fondamental de l'unité.

Parfois, la circulaire a un caractère politique. En effet, les lois dont l'exécution est remise au gouvernement ne se refusent pas, malgré leurs termes absolus, à une appréciation discrétionnaire. Selon l'état des esprits, les besoins de la société et les circonstances, l'application peut en être tolérante ou rigoureuse. Il est des moments où les lois d'ordre public doivent être appliquées avec fermeté; il en est où elles peuvent sommeiller, comme l'épée dans le fourreau. Les lois d'impôt elles-mêmes, quelque expresses qu'en soient les dispositions, reçoivent quelquefois des tempéraments commandés par les souffrances des populations, par la dureté des saisons, par l'invasion d'un fléau ; l'administrateur sage et bien avisé n'oublie point qu'il est une âpreté de poursuites qui nuit plus au trésor public qu'elle ne lui profite, et que l'Etat, comme tout autre créancier, s'expose à tout perdre, s'il ne veut rien concéder. Voilà ce que les circulaires expliquent. L'administration y assume une responsabilité, à laquelle ses subordonnés ne pourraient s'exposer d'eux-mêmes. Elle y remplit son véritable office, celui d'entendre le vœu des populations, et, sans enfreindre la volonté du législateur, d'accéder à ce vœu dans la mesure indiquée par la justice et la politique.

Par les circulaires, l'administration s'attache encore à propager les institutions utiles qui sont dues au zèle privé des citoyens, et qu'elle prend sous son patronage, sans prétendre les diriger. C'est ainsi que les salles d'asile, les caisses d'épargne et les crèches, établissements si dignes à des titres divers d'encouragement et d'appui, ont reçu des circulaires la plus favorable impulsion. On a vu aussi des ministres recommander, par ce moyen, des publications ou des entreprises particulières ; mais il faut que l'intérêt public s'y trouve manifestement engagé, pour qu'un tel moyen d'influence soit accordé à des intérêts privés.

L'autorité des circulaires est purement morale. La loi ne peut en recevoir aucune atteinte : exprimer une opinion, donner une direction, c'est toute leur portée. Elles ne peuvent créer aucune obligation pour les citoyens. Plusieurs arrêts de la Cour de Cassation et du Conseil d'Etat l'ont expressément décidé. Mais elles lient les agents mêmes de l'administration, sauf le droit qui leur est toujours réservé, de ne point se rendre à une interprétation qui leur paraîtrait erronée, et d'adresser des représentations sur la conduite qui leur est tracée, si leur conscience y résiste.

Lorsque M. François de Neufchâteau quitta pour la seconde fois le ministère de l'intérieur, il fit imprimer le recueil des circulaires qui avaient marqué le cours de ses deux administrations. La publication de toutes les circulaires de ce ministère a depuis été faite par les soins du gouvernement, et continuée jusqu'en 1839. On y trouve les plus précieux documents sur des branches du service public qui composent aujourd'hui trois ministères. Le jurisconsulte, l'administrateur, l'économiste peuvent la consulter avec fruit. Si le temps a emporté un grand nombre des questions qui y sont traitées, il ne leur a pas ôté leur intérêt historique, et beaucoup d'autres n'ont point cessé d'occuper l'administration.

Il serait très-important que, dans chaque branche du gouvernement, on reprît toutes les anciennes circulaires, afin de les coordonner et d'en composer, pour ainsi dire, un corps de doctrine administrative. On ne serait pas arrêté par les obstacles qui s'opposent à la codification des lois et des réglements. Il dépend, en effet, de chaque ministre, de chaque chef de service, de faire, d'abroger, de modifier les circulaires qui le concernent. Cette refonte détruirait une confusion fâcheuse. Les circulaires se succèdent, se remplacent et parfois se contredisent. L'agent qui leur demande une règle de conduite ne la trouve pas toujours clairement tracée, et les contradictions des instructions administratives viennent s'ajouter à celles de lois rédigées avec précipitation et sans vues d'ensemble. Au département de la justice, entre autres, les officiers du ministère public ont reçu, depuis quarante ans, des instructions qui forment une collection dépareillée dans la plupart des parquets, et aussi volumineuse qu'incohérente. Un garde des sceaux avait entrepris de les résumer toutes, en reproduisant avec ordre et méthode ce qui en était encore applicable, mais ce projet n'a pas eu de suite.

On a longtemps considéré le secret comme une condition nécessaire de la politique, des finances, de l'administration, et même de la justice. Ce préjugé ne règne plus que dans quelques esprits étroits, et l'expérience en a démontré le vice. La publicité a préservé de la déloyauté la politique, du gaspillage les finances, et de l'arbitraire la justice. Elle n'a pas été moins utile à l'administration, et ses avantages constatés ont contribué à l'étendre. Toutes les circulaires qui ont un caractère général et permanent sont publiées. Les plus importantes paraissent au *Moniteur*, les autres dans des recueils officiels ou semi-officiels, créés dans le sein des diverses administrations. Par ce moyen, les administrés, informés de la pensée qui préside à l'exécution des lois, peuvent la juger, la discuter; les agents ont sans cesse un guide sous les yeux. Cependant, on comprend que l'administration ne peut rendre toutes ses communications publiques. Qu'elle exprime des craintes sur une disette que fait prévoir l'état de la récolte, sur des signes qui annoncent une épidémie, sur des troubles avant-coureurs d'une insurrection, et qu'elle ordonne, en conséquence, des mesures de précaution ou de sûreté, publier ses circulaires, ce serait jeter la perturbation dans les affaires, inquiéter les populations, et peut-être aggraver le mal au lieu de le conjurer. Mais les circulaires qui doivent demeurer confidentielles sont les moins nombreuses, et les considérations les plus impérieuses peuvent seules motiver une exception, qui n'est le plus souvent que momentanée, à la règle générale de la publicité.

C'est dans les administrations centrales que s'élaborent toutes les instructions des ministres et des chefs des grands services publics. Là sont recueillis les documents parlementaires, les archives administratives, les notions pratiques et d'ensemble que le mouvement des affaires procure chaque jour; là sont réunis en grand nombre des hommes laborieux et exercés qui rassemblent les matériaux des circulaires, en discutent les principes, en rédigent le texte et en font rapport au ministre ou au chef qui leur donne le sceau de son autorité; là est le foyer de la direction administrative.

En général, d'après les règles hiérarchiques que nous avons retracées, l'administration centrale correspond avec les chefs placés à la tête des départements ou des autres circonscriptions territoriales, préfets, procureurs généraux, préposés intermédiaires des services spéciaux; ceux-ci, à leur tour, sont chargés de diriger leurs subordonnés respectifs; les préfets donnent aux sous-préfets ou aux maires des instructions qui sont imprimées et publiées dans le recueil des actes administratifs que chaque département possède; les procureurs généraux correspondent avec les procureurs de la République, ceux-ci avec les juges de paix; la même succession de rapport s'établit entre les chefs secondaires des services spéciaux et leurs inférieurs. Ainsi, de proche en proche, la direction s'exerce, la pensée du gouvernement se transmet et tous les rouages reçoivent l'impulsion.

Cette impulsion ne consiste pas seulement dans l'enseignement collectif et général dont les circulaires sont les conducteurs; elle embrasse aussi les affaires spéciales et jusqu'aux moindres détails de l'administration; elle stimule le zèle, brise les obstacles, combat la négligence, lutte contre les passions locales, impose l'exactitude et défend les intérêts légitimes. A cet effet, des ordres sont donnés, des explications demandées, des états de situation exigés; une surveillance constante s'exerce; les agents sont mandés pour rendre compte de leur conduite; des commissaires vont les remplacer et accomplir les obligations qu'ils ont refusé ou négligé de remplir eux-mêmes; des punitions disciplinaires sont infligées. Une correspondance, entretenue sans relâche entre le chef et ses subordonnés, assure l'autorité de l'un et l'obéissance des autres.

Le style et le ton de cette correspondance se modifient avec les temps et avec les hommes. Le laconisme et la rudesse y trahissent les gouvernements et les ministres aux yeux de qui la dureté du langage est un signe de force. On y retrouve la politesse du monde avec ceux qui pensent que l'autorité ne perd rien à observer les règles de l'urbanité, et qu'une volonté ferme n'est pas nécessairement hautaine et impérieuse.

Tels sont les moyens que l'administration emploie pour diriger les affaires publiques et pour en assurer la conduite régulière. Ainsi, le pouvoir réglementaire a complété la loi ou l'a suppléée, la direction administrative a établi les ressorts par lesquels le mouvement se communique et elle les a mis à la disposition de l'Etat : c'est alors que l'administration entre dans tous les détails de l'exécution relativement aux affaires particulières et aux citoyens qui s'y trouvent engagés. Quelles sont les formes qu'elle suit dans cette partie de ses fonctions ? C'est ce que nous allons rechercher.

CHAPITRE III.

DES FORMES DES ACTES DE L'ADMINISTRATION RELATIFS A DES AFFAIRES SPÉCIALES OU A DES PERSONNES PRIVÉES.

L'administration est incessamment en contact avec les citoyens, soit pour l'exercice de la police administrative, soit pour l'accomplissement des fonctions qui lui sont remises dans un intérêt général d'ordre et de police, soit enfin pour la gestion des services publics. Les formes de son action varient selon qu'elle agit pour l'un ou l'autre de ces objets.

Pour l'exercice de la police administrative, l'office principal de l'administration est de constater les contraventions et de saisir les juridictions investies du droit de les réprimer. Ses agents dressent des procès-verbaux, les affirment devant un magistrat, si la loi l'exige, et les transmettent aux tribunaux judiciaires ou administratifs.

Ici encore se retrouve cette faculté d'appréciation qui est de l'essence du pouvoir administratif. Si les infractions n'étaient pas constatées à l'égard de tous, si des distinctions personnelles étaient faites, le grand principe de l'égalité de tous les citoyens devant la loi serait violé. L'administration manquerait à ses premiers devoirs si tous ne pesaient pas du même poids dans sa balance ; mais elle n'est pas tenue dans tous les cas, à toutes les époques, de déployer la même sévérité. Il lui appartient d'user de tempéraments, par exemple, lorsque la loi est nouvelle et que ceux qu'elle concerne la connaissent mal et n'ont pas encore contracté les habitudes qu'elle doit créer. L'administration peut donner d'abord des avertissements amiables et ne provoquer des poursuites que dans le cas où ses conseils sont méprisés. C'est entrer dans les vues du législateur de chercher avant tout le but qu'il s'est proposé et de ne jamais faire sortir de ses prescriptions d'inutiles rigueurs. Les circonstances peuvent au contraire être prises en considération pour motiver une sévérite spéciale. Ainsi, quand des maladies pestilentielles désolent les populations, l'exécution des lois qui intéressent la salubrité est surveillée avec une inflexible activité et aucune infraction ne trouve grâce.

On a demandé quelquefois si l'administration avait le droit de supprimer les procès-verbaux dressés par ses agents et de les soustraire ainsi à l'examen de l'autorité judiciaire. En principe, ce droit ne lui appartient pas. Son mandat expire au moment où celui de la justice commence, par la constatation officielle d'un fait punissable. La question a été ainsi résolue à l'égard des commissaires des chemins de fer qui y avaient donné lieu. D'après la loi, tous leurs procès-verbaux doivent ètre transmis au procureur de la République, appelé à les apprécier et à requérir ou non une information. Ce magistrat exerce donc un droit d'examen préalable, mais ce droit est de l'essence de ses fonctions, et il l'exerce à un autre point de vue que l'administration, à un point de vue exclusivement judiciaire.

Constater les contraventions est, en cette partie des pouvoirs de l'administration, son principal, mais non pas son seul devoir. Elle a encore, au nom de la sùreté publique, le droit de prescrire certaines mesures spéciales ou accidentelles. Pour préserver la salubrité, elle ordonne qu'un foyer d'infection sera supprimé; pour arrêter les progrès d'un incendie, elle ordonne que des constructions seront démolies; pour rendre la circulation libre, elle ordonne que des matériaux placés sur la voie publique seront enlevés. Elle agit ainsi au nom de tous et dans l'intérêt commun. A cet effet, les préfets et les maires prennent des arrêtés qui ne sont soumis à aucune forme spéciale, à l'avis préalable d'aucun conseil. L'urgence résisterait le plus souvent aux délais qu'entraînerait une instruction quelconque. Ces arrêtés sont obligatoires; qui les enfreint ou refuse de les exécuter peut être traduit devant les tribunaux et puni des peines de police.

D'autres pouvoirs sont, dans des intérêts analogues, conférés à l'administration. Des lois trop nombreuses, ont, comme on l'a vu, subordonné à son autorisation préalable l'exercice de certaines facultés (1). Quelquefois elle est autorisée à faire des concessions, en matière de mines, par exemple. En général, elle est tenue, avant de statuer, de remplir des formalités dont l'objet est d'avertir les tiers intéressés, d'appeler le public à contredire, de constater les avantages et les inconvénients de l'autorisation ou de la concession. Si l'importance des droits qu'il s'agit de conférer réclame un examen approfondi, l'avis du Conseil d'État doit être pris. Ainsi, il est exigé pour l'autorisation à donner aux établissements dangereux, insalubres ou incommodes de première classe, et pour les concessions de mines.

Dans l'exercice de ces pouvoirs, l'administration est investie d'une pleine autorité ; elle peut accorder ou refuser. La loi s'en est entièrement remise à sa sagesse. Mais il faut bien se garder de confondre le pouvoir discrétionnaire dont elle jouit, avec le pouvoir arbitraire. Le premier est soumis à des conditions et à des règles. Quand la loi, qui ne peut tout prévoir et tout régler, délègue son droit à un appréciateur plus flexible, plus rapproché des citoyens, mieux constitué pour ne négliger aucun élément de solution, elle entend qu'il n'écoute que la justice et l'utilité publique, et

(1) V. titre II, le chapitre de *la Centralisation*.

loin de permettre que ces deux bases d'un bon gouvernement soient ébranlées, c'est au contraire pour les maintenir qu'elle se substitue l'administration. Le pouvoir arbitraire, elle le dénie; il est l'ennemi de la règle, l'attribut du despotisme, et ne peut trouver place dans la législation d'une société régulièrement ordonnée.

Au droit de refuser l'autorisation ou la concession, se lie nécessairement celui d'y attacher des conditions; mais il faut que ces conditions soient dictées par l'intérêt même en vue duquel l'administration a été appelée à autoriser ou à concéder. Ainsi, elle prescrit les mesures qui assainiront un établissement classé comme insalubre; elle astreint le concessionnaire de la mine à observer certaines précautions dans l'exploitation. Toute autre condition serait contraire au droit. Il y aurait concussion à exiger une redevance pécuniaire, fût-ce au profit du trésor; excès de pouvoir à imposer des charges en faveur d'un tiers ou même d'un immeuble de l'Etat; violation de la loi à prescrire, même dans l'intérêt public et de l'aveu du concessionnaire, des dérogations au droit public. L'administration est fidèle à cette règle, et quand, dans des vues d'ailleurs fort droites, elle a proposé de s'en écarter, le Conseil d'État l'y a rappelée.

Telle est la forme de l'action administrative dans l'exercice des fonctions qui se rattachent à la police publique. Étudions maintenant la forme des actes relatifs aux services confiés à l'administration, nous voulons parler des actes de gestion, d'intendance, si l'on peut ainsi dire, que nécessitent les propriétés, les revenus de l'État et les transactions qu'il est appelé à faire.

Les grands services publics, et spécialement l'impôt et la comptabilité, ont leurs formes et leurs règles particulières, dont la description ne peut entrer incidemment dans cet aperçu général. Il n'est question en ce moment que des actes qui sont communs à toutes les branches de la gestion administrative.

D'accord avec le pouvoir législatif et sous son autorité, cette gestion s'effectue sans interruption, par les soins de l'administration : disposition et affectation des immeubles, achats nécessités par les besoins de l'État, emploi des objets et des denrées qu'il possède, toutes les opérations enfin qui se rapportent à la fortune publique et au service public sont ou décidées, ou exécutées, ou réglées par décrets, arrêtés, ordres écrits.

Des traités sont passés entre l'administration et des tiers ; il faut faire des contrats, acheter, vendre, louer, entreprendre des travaux, se procurer des draps pour vêtir les détenus et l'armée, du blé pour les nourrir, des fourrages pour alimenter les chevaux, des matériaux pour les routes, les édifices, etc. Comme tous ces actes sont également faits pour le compte de l'État, et que, divers seulement par leur objet, ils sont intrinsèquement les mêmes, la loi et les réglements les ont soumis à des règles communes.

D'abord l'administration, pour les contrats qu'elle passe, est son propre notaire ; elle leur confère l'authenticité : prérogative justement accordée au caractère des agents qui la représentent, à la régularité de sa marche, à la publicité qui entoure ordinairement ses transactions. à la nature enfin des objets dont elle traite. Il est tout simple, en effet, qu'elle n'ait pas besoin de recourir à des officiers publics, institués par elle-même pour suppléer à l'inexpérience ou à l'inattention des parties privées. Seulement, il faut que ses actes soient réguliers, qu'ils émanent de l'autorité établie par la loi pour les souscrire, et, quand une approbation ultérieure est requise, que cette approbation ait été donnée. A ces conditions, l'authenticité est entière, avec toutes les conséquences qui y sont attachées, l'hypothèque, la force exécutoire, etc.

Ce privilége dont jouit l'administration s'explique encore par une autre condition qui lui est imposée, et qui tient à la position exceptionnelle de ses agents. Il y a, en effet, cette différence entre un particulier stipulant pour lui-même et l'administrateur stipulant pour l'État, que le premier est convié par son intérêt personnel à exiger les meilleures conditions, à débattre rigoureusement celles qui lui sont proposées, à ne faire aucune concession non compensée, tandis que l'autre, par négligence, par complaisance, si ce n'est par collusion, peut donner les mains à des arrangements qui ne sont onéreux qu'au public. D'un autre côté, la bonne renommée de l'administration fait partie de cet ascendant moral, qui est sa principale force; et s'il importe qu'elle ne faillisse point, il n'importe pas moins peut-être qu'elle ne soit jamais accusée, soupçonnée même d'avoir failli. Ces graves considérations ont fait admettre, à l'égard des marchés passés par le gouvernement, une règle qu'on a considérée à la fois comme une garantie de la fortune publique et de la réputation des administrateurs. Ces marchés doivent être faits avec publicité et concurrence; la publicité appelle les offres, la concurrence les fait entrer en lutte.

On doit l'adoption de cette règle au souvenir de marchés qui, à d'autres époques, ont révolté la conscience publique, compromis les finances de l'État, et déshonoré plus encore les ministres qui les signèrent que les traitants qui y trouvèrent une fortune scandaleuse. Le remède adopté a pu mettre un terme à des fraudes honteuses, mais l'État y trouve-t-il tous les profits qui lui étaient promis? Il est permis d'en douter. La concurrence, soit par un effet naturel, soit par suite de concerts illicites, ne fait pas toujours triompher les entrepreneurs qui offrent le plus de capacité, de solvabilité, de moralité; excessive, elle réduit les prix à un taux tellement bas que les hommes prudents se retirent, et que ceux qui traitent ne peuvent tenir leurs engagements ou s'y ruinent; insuffisante, elle contraint le gouvernement à payer plus cher que s'il avait traité de gré à gré. Cependant des précautions sont prises pour prévenir ces inconvénients. Selon les cas, l'administration, en dressant à l'avance la liste des concurrents qu'elle admet à entrer en lice, écarte ceux qui ne satisfont pas aux conditions nécessaires; elle fixe un prix *maximum* ou *minimum*, selon que l'adjudication doit avoir lieu au rabais ou à l'enchère; des cautionnements sont exigés; les concerts coupables qui auraient pour but d'écarter les enchérisseurs, sont poursuivis et punis. Ces précautions corrigent les vices du système de la concurrence, mais elles ne les effacent point. On ne peut nier que des marchés de gré à gré, passés avec discernement, intelligence et probité, procureraient souvent de meilleurs résultats; mais comment défendre l'État contre l'insouciance ou la fraude de ses agents, contre les défiances d'une opinion malveillante et passionnée, contre les attaques des compétiteurs éconduits ?

Heureusement, la règle de la publicité et de la concurrence admet des exceptions nombreuses, que la nécessité commandait. S'il y a urgence, si l'opération exige le secret, si elle réclame des artistes éprouvés, si elle n'a lieu qu'à titre d'essai, si elle porte sur des valeurs trop faibles pour comporter les frais et l'appareil d'une adjudication, si la concurrence est impossible, parce que l'objet du marché est dans une seule main, on autorise le gouvernement à traiter de gré à gré.

Lorsqu'il est procédé par voie d'adjudication, des annonces sont faites et publiées à l'avance; les conditions proposées par l'administration sont énumérées dans un cahier de charges très-détaillé, destiné à prévoir tous les incidents d'une longue opération. L'administration a raison de prendre toutes ses sûretés, mais elle a souvent le tort d'imposer aux entrepreneurs des conditions très-onéreuses, de se réserver à leur égard une latitude très-arbitraire, de les rendre ainsi plus exigeants, et d'écarter, par suite, ceux dont la loyauté se refuse à chercher dans des profits illicites la compensation de ces charges.

Après l'adjudication ou le marché de gré à gré, il appartient à l'administration de veiller à l'exécution des engagements pris envers elle. S'il y est fait infraction, elle applique les clauses pénales insérées dans le marché. S'il s'agit de fournitures en cours de livraison, de travaux en cours d'exécution, la déchéance de l'adjudicataire est prononcée, et une nouvelle adjudication lui donne un successeur. Dans le cas où l'on ne pourrait y procéder, une régie est établie, c'est-à-dire que l'administration exécute elle-même les fournitures ou les travaux, au moyen d'achats directs ou d'ouvriers qu'elle paie et dirige, aux frais de l'entrepreneur en déchéance.

Quelquefois, sans traiter avec les tiers, l'administration a recours à la régie. C'est ce qui arrive quand elle veut faire des expériences, se rendre compte des prix réels d'achat et de main-d'œuvre, ou quand les opérations sont de trop peu d'importance pour réclamer le secours d'un intermédiaire; mais ces cas sont fort rares : la régie se concilie mal avec les habitudes de l'administration, elle donne lieu à des erreurs et à des mécomptes, et n'offre pas à l'État des garanties suffisantes.

CHAPITRE IV.

DES FORMES DE L'INSTRUCTION DU CONTENTIEUX ADMINISTRATIF.

Les formes que l'administration est ordinairement tenue de suivre ou qu'elle s'impose volontairement, sont instituées en vue des intérêts publics. Les garanties qu'elles offrent ne suffisent pas au citoyen qui, en son nom individuel et privé, la loi ou un contrat à la main, élève ou combat une prétention qui engage sa propriété, sa fortune, sa condition personnelle; la loi lui doit la protection dont les droits privés sont constamment entourés dans les sociétés bien ordonnées.

Dans les cas exceptionnels où les tribunaux sont appelés à prononcer, les formes judiciaires sont nécessairement observées, et nous n'avons à nous occuper que des contestations portées devant les juridictions administratives.

Nous avons déjà retracé l'organisation de ces juridictions et les règles générales de leur compétence (1). Nous n'y revenons en ce moment que relativement aux formes qui sont observées devant elles.

Pour apprécier jusqu'à quel point ces formes satisfont aux conditions d'une bonne justice, il faut distinguer entre les juridictions qui ont une existence propre, et celles qui, mêlées à l'action administrative même, se confondent, pour ainsi dire, avec elle, telles que la juridiction des ministres.

Devant les premières, presque toutes les formes de la procédure ordinaire sont suivies : citation, discussion contradictoire, sentence motivée, tout s'y retrouve. Il en est cependant qui, en raison de leur caractère spécial et de la nature des intérêts soumis à leur examen, sont placées sous un régime exceptionnel. Ainsi, les conseils de révision, institués par la loi du recrutement, suivent une procédure sommaire que commandait la necessité d'arrêter promptement la liste des jeunes

(1) Voir le chapitre *des Tribunaux administratifs*.

gens appelés sous les drapeaux, et de prononcer la libération de ceux qui ne sont pas atteints. Le débat est purement oral; la décision immédiate; l'opposition n'est point reçue; point de recours, si ce n'est pour incompétence ou excès de pouvoirs. Ainsi encore, les réclamations relatives au service de la garde nationale sont jugées sommairement, à la suite d'un débat oral, en première instance par les conseils de recensement, en appel par les jurys de révision. La formation d'un jury avait pour conséquence la souveraineté de la décision, l'opposition non admise, le recours autorisé seulement pour incompétence, excès de pouvoirs ou violation de la loi. Ainsi, enfin, la Cour des Comptes est également investie d'une juridiction souveraine, quant au fait; conséquence nécessaire du caractère tout spécial et pour ainsi dire technique des matières qu'elle juge; mais l'instruction y est écrite et l'opposition admise.

A part ces exceptions, les formes adoptées par les juridictions administratives diffèrent peu de celles que les lois ont établies devant les tribunaux ordinaires. En règle générale, l'instruction s'y fait par écrit. Un collége spécial d'avocats en est chargé devant le Conseil d'État. La plaidoirie publique y est en outre autorisée; elle ne l'est point devant les conseils de préfecture, les conseils privés des colonies, les commissions de desséchement, etc. Cependant les avocats, les parties et leurs mandataires sont admis, par tolérance, sur leur demande et quand les circonstances le permettent, à présenter des observations orales. Des décrets ont organisé la procédure auprès du Conseil d'État; celle que suivent les conseils de préfecture n'est tracée par aucun acte de l'autorité publique; elle a été, en grande partie, réglée par la jurisprudence du Conseil d'État, qui a considéré comme substantielles certaines règles empruntées, soit à son propre règlement, soit au Code de procédure civile.

Comme on le voit, il reste peu de chose à faire à l'égard des juridictions dont nous venons de parler. Il n'en est pas de même de celle des ministres. Le caractère mixte de cette juridiction s'opposait à l'emploi des formes ordinaires.

Point de citation proprement dite. S'agit-il d'une réclamation de l'État contre un citoyen? Si la réclamation a pour objet le recouvrement d'une somme, on délivre contre le débiteur prétendu une contrainte, c'est-à-dire un ordre de payer, qui est exécutoire, mais contre lequel le pourvoi est admis pendant un délai déterminé, passé lequel la contrainte est définitive. Si la réclamation de l'État a un autre objet, le ministre prend une première décision, susceptible, à la vérité, d'opposition, comme n'ayant pas été précédée d'un débat contradictoire, mais qui forme, contre la partie intéressée, un premier préjugé dont elle a le droit de s'inquiéter. S'agit-il, au contraire, d'une réclamation contre l'État? Le citoyen adresse sa demande au ministre, mais il n'a pas toujours le moyen de s'assurer qu'elle lui parviendra.

Point de défense orale. La partie a seulement le droit de fournir des mémoires. Elle peut obtenir d'être entendue par les employés qui préparent la décision du ministre et par le ministre lui-même, si l'affaire en vaut la peine; mais ces conférences sont de pure faveur. En matière de comptes, de liquidations d'entreprises ou de fournitures, l'avis des agents qui ont suivi les opérations est demandé et communiqué à la partie, pour qu'elle y réponde. Tout cela se fait avec loyauté, avec un juste souci des droits privés; mais tout cela pourrait être refusé, aucune loi, aucun réglement ne l'exigeant.

La décision du ministre est rendue et doit être notifiée. Mais, sur ce point encore, il n'y a qu'arbitraire et incertitude. Les décisions ministérielles sont rendues dans des formes très-différentes et ne portent pas toujours le signe de l'autorité qui s'y attache. Tantôt, un subordonné fait un rapport au ministre, qui y donne son approbation par sa signature, quelquefois par un simple parafe. Tantôt le ministre prononce par un seul mot le rejet de la demande. On en informe l'intéressé par l'intermédiaire d'un subordonné ou directement par une lettre qui lui apprend simplement que sa réclamation n'a pas été accueillie. Ni considérant, ni dispositif, rien qui indique un acte de juridiction. Selon la matière, le même acte ministériel a le caractère d'un jugement ou d'un simple refus de paiement. Ainsi, dans les contestations qui relèvent des conseils de préfecture, dans celles par exemple qui sont relatives aux entreprises de travaux publics, l'acte par lequel le ministre rejette les réclamations qui lui sont soumises est rendu dans la même forme que ceux par lesquels il statue comme juge; les plus cruels mécomptes résultent de cette confusion. Tantôt, pour qu'on n'oppose pas un jour l'autorité de la chose jugée, les avocats font intenter, par précaution, des pourvois qu'ils croient eux-mêmes inutiles. Tantôt la partie qui ne se rend pas un compte exact de la notification qu'elle a reçue, n'y voit qu'une simple communication officieuse et laisse s'écouler les délais sans se pourvoir, ou écrit au ministre pour solliciter un plus ample informé. Aucun soin n'est pris pour la détromper. Le temps se passe, le pourvoi cesse d'être recevable, et trop souvent le droit le plus manifeste est ainsi mis à néant. La jurisprudence du Conseil d'État constate de ces regrettables surprises. Depuis longtemps déjà on a signalé la nécessité d'en empêcher le retour par l'adoption de formes sacramentelles. Quelques améliorations ont été introduites. Il est des ministères où les décisions sont prises dans une teneur juridique, avec des motifs et un dispositif, et où la partie est expressément informée du délai dans lequel elle peut exercer son recours; mais il en est encore où ces sages précautions sont négligées.

Il serait nécessaire que toutes les formes à suivre devant les ministres fussent tracées avec précision, les délais fixés, les moyens de recours indiqués; en un mot, que devant une juridiction si exceptionnelle, les citoyens fussent au moins à l'abri des embûches. Il y va de leur droit, de leurs intérêts les plus précieux, non moins que de l'honneur même de l'administration.

Après la notification et quand la décision est devenue définitive, il y a lieu de l'exécuter. Si les mesures qui en sont la conséquence rentrent dans ses attributions, l'administration les prend elle-même; autrement elle procède par les voies de droit commun, notamment par saisie, vente des biens, contrainte par corps, s'il y a lieu à recouvrement de deniers.

Sur ce simple exposé, on peut juger des formes de l'instruction contentieuse administrative. Régulières et protectrices devant les juridictions proprement dites, elles sont dépourvues de garanties légales devant les ministres. C'est, dans notre système administratif, une lacune qui doit attirer l'attention de quiconque pense que la liberté publique est atteinte toutes les fois qu'un droit privé peut être offensé, de quelque manière que ce soit.

CHAPITRE V.

CONSIDÉRATIONS GÉNÉRALES.

Si l'on examine dans leur ensemble les formes et les moyens d'action dont nous venons de présenter le tableau, il est juste d'en louer la régularité, la méthode, l'ordonnance ; mais en leur rendant cet hommage, on ne peut dissimuler combien l'administration française est lente, embarrassée, chargée de complication. Elle défend les intérêts de l'État, mais à grands frais ; elle sert les citoyens, mais au prix d'une longue attente ; elle atteint son but, mais à travers mille obstacles.

On peut assigner plusieurs causes à ces graves défauts.

Le désir de contrôle et de garantie a été porté à l'excès. On oblige l'administration à recueillir de toutes parts des avis et des renseignements; on la tient dans une tutelle permanente. Chaque jour, les lois instituent des conseils nouveaux et s'ingénient à leur créer des attributions, sans prendre garde à ceux qui existent déjà, sans rechercher s'il est nécessaire d'en augmenter le nombre. Conseils municipaux, conseils d'arrondissement, conseils de préfecture, conseils académiques, conseils généraux, conseils d'agriculture, conseils de salubrité, conseils d'hygiène; il est telle affaire qui, successivement soumise à toutes ces assemblées, ne peut recevoir une solution, qu'après avoir passé par cette interminable filière. Chacun des avis exigés entraîne des délais, des convocations, des délibérations, des expéditions de pièces, des correspondances. Ici on exige une expertise, là une enquête. L'administration n'excite que défiance. Sans contredit, il est indispensable qu'elle soit avertie, tenue en respect, défendue contre les ombrages du public, contre ses propres erreurs. Mais les liens dont on la garrotte ne compriment-ils pas ses mouvements, loin de les régler, et de tant de précautions prises ne sort-il pas le plus souvent l'obscurité au lieu de la lumière, une responsabilité amoindrie parce qu'elle est partagée, le doute à la place de l'affirmation, des opinions fausses qui autorisent des décisions injustes, une hésitation qui dicte des termes moyens dont le but est de ménager tout le monde et le résultat ordinaire de ne contenter personne, et enfin une langueur qui paralyse tous les efforts?

L'esprit judiciaire s'est imprégné dans les lois administratives. Il ne faut pas s'en étonner. Longtemps l'administration est restée dans les mains des parlements. Les anciens réglements portent le cachet des habitudes de procédure et de la préoccupation des formes dont ces grands corps ne pouvaient pas se dégager. De nos jours même, les magistrats, les hommes de loi, nombreux dans nos assemblées, y ont, par l'autorité de leurs lumières et de leurs talents, fait prévaloir les mêmes sentiments. Sous leur influence, les matières les plus simples ont été hérissées de notifications, de délais, de recours. Les pratiques du greffe se sont introduites dans l'esprit du législateur.

A ces complications créées par l'esprit judiciaire, viennent se joindre celles qu'a inventées la routine administrative ; ce n'est pas assez des formalités légales, on multiplie, comme à plaisir, les travaux des fonctionnaires publics. On les accable de tableaux à dresser, de comptes à rendre, de documents à rassembler. Ce qui est demandé à un maire de village, on ne saurait le décrire. Dans ce surcroît d'occupations, les recherches statistiques occupent une place considérable. Ces recherches sont utiles, sans doute; elles profitent à la science et éclairent l'administration; mais elles devraient être circonscrites dans le cercle des faits officiels, authentiques, non contestables et susceptibles de vérification. Interroger, comme on le fait, tous les maires de la République sur des faits insaisissables qu'ils ignorent et dont ils ne peuvent s'assurer, leur demander des appréciations morales qui dépassent l'intelligence du plus grand nombre, c'est s'exposer à donner cours, sous la garantie de l'autorité publique, aux assertions les plus inexactes, et couvrir l'erreur d'un manteau officiel. Dressez donc la statistique judiciaire, celle des prisons, des établissements de bienfaisance, nul n'y contredira; mais si vous prétendez constater ainsi la production agricole ou manufacturière, indiquer les causes du mouvement de la population, faire des investigations pour lesquelles il n'existe aucune méthode certaine, résoudre enfin les problèmes les plus ardus de la science, vous ne recueillerez que des hypothèses; chacun vous répondra à sa manière et d'après ses idées personnelles, et beaucoup vous tromperont sciemment, dans la crainte que quelque impôt ou quelque mesure vexatoire ne soit le but auquel tendent vos investigations. De ces innombrables enquêtes statistiques, d'ailleurs, combien en est-il qui vont mourir dans les cartons et ne voient jamais le jour (1) !

On prodigue la correspondance et les écritures. La signature seule de ces myriades de pièces consume un temps énorme. Président de la République, ministres, directeurs, préfets, ceux qui réunissent en leurs mains des pouvoirs nombreux, sont écrasés de signatures ; leur vie entière s'y épuise. Aucun ne peut lire ce qu'on met sous sa plume, et par conséquent la signature n'est qu'une formalité illusoire. Celui, en effet, qui voudrait connaître, même superficiellement, les actes sur lesquels il engage ainsi sa responsabilité, y dépenserait ses jours et ses nuits, et ne pourrait consacrer un in-

(1) Un décret du 1er juillet 1852 a organisé des commissions de statistique permanente au chef-lieu de chaque canton. D'après le rapport qui précède ce décret, les commissions de statistique exonéreront les maires de la plus grande part de la tâche et de la responsabilité que leur imposait la réunion des éléments de la statistique officielle ; elles pourront les aider à recueillir ceux de ces éléments que fournissent les registres de l'État civil, elles seront encore pour eux d'utiles auxiliaires dans les opérations des dénombrements qui se font tous les cinq ans. Si l'on obtient de ces commissions les services qu'on en attend, elles seront très-utiles. Nous avons remarqué dans ce rapport un légitime hommage rendu au gouvernement parlementaire : « Le régime de publicité et de discussion, y est-il dit, qui est la conséquence du gouvernement parlementaire, devait donner sous la Restauration une vive impulsion aux recherches statistiques. Il devenait nécessaire, en effet, pour le gouvernement obligé de soumettre ses projets de loi à la sanction des deux assemblées législatives, de les motiver fortement par une étude consciencieuse des faits.» Nous souhaitons que les nouvelles commissions de statistique et le Conseil d'Etat procurent, sous le régime qui a remplacé le gouvernement parlementaire, des avantages égaux.

stant aux pensées générales, aux études, aux projets de réforme et d'amélioration qui doivent tenir la première place dans l'esprit des hommes publics investis d'une autorité élevée (1). Bien autre est la condition des ministres dans un pays où cette administration paperassière est inconnue. Un jour, un ami de M. Canning, allant lui faire visite au moment d'une grande lutte parlementaire, le trouvait occupé à lire Horace pour se délasser l'esprit. En semblable occasion, sous notre régime parlementaire, on aurait trouvé un ministre donnant des signatures pour vider ses portefeuilles. Aujourd'hui que les ministres, étrangers aux assemblées, sont descendus au rang de simples chefs de service, leurs loisirs sont plus grands, mais point assez encore pour faire face à tous les devoirs que leur impose un système administratif si compliqué.

Pour la moindre difficulté, l'instruction d'une affaire est suspendue ; les pièces sont renvoyées, des explications demandées, de nouvelles formalités prescrites. Une lettre accompagne la plus simple transmission. Toute lettre est écrite par un commis, qui la soumet au chef ou sous-chef, expédiée ensuite par un autre employé et envoyée à la signature. On croit nécessaire de garder minute de toutes les dépêches; de là, d'innombrables copies. Si le chef de l'État doit signer, il en est fait une pour lui, une autre pour l'agent qui sera chargé de l'exécution, une troisième pour les archives. Le résultat le plus certain de cette multiplica-

(1) « Je ne sais où l'on en serait, si l'on ne prenait jamais trois heures pour réfléchir. » (*Lettres de Mirabeau au comte de Lamarck* du 14 mars 1791.)

tion de papiers est que tout classement devient impossible, et qu'à force de tout conserver, on ne retrouve rien.

Aux divers échelons administratifs, les mêmes choses se passent. Chaque bureau est un atelier d'écritures. La lettre du ministre est envoyée aux préfets; elle donne lieu, dans l'intérieur de la préfecture, puis à la sous-préfecture, à des opérations semblables. Elle passe aux agents extérieurs chargés de l'exécution; ceux-ci se livrent à une nouvelle correspondance. Par suite de ces procédés, il a été constaté que le nombre des lettres administratives écrites de fonctionnaire à fonctionnaire, et à ce titre franches de port, s'élève à 16 millions par an (1), soit 43 mille environ par jour, y compris les jours fériés, et sans compter les lettres écrites par des fonctionnaires à des particuliers, lesquelles ne jouissent pas de la franchise. C'est ainsi que le temps se perd, que les dossiers s'enflent et que des légions de commis deviennent nécessaires.

On se ferait difficilement une idée des lenteurs qui résultent de cette organisation, et des précautions minutieuses qui viennent encore les prolonger. Une pièce arrive au ministère; le secrétaire général l'arrête au passage pour l'enregistrer. Transmise ensuite dans la division qu'elle concerne, elle y est enregistrée de nouveau. Un temps considérable se perd dans le voyage des dossiers. Il faut calculer par mois, si ce n'est par année, la durée d'une affaire qui doit être

(1) 16,363,56 lettres en 1843; elles pesaient 980,000 kil., c'est-à-dire, d'après le poids moyen des lettres des particuliers, autant que 130,529,450 lettres simples. (V. Rapport de M. Chégaray à la Chambre des députés sur la réforme postale, séance du 5 juillet 1844.

renvoyée dans les départements, adressée à une commission ou au Conseil d'État, ou sortir de toute autre façon d'un ministère ou d'une division, pour recevoir un complément d'instruction. La rédaction, la correction, l'expédition, la signature, confiées à des mains différentes, sont autant d'étapes où la moindre lettre vient successivement s'arrêter. La signature surtout se fait souvent attendre pendant de longs jours. Les pièces qui y aspirent vont s'engouffrer dans d'énormes portefeuilles, où elles demeurent jusqu'à ce que l'heure de la délivrance ait sonné pour elles.

Les communes, les particuliers qui ne peuvent se plier à ces lenteurs finissent par ne plus prendre souci de l'administration; on passe outre, et on la laisse délibérer gravement sur des questions qui sont résolues en fait. Plus d'une fois, on l'a vue examiner encore si une construction serait autorisée, une rue ouverte, longtemps après que la dernière pierre avait été posée ou que le public circulait librement. Voilà où conduit l'abus des écritures et la longueur des formalités.

Nous avons indiqué ailleurs les réformes qui doivent être introduites dans le système de la centralisation, pour obvier à quelques-uns de ces inconvénients si fâcheux. Le décret du 25 mars 1852 qui a chargé les préfets de statuer sur beaucoup d'affaires, précédemment déférées au gouvernement central, aura pour résultat de simplifier considérablement les complications administratives et, sous ce rapport, il mérite d'être approuvé. Nous en avons déjà parlé (1).

Il est d'autres mesures indépendantes de la centrali-

(1) Voir le chapitre *de la Centralisation*.

sation : des formules imprimées d'avance pour tout ce qui est de pure forme, des signatures données par bordereaux pour tout ce qui n'est pas susceptible de vérification, de simples annotations au lieu de copies, des transmissions faites par un ordre écrit en marge au lieu de lettres, d'autres simplifications encore qu'il serait facile d'adopter, corrigeraient des habitudes créées sans doute par des commis inutiles, qui voulaient se donner quelque chose à faire. Il est juste de dire que quelques ministres sont entrés dans cette voie. Il importe que leur exemple soit suivi, et qu'en dépit de la routine et des résistances des bureaux, la réforme s'étende à tous les services publics.

Il faudrait donner plus aux rapports personnels et directs. Rien n'est plus trompeur que l'administration assise et toujours armée d'une plume. Trop souvent, celui qui a envoyé une lettre croit que son devoir est accompli, et qu'un acte ordonné est un acte fait. Le commandement ne vaut que par l'obéissance qu'il obtient. Il n'y a donc de bonne administration que celle qui voit par ses yeux, qui se montre et qui parle. A la vérité, il faut plus de soins, plus d'activité, plus d'efforts, et à écrire beaucoup on gagne d'être jugé sur les moyens plus que sur les effets. Il est vrai aussi que le défaut d'indemnités spéciales empêche, non moins que la masse des travaux sédentaires imposés par le régime actuel, que les délégués de l'administration ne s'exposent à la perte de temps et aux dépenses qu'occasionnent des déplacements fréquents; mais ces obstacles peuvent être levés. Déjà, l'augmentation considérable des traitements des préfets et des sous-préfets leur fournit des ressources. Aucune dépense ne serait plus utile que celle qui réduirait le nombre des correspondances, et permettrait, entre les citoyens et les administrateurs, des rapports plus fréquents, et ces rapports mêmes auraient pour résultat nécessaire d'abréger les travaux de cabinet.

En Angleterre, dans les rares administrations que le service de l'Etat a fait constituer, on procède avec bien plus de simplicité qu'en France. Ce qui se passe à la douane de Londres peut être cité comme exemple. Un particulier réclame ; il apporte sa demande, et reçoit en échange un bulletin portant le numéro d'ordre dont elle a été marquée, avec invitation de se représenter le lendemain. La demande est soumise sur-le-champ à un comité (*board*) qui siége en permanence. S'il est besoin de prendre l'avis de quelque agent extérieur, elle lui est communiquée sans délai ; il écrit son avis en marge et la rend. Le comité en délibère sans désemparer. Dès le lendemain, le réclamant peut se représenter; il produit son bulletin et reçoit sa demande même, sur laquelle est consignée la décision prise Point de correspondance, de minute, d'expédition, et par conséquent point de temps perdu. Aussi deux employés suffisent aux travaux d'ordre que nécessite ce travail, et, chaque année, 14,000 affaires sont ainsi expédiées (1). C'est ainsi qu'on agit dans un pays qui, si attaché qu'il soit aux habitudes juridiques, apprécie avant tout la valeur du temps et les inconvénients des formes inutiles.

Si l'on comparait les procédés de l'administration

(1) V. Bailly, *Finances du Royaume-Uni*, t. I, p. 39.

publique avec ceux des administrations privées, celles-ci fourniraient également des exemples dignes d'être imités. L'industrie particulière se garde bien d'adopter des usages qui causent tant de lenteurs et de dommages. Il est telle direction de chemin de fer, de canaux, tel banquier, tel notaire, tel avoué qui, avec un petit nombre d'auxiliaires, fait plus d'affaires que les grandes administrations publiques où, auprès d'employés consciencieux, modestes, actifs, dévoués à leurs devoirs, il en est tant qui viennent chaque jour donner à un travail stérile les heures qu'ils ne dépensent point en distractions oisives.

Notre administration ressemble à ces vieilles armées qui ne pouvaient faire un pas sans traîner à leur suite un lourd et embarrassant attirail, qui s'astreignaient aux lois d'une stratégie timide et méthodique, et s'exposaient plus volontiers presque à perdre une bataille, qu'à la livrer contrairement aux règles reçues.

Ces vieilles pratiques n'existent plus. Les mouvements ont été simplifiés, les transports allégés; on poursuit le succès, sans trop se soucier des théories de l'art.

Les procédés de l'administration provoquent une réforme analogue. Qu'elle devienne plus rapide, moins formaliste, et, si l'on peut ainsi parler, plus mobile; il n'en résultera aucune atteinte à ce qui fait la force et la nécessité de la centralisation, et l'on maintiendra l'unité sans violence, l'ordre sans suspension du mouvement, et la hiérarchie sans lenteur.

TABLE DES MATIÈRES.

Pages.

FAUTES ESSENTIELLES A CORRIGER.

Page 78. Ligne 24. *Enfermé*, lisez : *incarcéré.*
— 90 Première ligne. *Des arrêts, des réglements*, lisez : *des arrêts de réglements.*
— 165. Ligne 26. *Se portaient*, lisez : *portaient.*
— 188. — 10. *Or tie*, lisez : *sortie.*
— 193. Dernière ligne. *De contributions*, lisez : *des contributions.*
— 211. Ligne 26. *A l'aide de*, lisez : *à l'aide des.*

FIN DU TOME PREMIER.